Knaur.

Knaur.

Über den Autor:

Helmut-Maria Glogger gilt als der beste Kenner des britischen Königshauses in der Schweiz. 22 Jahre lang war er in den Chefredaktionen von *Schweizer Illustrierte, Blick, SonntagsBlick* und *GlücksPost* tätig; heute ist er Chefredakteur bei der Ringier AG. Er ist Moderator des wöchentlichen Glogger-Talk und von StarReport beim größten Schweizer Privatsender.

Helmut-Maria Glogger

Das geheime Leben der Windsors

Die ganze Wahrheit

Knaur Taschenbuch Verlag

Besuchen Sie uns im Internet:

www.knaur.de

Originalausgabe 2006

Ein Unternehmen der Droemerschen Verlagsanstalt

Th. Knaur Nachf. GmbH & Co. KG, München

Umschlaggestaltung: ZERO Werbeagentur, München

Umschlagabbildung: dpa

Herstellung und Satz:

Buch & Konzept, Annegret Wehland, München

Druck und Bindung: Clausen & Bosse, Leck

Printed in Germany

ISBN-13: 978-3-426-77951-4

ISBN-10: 3-426-77951-X

2 4 5 3 1

Inhalt

Vorwort

Ein klares Bekenntnis: Ich liebe, schätze und verteidige das englische Königshaus seit Jahren. Im Fernsehen, im Internet, bei Freunden, Kollegen und bei Anti-Royalisten. Frühestens seit 1965, als ich als kleiner Bub Königin Elizabeth II. allein vor Schloss Nymphenburg in München sah.

Ich war mit dem Fahrrad in Richtung Schloss unterwegs. Hinter der Mauer des Schlosses spielte ich beim ESV München Tennis, vor der Mauer, unter der letzten Gaslaterne von München, sah ich ein Fabelwesen, ganz in Weiß. Eine Dame, die aufrecht in einem Wagen stand – heute weiß ich: der Wagen war der Rolls-Royce »Premium«.

Ich war der Einzige, der damals an dieser Stelle stand, als der Wagen mit der Königin an mir vorbei durch das große Tor von Schloss Nymphenburg rauschte, das sonst immer geschlossen war, auf dem Weg zu ihrem öffentlichen Auftritt vor der wartenden Menge an der großen Treppe des Schlosses.

Später sah ich die »Dame in Weiß« wieder, und zwar beim berühmten Pferderennen in Ascot. Jedes Jahr wurde ich von meinen Eltern nach England geschickt und war mit meinem Austauschbruder Charles Michael Massy-Blomfield bei den Vorbereitungen für die Rennen dabei. Mein Gastvater mochte das »royale Getue« nicht – er baute lieber Privat-Jachten und war einer der berühmtesten und kreativsten Männer des Landes.

England – das war für mich Freiheit, auch wenn man mir einmal auf dem Bahnhof von Ascot meine letzten drei Pfund – meine eiserne Reserve – klaute. Obwohl mich mein Stiefvater, der beste Freund von Prinz Konstantin von Wittelsbach (1920–1969) gewarnt hatte: »Mach es so, wie Erich Kästner in seinem Buch ›Emil und die Detektive‹ beschreibt: Geld unterm Revers mit einer Sicherheitsnadel!«

Ich möchte, bei aller Sympathie für das britische Königshaus, in diesem Buch die ungeschminkte Geschichte der Windsors unter die Lupe nehmen. Ohne die Scheuklappen vergangener verlogener Zeiten, ohne die rosarote Brille der »Hofberichterstatter«, die von kleinen Happen leben, die ihnen die Windsors gütigst hinwerfen. Sondern mit den Augen eines Journalisten des 21. Jahrhunderts.

Denn es gibt so viele Fragen. Fragen zur wirklichen Herkunft adliger Sprösslinge, zu »verschwundenen Verwandten«, zu bisexuellen Gattinnen, zu Bordellen in China, zu unnatürlichen Todesfällen von Königen, Prinzessinnen, Ehefrauen und Bodyguards. Dazu erotische Eskapaden in allen möglichen Spielarten, garniert mit einer gewissen Debilität. Wahrlich Geschichten, die erzählt werden sollten, über Sex und Skrupellosigkeit, Wahnsinn und Windsor, die aber nicht so recht erzählt werden dürfen.

Dabei ist nichts spannender als eine Annäherung an die Wahrheit, die allerdings für zart besaitete »Monarchisten« nicht immer leicht zu goutieren ist. Denn die als »ältestes Gewerbe der Welt« gefeierte Monarchie versteht es seit jeher, ihre »Leichen im Keller« so geschickt zu verbergen, dass viele auch heute noch frenetisch juchzen: »Hoch lebe die Monarchie!«

Und zu Recht, denn eine Monarchie wie die britische ist nicht nur liebenswert, sondern scheint auch alles zu überleben!

Helmut-Maria Glogger

Schloss Windsor – Wenn alte Gemäuer sprechen könnten

Windsor Castle ist die offizielle Wochenend-Residenz der britischen Monarchen und das größte und älteste bewohnte Schloss der Welt. Mit dem Bau wurde um 1070 durch den Normannen Wilhelm den Eroberer (William the Conqueror 1027–1087) begonnen, der hier wilde Hirschhatzen veranstaltete. Wobei jeder, der ihm einen Hirschen vor der Nase wegknallte, flugs um die Ecke gebracht wurde. Denn ein solches Jagdglück wurde als Wilderei gedeutet, und darauf stand damals Blendung und Tod.

Wie wir von dem normannischen Ritter Peter de Blois (ca. 1135–1203) wissen, hatte das Brot in Windsor den Geschmack von Blei, der Wein schmeckte nach Pech, und man musste ihn mit geschlossenen Zähnen trinken, um nicht allzu viel Dreck in den Mund zu bekommen. Fisch gab's überhaupt nicht zu essen, dafür Fleisch, das verfault war und ranzig roch.

Johann Ohneland (John Lackland, Jean Plantagenet 1167 bis 1216) ließ, wie viele Könige nach ihm, Schloss Windsor nach seinen Wünschen umbauen und geheime unterirdische Gänge anlegen, die bis heute in Teilen unentdeckt geblieben sind. Typisch für einen Monarchen: Seine Untertanen mussten für sein Weihnachtsfest sorgen. Dazu ließ er sich 15 000 Heringe, 1000 Aale, 1000 Pfund Mandeln und 6000 Gallonen Wein aus den Klöstern der Gegend um Schloss

Windsor bringen. Wen wundert's, dass Johann bei einem seiner maßlosen Gelage starb.

Menschenrechte standen ganz bestimmt nicht zur Diskussion, als die katholische Königin Maria I. (Maria Tudor 1516–1558, besser bekannt als »Bloody Mary«), Tausende von Todesurteilen auf Schloss Windsor unterschrieb. Und jeder Protestant um sein Leben bangen musste, nicht auf dem Scheiterhaufen als Ketzer verbrannt zu werden. Mit Marias protestantischer Halbschwester Elizabeth I. (1533–1603) kehrte auf Schloss Windsor ein wenig Ruhe ein. Allerdings war die als »Virgin Queen« gerühmte Königin keineswegs nur jungfräulich: Ihre Liebhaber rekrutierte sie, wie später dies auch Prinzessin Margaret, Prinzessin Anne und Prinzessin Diana taten, aus dem strammen Hofstaat. Robert Dudley hieß der potente Stallmeister, den die »jungfräuliche Königin« liebte und zum Earl of Leicester ernannte.

Man kann bis heute nicht sicher sein, welche Geheimnisse die Mauern, Gewölbe und Keller von Schloss Windsor verbergen. So wurde die Leiche von König Charles I. (1600–1649) erst im Jahr 1813 entdeckt, nachdem sie lange als verschollen galt. Bauarbeiter fanden zufällig einen Körper, in ein Leinentuch gewickelt, von dessen viertem Wirbel der Kopf mit einem messerscharfen Schnitt abgetrennt worden war. Charles I. war am 30. Januar 1649 in London enthauptet und eine Woche später im privaten Kreis bei Nacht auf Schloss Windsor begraben worden.

Heute wird Schloss Windsor von einer eigenen britischen Polizeieinheit und dazu ausgewählten SAS-Soldaten bewacht, damals waren es gerade mal vier Ritter, denen einige Bogenschützen zur Seite standen. An Bäder und Toiletten dachte man noch nicht. Erst nach den Kreuzzügen gelang es der aus der Provence stammenden Königin Eleonore, ihren Ehemann

*Elizabeth I. (1533–1603), die »falsche Jungfrau«:
Sie schaffte den Katholizismus wieder ab, rüstete für Raubzüge,
hatte natürlich Liebhaber.*

Henry II. (1133–1189) davon zu überzeugen, sich wenigstens einmal die Woche zu waschen. Unsummen hingegen verschlangen damals die königlichen Lustbarkeiten und die Turniere. Da ließ sich kein Monarch lumpen: Für die Herren gab's mit Gold verziertes Sattelzeug, für die Damen Liebesstunden mit dem Sieger.

Haben sich die Sitten bis heute wirklich geändert? Hat nicht auch Prinz Charles von seiner Camilla nach einem Poloturnier eine erste Liebesnacht erhalten? Und war es nicht Rittmeister James Hewitt, dem Diana 1983 den Polo-Pokal überreichte, der später ihre heiße Sex-Liebe werden sollte?

Zuletzt geriet Schloss Windsor am 20. November 1992 in die Schlagzeilen, als ein kleiner – nur Royals sprechen von einem »großen« – Teil des Schlosses durch ein Feuer beschädigt wurde. Um den Schaden in Höhe von 40 Millionen Pfund zu beheben, investierte man Millionen von Steuergeldern. Dafür wurde der Buckingham-Palast im Sommer danach für Touristen geöffnet. Was britische Labour-Abgeordnete zu dem Satz veranlasste: »Windsor gehört dem Volk – wenn's brennt! Sonst der Königsfamilie!«

Immerhin finden auf Schloss Windsor noch große Ereignisse statt:

- Prinz Edward Mountbatten-Windsor, Earl of Wessex (unter bösartigen Zynikern auch als »Martha« bekannt), heiratet hier 1999 die Reifenhändler-Tochter Sophie Rhys-Jones, heute Countess of Wessex. Eine eher schlichte Veranstaltung.
- Queen Mum schloss hier am 30. März 2002 für immer die Augen. Wobei keiner recht weiß: Starb sie mit 101,

103 oder doch 105 Jahren? Und war ihre Mutter etwa doch eine walisische Magd? Dazu später mehr.

❧ Fast auf Schloss Windsor, aber dann doch nur im bürgerlichen Standesamt des gleichnamigen Städtchens heiratet der geschiedene Witwer Charles Philip Arthur George Mountbatten-Windsor, Prince of Wales und Duke of Cornwall, am 9. April 2005 die geschiedene Camilla Parker Bowles. Ein kaum spektakuläres Fest für den Hochadel: das dänische Prinzenpaar entschuldigte sich, weil es nach Island musste, Schwedens Thronfolgerin Victoria wollte lieber ein Ikea-Möbelhaus in Tokio einweihen.

Die Vorfahren der Windsors – Englands verstörte Monarchen

Machen wir uns nichts vor: Die meisten britischen Herrscher waren keine Schönheiten, außerdem litten viele an Epilepsie oder an der »Krankheit der Könige«, Syphilis. Sie wurden im Alter fett und bekamen schon früh Haarausfall. Und der amtierende Thronfolger weiß, was es bedeutet, mit dem Fluch der Segelohren zu leben. Nein, Schönheiten waren die englischen Könige wahrlich nicht, dafür zelebrierten sie umso lieber die gesamte Bandbreite sexueller Betätigungen. Ob Masochisten oder fröhliche Seitenspringer mit Vorlieben für die diskreten Damen der Gesellschaft, wobei auch gelegentlich Porno-Darstellerinnen nicht verschmäht wurden.

Ehefrauen oder Geliebte wiederum traten bei Hochzeiten und Todesfällen aus ihrem Schatten heraus oder mussten schweigen, zum Wohle der Staatsräson. Wie mochte sich Maria Fitzherbert, Dauermätresse von Georg IV. (1762–1830), gefühlt haben, als der zukünftige König gezwungen war, eine andere zu heiraten? Und dem Erzbischof von Canterbury angeblich betrunken in die Arme fiel und lallte: »Aber doch nicht diese hässliche Frau!« Gemeint war Caroline von Braunschweig, mit der ihn zeitlebens nichts verband.

Oder Lady Dianas Vater, Edward John, der 8. Earl Spencer (1924–1992). Alle, die bei der »Traumhochzeit« von

Charles und Diana am 29. Juli 1981 live dabei waren, hofften, dass er, ginbeseelt, wie er war, die wenigen Schritte bis zum Altar der St.-Paul's-Kathedrale schafft!

Am Todesbett der Monarchen stand dann oft die Geliebte. Maria Fitzherbert bei Georg IV.; bei Albert Edward VII. (1841–1910) die berühmte Alice Keppel, Urgroßmutter von Camilla, die den herrlichen Satz prägte: »Erst der Hofknicks – dann ab ins Bett!«

Logisch, dass solch dynastischen Seitensprünge nicht ohne Folgen blieben. Mindestens ein uneheliches Kind entspross fast allen royalen Techtelmechteln, manchmal waren es sogar vierzehn oder gar einundzwanzig, wie im Falle Henrys I. (1068–1135), dessen Beiname »Löwe der Gerechtigkeit« lautete. Nachwuchs bekamen die Herrscher von französischen Kokotten, von Apfelsinen-Verkäuferinnen, am liebsten aber von Freundinnen der Ehefrau. Und weder Camilla, jüngst zur Herzogin von Cornwall aufgestiegen, noch Fergie, ihres Zeichens Herzogin von York, leugnen ihre Abstammung von Geliebten oder unehelich gezeugten Königssöhnen – im Gegenteil, sie sind sogar stolz darauf! So etwas dürfte wohl nur in England möglich sein …

Willkommen im »Tollhaus Royal«

Um den »Clan der Windsors« zu begreifen, müssen wir einen Blick in die Vergangenheit des englischen Königshauses wagen. Nicht mit der Sprache bezahlter Historiker, sondern ganz offen und unbefangen, wie wir heute reden.

Halten wir es doch einfach mit Prinz Charles. Der munterte einmal bitterarme Obdachlose in den Straßen Londons bei morgendlichen 12 Grad minus mit dem Sinnspruch auf: »Gut geschlafen? Jetzt ein doppelter Whisky – das wär's doch!«

Immerhin reden wir von Neigungen, denen die Mitglieder des britischen Königshauses seit über 1000 Jahren standfest die Treue halten! Mal spricht eine feine Dame derer von Windsor dem Hochprozentigen so zu, dass sie erst über einen Blumenkübel und dann ins Koma fällt; mal lässt eine treulose Schwiegertochter ihren Wallungen freien Lauf und erlaubt einem texanischen Fuß-Erotiker, an ihrem Zeh zu lutschen. Mal steht eine »Königin der Herzen« splitternackt unter dem Pelzmantel, vor fremden Türen, um endlich Befriedigung zu erleben. Und ein »hormonell verwirrter« Thronfolger widmet sich Aquarellfarben, Bio-Kuhställen und ökologisch angerichteter Schweinegülle.

Doch wenden wir den Blick zurück und verweilen wir einen Augenblick bei der sittenstrengen Königin Victoria (1819–1901), die auf Schloss Windsor alle Tischbeine verhüllen ließ – denn es waren in ihren Augen »Penis-Symbole«. Musik war ebenso verboten wie Trinken und Rauchen. Was die kleine feiste Dame keineswegs störte, sich selbst bei Tisch jeweils eine Flasche Chablis und Bordeaux und einen großen Schluck Schnaps zur Verdauung zu genehmigen.

Victoria von Hannover, die spätere Königin Victoria, wurde am 24. Mai 1819 im Kensington-Palast in London geboren und starb am 22. Januar 1901 in Osborne House, auf der Isle of Wight. Sie war eine der mächtigsten Frauen der Geschichte und herrschte zu ihrer Zeit über mehr als ein Fünftel der Erde und ein Drittel der Weltbevölkerung. Als Kleinkind sprach sie nur Deutsch, ihre Muttersprache, denn ihre Mutter war Victoria von Sachsen-Coburg-Saalfeld (1786–1861).

Queen Victoria (1819–1901):
Gab sich nach außen prüde, dabei schätzte sie Chablis, Bordeaux und Herren aus Schottland und Indien.

Im Jahr 1872 schreibt sie in ihr Tagebuch: »Meine ersten Erinnerungen knüpfen sich an den Kensington-Palast, wo ich mich entsinne, auf einem gelben Teppich herumgekrochen zu sein. [...] Ich wurde ganz einfach erzogen. Ich hatte kein Zimmer für mich und schlief bis zu meiner Thronbesteigung stets bei meiner Mutter. In Claremont und in den kleinen Häusern des Badeorts wohnte ich im Schlafzimmer meiner Erzieherin, wo ich auch Unterricht erhielt.«

Über Erziehungsregeln schrieb sie: »Mir wurde von Anfang an beigebracht, dass ich mein Kammermädchen für jede Ungezogenheit oder Unhöflichkeit um Entschuldigung zu bitten habe. Das habe ich auch später so gehalten, und ich finde, so sollte jeder handeln.«

Zu der Krönung heißt es im Tagebuch: »Um 8 Uhr aufgestanden. Wir frühstücken um halb zehn. Um halb zwölf fuhr ich in Gala zum Oberhaus. Ich betrat den Rubinsaal, doch da waren zu viele Menschen. Im Ankleidezimmer legte ich das Staatskleid an, das sehr schwer ist. Hierauf trat ich meinen Einzug in das Oberhaus an. Ich war etwas, aber sehr wenig, aufgeregt, bevor ich die Rede hielt.«

Nun dürfen wir uns Queen Victoria als junge Frau nicht so vorstellen, wie wir sie von den letzten Bildern ihres Lebens her kennen: als dralle Matrone, die kaum mehr gehen konnte. In ihrer Jugend war die Königin mit blondem Haar und rosigen Wangen mädchenhaft hübsch gewesen.

Was ihr zu ihrem Glück fehlte, war ein Mann, wobei sie betonte, dass sie »Kinder eigentlich nicht mag«.

Jahrelang wurde ihr eine Affäre mit dem alten, weisen William Lamb, 2. Viscount Melbourne (1779–1848), angedichtet. Unsinn! Lord Melbourne war Victoria nur ein väterlicher Freund. Seine heimliche Vorliebe war die Flagellation, die er an anderer Stelle auslebte.

Sie habe »kein Objekt für die sehr heftige Liebebedürftigkeit« besessen, schrieb Victoria später. Dabei bemerkte sie bei Männern Schönheit sofort. Ihre Biografin Elizabeth Longford erzählt: »Ob Männer, Frauen, Kinder, Tiere, Landschaften, Häuser oder Kleider – immer rühmte sie die Schönheit mit einer Begeisterung, die bei einem Menschen, der so großen Wert auf Gediegenheit legt, überrascht. Kurz vor ihrer Heirat betonte sie oft, wie sehr sie männliche Schönheit bewundere, und sprach häufig über die gute Figur des einen oder anderen Hofherrn.«

So verliebte sich Victoria stilsicher in den hübschen, aber schüchternen deutschen Alexander Graf von Mensdorff-Pouilly (1813–1871). Der überlegt es sich aber anders und schreibt ihr einen Abschiedsbrief. Dafür wird jetzt Franz August Carl – genannt »Albert« –, Prinz von Sachsen-Coburg und Gotha, nach London geschickt. Wo er erst gar nicht hinwollte. »Victoria soll unglaublich dickköpfig sein«, schrieb er einem Freund, »und ihre extreme Hartnäckigkeit soll sich in ständigem Kriegszustand mit ihrer Gutmütigkeit befinden. Sie liebt die Hofzeremonien, die Etikette und triviale Formalitäten. Sie soll nicht die geringste Freude an der Natur haben und gern bis spät in die Nacht wach bleiben und bis spät in den Tag hinein schlafen.«

Das passt einem Ordnungsfanatiker wie Albert nicht.

Wie ein Schiffbrüchiger kam Albert in London an, bleich und gezeichnet von einer Seekrankheit, aber fest entschlossen, sich aus der Affäre zurückzuziehen, »wenn sie sich nicht zu einer Verlobung bekennt.«

Doch als die Königin ihn am 10. Oktober 1830 um halb acht Uhr abends auf der Schlosstreppe sah, war es um sie geschehen: »Er ist schön«, vertraute sie ihrem Tagebuch an. Und einen Tag später nach einem Tanz heißt es: »So schöne blaue Augen, eine feine Nase & ein so hübscher Mund mit feinem Schnurrbart & aber ganz dickem Backenbart: eine schöne Gestalt, breit in den Schultern & mit schmaler Taille. Ich muss mein Herz festhalten.«

Schließlich stimmt der Kronrat einer Hochzeit zu. Doch schon tauchten Gerüchte auf: War Albert überhaupt ehelich geboren? Es gab doch Berichte über Eskapaden seiner Mutter mit dem jüdischen Kammerherrn Baron von Mayern? Und sehen sich Albert und sein Bruder nicht absolut unähnlich? Trotz Dementi tauchten diese Gerüchte immer dann auf, wenn die allgemeine Stimmung in England wieder einmal gegen Deutschland war. Und das war sie beispielsweise, als bekannt wurde, dass dem künftigen Gatten der Königin anfangs gerade mal 7000 Pfund als Apanage bewilligt wurden. Auch wollte er zwei Wochen auf Schloss Windsor Flitterwochen genießen. Was ihm allerdings seine künftige Frau mit den Worte verwehrte: »Du hast die Lage noch nicht ganz begriffen«, schreibt sie ihrem künftigen Mann. »Du vergisst, mein Liebster, dass ich die Monarchin bin und die Geschäfte nicht einfach liegen bleiben können.« Zwei Tage Liebesflittern, das war's!

Am 10. Februar 1840 wurde geheiratet. Es regnete und stürmte, als Victoria ihrem Albert in der Kapelle des St.-James-Palasts das Jawort gab. Anschließend fuhren die frisch Vermählten in einer recht schäbigen Kutsche nach Windsor, wo sie die Hochzeitsnacht vollzogen. Die Victoria auch sehr detailgetreu beschrieben hat – diese Seiten ihres Tagebuchs wurden aber sechzig Jahre später von ihrer jüngsten Tochter Beatrice vernichtet.

Victoria und Albert – eine Liebesheirat und eine Ehe, die bis heute Legende ist. Das Paar bekam neun Kinder:

1. Victoria Adelheid »Vicky«, 1840–1901, als Gemahlin Friedrichs III. preußische Königin und deutsche Kaiserin.
2. Albert Edward »Bertie«, 1841–1910, Fürst von Wales, später als Edward VII. britischer König.
3. Alice Mathilde, 1843–1878, Gemahlin von Ludwig IV. von Hessen.
4. Alfred Ernst »Affie«, 1844–1900, Herzog von Edinburgh und Sachsen-Coburg und Gotha.
5. Helena Augusta »Lenchen«, 1846–1923, Gemahlin von Christian von Schleswig-Holstein.
6. Louise Caroline, 1848–1939, Gemahlin von John Campbell, Herzog von Argyll.
7. Arthur Wilhelm, 1850–1942, Herzog von Connaught.
8. Leopold Georg, 1853–1884, Herzog von Albany.
9. Beatrice Mary, 1857–1944, Gemahlin von Heinrich Moritz von Battenberg.

Was allerdings den Kindersegen überschattete, war die Bluterkrankheit, auch Hämophilie genannt.

Die geheime Krankheit der Windsors: Hämophilie

Diese Erbkrankheit wird von den Windsors totgeschwiegen. Wer nur danach zu fragen wagte, würde sofort des Palastes verwiesen werden. Was aber ist diese Krankheit, die Königin Victoria nachweislich hatte?

Bluterkranke können selbst an kleinen Wunden verbluten, harmlose Prellungen sind oft lebensgefährlich und Operationen meist tödlich. Wird bei gesunden Menschen ein Blutgefäß verletzt, verschließt schnell ein Gerinnsel die

Wunde. Bei Bluterkranken ist einer der dafür nötigen Gerinnungsfaktoren durch eine Mutation gestört.

Diese Krankheit hat unter anderem folgende Heimtücke: Sie wird nur von Frauen weitervererbt, tritt aber meist nur bei deren Söhnen auf!

Warum? Im Fall der so genannten klassischen Hämophilie liegt das betroffene Gen auf dem X-Chromosom. Weil Männer von diesem Chromosom nur eines besitzen, kommt die klassische Hämophilie fast nur bei ihnen vor: Bei Frauen kann das zweite, gesunde X-Chromosom den Schaden meist ausgleichen.

Königin Victoria von England war vermutlich durch eine spontane Mutation in der Keimzelle zur Überträgerin der Hämophilie geworden. Zwar war nur einer ihrer fünf Söhne, Leopold von Albany, ein Bluter (er starb mit 31 Jahren), doch drei der fünf Töchter der Queen waren Überträgerinnen der Krankheit.

Dass Königin Victoria die Krankheit in die europäischen Fürstenhäuser gebracht hat, ist heute unbestritten. Durch die enge Verknüpfung der Königshäuser und durch die übliche Sitte, Cousins und Cousinen miteinander zu verheiraten, breitete sich die Hämophilie schnell in den Königsfamilien Englands, Deutschlands, Spaniens und Russlands aus. So war beispielsweise Alexei Nikolajewitsch Romanow, der Sohn des letzten Zaren Nikolaus II. (1868–1918), Bluter, wie auch Alfonso Pio von Spanien (1907–1938). Er hätte Spaniens König werden sollen, aber wegen dieser Krankheit verzichtete er auf den Thron. Er starb mit nur 31 Jahren bei einem Autounfall. Kronprinz wurde daher sein Bruder Juan de Borbón y Battenberg, der Vater des heutigen Königs Juan Carlos.

Doch zurück zu Victoria. Sie hatte einen »perfekten Ehemann», wie sie an ihren deutschen Onkel Leopold von Sachsen-Coburg-Saalfeld (1824–1884) schrieb: »Ich bete zu Gott, dass er mich Albert nicht überleben lässt.«

Trotz ihrer neun Kinder hasste Victoria das Gebären: »Kinder zu kriegen ist das EINZIGE, wovor ich Angst habe.«

Babys seien hässlich, sähen aus wie kleine Frösche, fand sie. Kinderlieb war sie wirklich nie. Und diese Haltung scheint eine »Erbkrankheit« der Windsors zu sein: Kinderliebe ist in ihrem Leben nicht vorgesehen. So waren weder Queen Mum noch die heute regierende Königin Elizabeth II. jemals Mütter, die sich durch besondere Zärtlichkeit auszeichneten. Sie konnten mit Kindern einfach nichts anfangen! Victoria war auch die Erste der königlichen Familie, die sich unter Chloroform entbinden ließ. Mit der Geburt ihres Sohnes Leopold wurde die schmerzlose Geburt in England erst bekannt.

Aber Victoria war sexuell sehr temperamentvoll, so lag es eben »in Gottes Segen« oder Alberts Genitalien, dass sie neun Kinder bekommen konnte.

Es gibt eine kleine, wenn auch gänzlich unbestätigte Anekdote, die man sich besonders in den »Neu-England«-Staaten Amerikas erzählte und die hier nicht verschwiegen werden soll. Demnach trug Albert einen Ring am Penis, der die Vorhaut von der Eichel zurückhielt, um zu verhindern, dass sich Smegma darunter bilden konnte. Glauben wir der Geschichte vom »Prinz-Albert-Piercing«, dann war dieser Ring angeblich sogar am Hosenknopf befestigt.

Kaum zu glauben, aber wahr: Schon die Vorfahren der Windsors hatten Piercings!

Ein praktischer Tipp für eventuelle Nachahmer: Vorzugsweise wird das »Prinz-Albert-Piercing« von Männern mit beschnittenem Penis getragen, ist jedoch auch beim unbeschnittenen möglich. Ein Kondom kann mit »Prinz-Albert-Piercing« verwendet werden. Übrigens gibt es auch das »reverse »Prinz-Albert-Piercing«, das in Fachkreisen »Queen Victoria« genannt wird, da es besonders gerne von Schwulen getragen wird: Es ist ein Ring, der ebenfalls durch die Harnröhre eintritt und auf der Oberseite der Eichel hervortritt.

Victoria liebte also ihren Albert und passte ihre Gewohnheiten den seinen an. Wie uns Hans-Joachim Netzer in seiner ungemein kenntnisreichen Biografie über Albert offenbart: Statt bis in den Mittag hinein zu schlafen, weil sie am Abend vielleicht doch ein Glas zu viel getrunken hat, steht Königin Victoria jetzt um halb sieben morgens auf, im Winter wird eine halbe Stunde länger geschlafen. Dann gehen Albert und Victoria in die Kapelle, um neun Uhr gibt es Frühstück. Anschließend spielt die Königin eine halbe Stunde mit ihren ältesten Kindern – die Kleinen werden von Erzieherinnen betreut.

Dann empfing die Königin den Haushofmeister, besprach Termine, besuchte den Reitstall. Um 11 war Audienz, um 12 gab es Lunch im Familienkreis, um 15 Uhr fuhr oder ritt man aus, machte Besuche. Das Abendessen war zeremoniell, wobei Victoria die Tafelfreuden sehr genoss.

»Eine Königin trinkt keine Flasche Wein zum Essen«, rügte ein Besucher.

Danach saß man im Wohnzimmer zusammen. Albert spielte Klavier oder er las vor oder zeigte der Familie ein neues Spiel.

Gesprochen wurde deutsch, die Kinder sprachen ohne Akzent. Dafür hatten alle Kinder Victorias stets Probleme, ein akzentfreies Englisch zu sprechen. Schon ungewöhnlich für eine britische Königsfamilie! Auch Weihnachten verbrachte man nach streng deutscher Sitte mit Tannenbaum und deutschen Gedichten und Gesängen.

Wie bei Prinz Philip ein Jahrhundert später, machte sich die Crème de la crème der britischen Gesellschaft über Albert lustig: Sie fanden ihn langweilig, kein bisschen amüsant, eben einen »typischen Boche«, einen typischen Deutschen. Dass es diesem Deutschen aber gelang, die königlichen Finanzen zu ordnen und die royalen Residenzen aufzubauen und zu entstauben – das rückt erst heutzutage allmählich ins Bewusstsein.

Albert hatte ebenso wie Prinz Philip nie das Parlament um eine Erhöhung der Zuwendungen bitten müssen. Die Einkünfte verwaltete er sparsam, vermehrte das Vermögen durch gute Anlagen und Grundstückskäufe.

Albert war der erste Monarch Europas, der über fließendes Wasser in seinem Badezimmer (das er gemeinsam mit Victoria nutzte) verfügte. In Osborne House auf der Isle of Wight, das er für die stolze Summe von 26 000 Pfund kaufte und von Thomas Cubitt (einem Ahnen von Camilla Parker Bowles!) in eine italienische Villa umwandeln ließ, gab es fließend Wasser und WC, womit der Buckingham-Palast und Schloss Windsor erst Jahre später ausgestattet werden konnten.

Einen perfekten Julitag im Jahr 1849 beschreibt Königin Victoria wie folgt: Blauer Himmel, blaues Meer, Frühstück im Gartenpavillon, Briefe schreiben, eine Zeichenstunde; nach dem Lunch eine Unterrichtsstunde für Prinzessin Helena, Ausritt mit Albert. »Wie glücklich wir hier sind! Nichts freut oder beruhigt mich mehr, als wenn ich so viel mit meinem geliebten Albert beisammen sein & ihm überallhin folgen kann.«

1847 wurde für die Kinder im Park, damit sie nicht immer störten, das so genannte »Schweizerhaus« gebaut. Es war ein Blockhaus, in dessen Balken Sinnsprüche in Deutsch geschnitzt wurden à la: »Den Kopf kalt, die Füße warm, das macht den besten Doktor arm.«

Oder: »Früh zu Bett, früh wieder auf, stärkt zu munterem Lebenslauf.«

Oder auch: »Viel leichter trägst du, was du trägst, wenn du Geduld zur Würde legst.«

Albert war auch der wahre Entdecker von Schloss Balmoral in Schottland für die Königsfamilie. 1842 wurden Victoria und Albert bei ihrem ersten Besuch in Schottland begeistert empfangen. Sie blieben zwei Wochen. Albert bekam einen Curling-Stein geschenkt, mit dem er auf dem Wohnzimmerparkett übte. Victoria malte. Da Albert die Luft in London nicht bekam, beide auch zu Rheuma neigten, verordnete der Arzt Bergluft. So pachteten sie 1848 von Lord Aberdeen erstmals Balmoral Castle, das wunderbar gelegen ist im Tal des River Dee. Und der Deutsche Albert entdeckte sofort Ähnlichkeiten mit seiner Heimat Coburg und dem Thüringer Wald. 1852 konnte Prinzgemahl Albert Schloss Balmoral für 30 000 Guineen kaufen und ließ es sofort nach seinen Wünschen umbauen.

Es waren die wohl glücklichsten Jahre von Victoria und Albert: Die ganze Familie machte Ausritte auf Highland-Ponys in der Natur und lernte schottische Tänze lieben. Albert fing Forellen und – wie Biograf Netzer uns verrät –: »Victoria trocknete die roten Strümpfe des Prinzen von Wales am Torffeuer.«

Doch lange war ihnen dieses Glück nicht gewährt. Als die Affäre ihres Sohnes Bertie mit einer irischen Tänzerin bekannt wird, erleidet Albert Anfang der 1860er Jahre einen Schwächeanfall. »Ich hänge nicht am Leben«, sagte er seiner Frau, »du tust es, aber ich lege keinen Wert darauf.«

Dass Albert unter Rheumatismus und Schlaflosigkeit litt, ist bekannt – es wird ein Erbe der Windsors werden! Aber worauf bezog sich diese Todessehnsucht? Hatte er trotz aller Liebe genug davon, Prinzgemahl und damit Diener seiner langsam immer herrschsüchtiger werdenden Frau zu sein? Wusste er um eine nur ihm und seinem Leibarzt Dr. William Blay bekannten Krankheit, war es die Cholera? Oder doch Typhus – worunter auch seine portugiesischen Verwandten gelitten hatten? Oder lag es letztendlich doch an der unsäglichen Sexaffäre seines Sohnes Bertie mit der Schauspielerin Nellie Clifden?

Am 14. Dezember 1862 starb Albert, erst 42 Jahre jung, auf Schloss Windsor. Über den Tod schreibt die völlig verzweifelte Victoria: »Es war ein furchtbarer Augenblick.«

Und von Stund an wurde aus der fröhlichen Monarchin eine alte, mürrische Frau, die mit ihrem Albert einfach weiterleben wollte: Sie trug sein Nachthemd, sie sah stundenlang sein Bild auf Schloss Balmoral an, wohin sie sich ein ganzes Jahr zurückzog.

Und wie lebte sie weiter nach der Trauerzeit? Biograf Alexander Melville schreibt über die späte Victoria: »Als Albert nur 42-jährig an Typhus oder einem Krebsleiden starb, begann für Victoria eine fast unablässige Trauerzeit, und sie trug bis an ihr Lebensende nur noch Witwentracht, als Ausdruck ihrer tiefen Trauer und Wertschätzung für ihren früh verstorbenen Ehemann. Für viele Engländer wurde sie zu einer etwas wunderlichen Einsiedlerin im Witwenkleid; eine entrückte Gestalt – ehrfurchtgebietend und fast unwirklich über ein Imperium von weltumspannenden Dimensionen scheinbar gebietend.«

Doch ganz so, wie sich Königin Victoria selbst stilisierte, war sie nicht: Männliche Schönheit zog sie weiterhin an. So wurde ihr schottischer Diener John Brown bald ihr engster Freund und Vertrauter.

Er war der »Liebhaber« der Queen; sie war in einer »interessierten Verfassung«; sie hätten angeblich »heimlich geheiratet«; er war ihr »Medium in spiritistischen Sitzungen«, das alles konnte man damals in illustren Postillen lesen.

Tatsache ist: John Brown war ein großer, starker Mann, der der kleinen, mittlerweile etwas dicklichen Victoria gefiel. Zudem war Victoria sexuellen Aktivitäten nach einer langen Trauerzeit gewiss nicht abgeneigt. Sie schrieb Brown über 300 Briefe, sodass Biografen zu der Annahme kamen, diese Beziehung sei keineswegs platonisch gewesen. Zumal Brown als einziger direkten Zugang zu ihrem Schlafzimmer hatte.

Was beide verband, war die Neigung, volle Gläser in leere zu verwandeln und sehr geschickt falsche Fährten zu legen: John Brown wollte angeblich Miss Ocklee, eine Ankleidefrau von Victoria, heiraten, doch zu einer Hochzeit kam es nie. Warum? Weil Victoria dies aus Eifersucht mit Sicherheit verhindert hätte. Ihr heimlicher Ehemann war John Brown wohl nie – ihr Liebhaber und ihr Medium für ihre spiritistischen Sitzungen vermutlich schon.

Als Brown starb, fiel Victoria erneut in tiefe Trauer und Depression.

Bis sie wieder einen schönen jungen Mann traf, einen Inder. Es war der 24-jährige indische Diener Munshi Mohammed Abdul Karim, der ihr bei Dienstantritt die Füße küsste – später soll er noch weitere Stellen ihres Körpers mit Küssen bedeckt haben, wie die Klatschpresse damals schrieb.

Als »Munshi« ging der Mann, der wie eine indische Inkarnation von John Brown war, in die Geschichte ein. Munshi war der Sohn des indischen Arztes Haji Dr. Mohammed Wazirudin, wurde zuerst ihr Diener, dann kümmerte er sich um die indischen Belange, begleitete die Queen auf Reisen und war schließlich der letzte Mann an ihrer Seite. Seiner Mutter schrieb Munshi später, sie solle alle Briefe sofort vernichten, die er ihr über Victoria geschrieben hat.

Am 22. Januar 1901 starb Königin Victoria in Osbourne nach einer Regierungszeit von 63 Jahren und 216 Tagen. Sie wurde nicht wie andere englische Monarchen in der St.-George-Kapelle auf Schloss Windsor, sondern im Mausoleum von Frogmore bei Windsor beigesetzt, das sie für sich und ihren verstorbenen Gatten im neoraffaelitischen Stil hatte errichten lassen. In Frogmore wurde ihr letzter Freund Munshi auch gezwungen, alle geheimen Papiere im Beisein von hohen Politikern zu verbrennen.

Sofort nach dem Tod der Königin verfügte ihr Sohn Bertie, der jetzt als König Edward VII. regierte, dass alle indischen Diener aus dem Hofstaat seiner Mutter nach Indien zurückzukehren hatten. Das Letzte, was man von Munshi hörte, war ein Bericht des Prinzen von Wales, dem späteren König George V., der ihn auf der Karim Lodge in Agra besuchte.

Für Victorias Privatsekretär Frederick Ponsonby aber war klar: »Es ging um Rassenvorurteile! Wir waren alle neidisch auf Munshi gewesen.«

Bertie – der Bordellkönig

Das Haus Nr. 12 in der Rue Chabanais in Paris sieht unscheinbar aus. Sieben Etagen hoch, nicht weit entfernt vom Nobelhotel »Ritz«, nur zwanzig Meter entfernt vom Lesben-Eldorado »Champselène«.

Wo heute eine spießige Immobiliengesellschaft ihren Sitz hat, war früher »ein Haus von Weltruf«, wie der Sänger, Dichter und Nachtclub-Besitzer Aristide Bruant (1851–1925) schrieb. »Wenn man bedenkt, dass afrikanische und asiatische Monarchen mit ihrer Gegenwart das dort gelegene Haus beehrten und sich spezielle Fürsorge angedeihen ließen.«

Bruant riet männlichen Besuchern der Stadt: »So steht doch fest, dass das Protokoll, wenn man die Türme von Notre Dame, die Katakomben des Louvre, die Vendôme-Säule, das Panthéon, das Grab Napoléons absolviert waren, auch einen Besuch im Tempel fröhlicher Augenfreuden vorsah, wenngleich die Prinzen es dort riskieren mussten, in Gesellschaft eines reich gewordenen Schweinehändlers zu weilen.«

»Le Chabanais« war das wohl berühmteste Bordell aller Zeiten. Es hatte tatsächlich etwas von einem Tempel, war üppig ausgestattet und wurde von einer gebildeten und belesenen Dame namens Madame Kelly geführt. Hier tauchten hohe und reiche Herren zu Stippvisiten auf, während manche Geistesgrößen eine Art Zweitwohnsitz fanden – wie etwa »Jesus«-Biograf Ernest Renan (1823–1892), Historiker und Autor, der allerdings nur mit Hilfe der freundlichen Dame des Hauses die mit griechischen Verzierungen überladenen Treppen hochkeuchen konnte. Oder Guy de Maupassant (1850–1893), der in seiner Villa an der Côte d'Azur den maurischen Salon des »Le Chabanais« nachbilden ließ, um das erotische Dekor auch in Ferienzeiten nicht missen zu müssen.

Der spätere Inhaber, Monsieur Jalabert, bewahrte den Stil des Hauses. Dazu schreibt der Schriftsteller Florent Fels: »Le Chabanais ist ein Nationalmuseum, ein historisches Denkmal wie der Louvre oder der Eiffelturm«, zeigte doch bis zur Schließung des Bordells im Jahr 1946 ein großes, in Goldlettern gefasstes Schild sofort, wo man sich hier befand: im »House of all Nations«.

Das »Le Chabanais« war der Sinnentempel der Luxusklasse. Es gab ein Herren- und ein Speisezimmer im Stil der Renaissance, ein Damenboudoir in Rokoko-Manier und einen orientalischen Rauchsalon. Allein das Mobiliar des »Chambre Japonais« war so bemerkenswert, dass es auf der Pariser Weltausstellung prämiiert wurde. Auch die anderen Zimmer, wie das »Chambre Hindoue«, das »Diréctoire«, das »Médiévale«, das »Chambre Napoléon III.« und das Zimmer »Mauresque« sowie das Gemach »Louis XVI.« waren berühmt bei der gepflegten Kundschaft. Zumal letzteres mit Bildern im Stil von Erotik-Maler François Boucher seinen besonderen Reiz hatte.

Woher ich die Inneneinrichtung so genau kenne? Am 8. Mai 1951 bot der damals berühmteste französische Auktionator Maurice Rheims das Mobiliar des Bordells »Le Chabanais« einem ganz speziellen Kunden an: dem surrealistischen Maler Salvador Dalí für die damals horrende Summe von 100 Millionen alten Francs.

In seiner Offerte beschreibt Rheims die Gegenstände genau: »Hôtel particulier – komplett – mit Schlafzimmern im Stil von 1900, im spanischen, japanischen Stil und dem von Napoléon III., mit maurischem Dekor, kuriose Badewanne aus rotem Kupfer, zudem alle sanitären Apparaturen.« Davon soll gleich noch die Rede sein.

Die Auktion brachte jedenfalls tatsächlich die gewaltige Summe von 100 Millionen alten Francs ein.

Polizeiinspektor Michel Fiaux notierte zu Madame Kellys Zeiten über das Bordell: »Es war ein sehr ordentliches Etablissement, die Mädchen schliefen alle im Haus und standen unter Aufsicht, so dass wir von polizeilicher Seite keine Probleme hatten.«

Klar: Die Polizei drückte beide Augen zu bei der illustren Klientel. Nur einmal schritt sie ein, als das »Le Chabanais« zu offensichtlich Werbung mit Nacktbildern machte. Der Ruf des »Le Chabanais« ging aber weit über Paris hinaus, bald »eröffneten Ableger unter diesem Namen in Calais, Lille, Marseille, Nancy, Toulon und Fréjus«, wie Autorin Brigitte Rochelander überliefert.

Und vom britischen Romancier Somerset Maugham (1874–1965) wissen wir, wie es drinnen zuging: »Es war zweifellos ein sehr respektables Haus. Die Tür wurde von einem Farbigen geöffnet, der wie ein Türke kostümiert war. Dann wurde der Gast erst in einem kleinen Vorraum empfangen, wo er erst mal unter Augenschein genommen wurde, ob er hier überhaupt Zutritt erlangen dürfe. Sodann öffnete sich die breite Tür, alles ausgestattet wie ein türkisches Bad, links und rechts standen zwei Pisten zum Tanzen bereit. Und etwa zehn bis zwölf junge Mädchen saßen auf breiten Sofas und Liegen. Sie trugen Hausschuhe und kleine Turbane. Der Rest ihres Körpers war nackt.«

Wurde ein Mädchen als »Pensionärin« im »Le Chabanais« aufgenommen, kam dies einem »Studienabschluss« gleich. Jeder noch so ausgefallene Wunsch der anspruchsvollen

»Bordell-König« Edward VII., genannt Bertie: Er war Dauergast im »Le Chabanais« und Liebhaber von Alice Keppel, Camillas Urgroßmutter.

Klientel wurde hier einer gewissen Befriedigung zugeführt, natürlich nur bei bester Bezahlung.

»Le Chabanais« war ein Treffpunkt der Reichen, Mächtigen und Schönen der Welt, als es Hollywood und die Filmindustrie noch nicht gab.

Und so liest sich die Gästeliste wie ein »Who is Who« der royalen und bürgerlichen Gesellschaft vor und nach 1900.

Ein besonders guter, beliebter und beleibter Gast war »Bertie«, wie Edward, der älteste Sohn von Englands sittenstrenger Königin Victoria und ihrem früh verstorbenen Prinzgemahl Albert, bekanntermaßen genannt wurde.

Im »Le Chabanais« hatte der Thronfolger die Auswahl aus 22 Mädchen, später aus 36, die für seine ausgefallenen Liebestechniken bereitstanden: Winzige und Riesige, Mollige, Feiste, Brünette, Blonde, Rothaarige, Rasierte, eine Mulattin und – damals die Spitze der Verruchtheit – eine Tätowierte. Sie alle lehnten brav nebeneinander an einer gepolsterten Bank an der Wand und stellten sich – nur mit einer Art Morgenrock aus feinem Musselin bekleidet – zur Schau. Natürlich immer »oben ohne«.

»Bertie« liebte die Mädchen und die erotische Grandezza des Hauses – wie später übrigens auch Marlene Dietrich, die mit ihrem Liebhaber, dem Schriftsteller Erich Maria Remarque, dieses Ambiente schätzte.

»Bertie« hieß mit vollem Namen Albert Edward von Sachsen-Coburg und Gotha und wurde am 9. November 1841 in London geboren. Er war der älteste Sohn von Königin Victoria von England und ihrem Prinzgemahl Albert von Sachsen-Coburg und Gotha. Bertie wurde bei seiner Geburt als »hübscher, kräftiger Knabe« beschrieben. Alles deutete zunächst darauf hin, dass er seinem Vater, Prinz Albert, einmal sehr ähnlich sehen würde – was ihm die Liebe seiner Mutter für eine kurze Zeit sicherte. Als jedoch die Ähnlichkeit mit dem Vater verschwand, reagierte Queen Victoria mit Liebesentzug.

Albert Edward war als Heranwachsender für seine Eltern

eine Enttäuschung. Sein Vater hielt ihn für faul und wenig intelligent – es haperte beim Lernen der englischen Sprache, Deutsch fiel ihm ein wenig leichter. Dafür sah er hübsch aus als Kind, mit seinen blauen Augen und blonden Locken.

Seine Eltern wollten den pausbackigen Burschen zu einem Muster an Tugend erziehen und hielten ihn daher von anderen Kindern fern. Victoria wünschte sich, dass ihr Sohn so gut werden würde wie ihr »geliebter Albert«, obwohl sie überzeugt war, dass niemand so »groß, gut und fehlerlos« sein könnte wie ihr geliebter Prinzgemahl. Und Bertie gab sich alle Mühe zu beweisen, dass seine Mutter ihn nie mit ihrem geliebten Ehemann auch nur im Ansatz vergleichen konnte. Mit aller Macht und Kraft lehnte er sich gegen den strengen Moralkodex seiner sittenstrengen Eltern auf.

Wie heute Prinz Harry hatte Bertie für die Unterweisungen in Sitte und Anstand nur taube Ohren, wie heute Prinz Harry führte er jedes Verbot flugs ad absurdum und ignorierte jede Anstandsregel – noch bevor sie ihn wirklich zu treffen schien.

Wie Prinz Harry sah Thronfolger Bertie seinen einzigen Sinn im Leben darin, sich königlich zu amüsieren – natürlich auf Kosten der braven britischen Steuerzahler!

Rauchte Prinz Harry bereits im Alter von zwölf Jahren fröhlich Zigaretten und kurvte mit einer »Fluppe im Mund« im lindgrünen Landrover seiner Großmutter, der Queen, über das Gelände von Schloss Balmoral – so gewöhnte sich Bertie bereits als 18-Jähriger an den täglichen Konsum von mindestens sechs Zigarren.

Dem Thronfolger mangelte es nicht an Intelligenz – sie wurde nur nicht gefördert. Dabei konnte Bertie hervorragend reiten und schießen; denn er bewunderte seinen Vater Albert sehr, wollte tief in seinem Inneren wohl wirklich so werden wie er.

Sein Leben spielte sich unter der strengen Aufsicht seiner Eltern ab, die in der nicht unbegründeten Angst lebten, dass Ausschweifungen und Geschlechtskrankheiten die Familie heimsuchen könnten. Andererseits neigte Bertie zu unkontrollierten Wutanfällen und zu Herrschsucht, sodass andere Kinder seine Nähe mieden.

Als Edward sich als Siebzehnjähriger im November 1858 zu Besuch bei seiner Schwester in Berlin aufhielt, schrieb Prinzgemahl Albert ihr: »Du wirst erkennen, dass Bertie sich entwickelt und vervollkommnet hat. Lass keine Gelegenheit verstreichen, ihn zu harter Arbeit anzuspornen. Unsere gemeinsamen Anstrengungen müssen darauf gerichtet sein. Leider interessiert er sich für nichts anderes als Kleidung und nichts als Kleidung. Selbst auf der Jagd ist er mehr mit seinen Hosen beschäftigt als mit der Beute!«

In Berlin glänzte er als exzellenter Tänzer, was seiner Mutter allerdings nicht passte. Sie schrieb ihm in einem von Hunderten Briefen: »Ich halte es für angemessener, wenn er lernen würde, sein Haar auf weniger effeminierte und mädchenhafte Weise zu tragen, und wenn er auf lange, ungeknöpfte Jacken verzichten würde.«

Eine Leidenschaft teilte Bertie mit vielen englischen Monarchen: die unersättliche Esslust. So verlangte er täglich nach mehreren Mahlzeiten, und diese bestanden meist aus zwölf äußert sättigenden Gängen. Noch während seiner Studienzeit in Oxford gab er erlesene Diners. Die Folge war, dass sich seine Eltern Sorgen über sein Körpergewicht machten. Prinz Albert tadelte seinen Sohn in einem Brief vom 7. Februar 1860 über dessen »zunehmende Vorliebe für reichhaltige, schwer verdauliche Mahlzeiten«, und die

Königin klagte, dass sie in ihrem Leben niemals einen solchen Faulpelz wie Edward gekannt habe.

Trotzdem wollte Bertie immer wie aus dem Ei gepellt aussehen und hatte, ähnlich wie George VI., der Vater von Königin Elizabeth II., einen regelrechten »Hosen-Wahn«: Er zog sich bis zu sechsmal am Tag um und trug natürlich nur auf Maß geschneiderte Anzüge, Hosen und Westen, die den wachsenden Bauch umspannten. Bei der damals gerade in Mode kommenden »Tea-Time« nutzte er die Chance, sich den Wanst vollzuschlagen – öffnete aber, ganz der vornehme Dandy, niemals auch nur einen Knopf seiner Hose oder seiner Weste.

Vier Diener waren ausschließlich für seine Garderobe zuständig, zwei Diener davon begleiteten ihn stets auf Reisen. Die beiden anderen blieben im Marlborough House und ordneten seine Kleidung in dem riesigen Ankleidezimmer. Jeden Morgen gab der Prinz seinen Dienern Anweisungen, was er zu tragen beabsichtigte, da er wusste, was zusammenpasste. Kenner der Modeszene beschrieben den Prinzen wie folgt: »Wenn er sich im hochgeschlossenen dunklen Gehrock mit ganz hellem Beinkleid und Glanzzylinder zeigte, bot er schon im Jünglingsalter ein Bild vollendeter Eleganz.«

- Bertie erfand den »Homburg«. Das ist ein weicher, bordierter Filzhut mit hochgestelltem Rand. Benannt hat ihn der Thronfolger nach einem seiner Lieblingskurorte, Bad Homburg.
- Er erfand das Dinnerjackett, ein kurzes Sakko aus dunkelblauem Tuch mit seidenbesetztem Schalkragen, das er mit einer schwarzen Hose und einer schwarzen Fliege trug.
- Er brachte für den Abendanzug die kurzen Rockschöße in Mode.

- Bei Pferderennen trug er ausschließlich Tweed und ein so genanntes Inverness-Cape, ebenfalls aus Tweed. Bei Wanderungen in den Bergen machte er den »Tiroler Hut« populär.
- Für Opernaufführungen ließ er sich einen weit geschnittenen Mantel mit Seidenfutter anfertigen, den er wie einen Umhang trug.
- Von seinen Diener verlangte er messerscharfe Bügelfalten, die er seitlich an der Hose trug.
- In späteren Jahren wollte er die Kniehose als Abendkleidung, Anzüge aus Samt und den alten Gehrock, den »frock coat«, wieder einführen. Doch da war die Entwicklung der Mode bereits an ihm vorbeigegangen.

Bertie verbrachte viele Stunden mit den reichen jüdischen Bankiers Rothschild, Hirsch und Cassel und den Industriellen Lipton und Astor. Seine finanziellen Mittel waren begrenzt, und so profitierte er vom Geschäftssinn dieser Selfmademen. Der deutsche Baron Maurice Hirsch hatte ein Vermögen durch Spekulationen mit Eisenbahnaktien gemacht; Ernest Cassel war der brillante Sohn eines Kölner Geldverleihers, wurde Baronet und Geheimrat und sorgte später für den sagenhaften Reichtum von Berties letzter Geliebten Alice Keppel, der Urgroßmutter von Camilla, der heutigen Frau von Prinz Charles.

Edward fuhr häufig nach Paris, wo er Mitglied des »Jockey Clubs« wurde, er besuchte allein im Jahr 1890 achtundzwanzig Rennen. In den Stadthäusern der Rothschilds in Paris fand Edward den großen Luxus des Zweiten Kaiserreichs wieder, die feine Küche und das internationale Flair.

Außerdem verbrachte er viele Stunden mit Tennis und Golf, auf der Jagd und in ersten Autos, die er sich von der Firma Daimler bauen ließ. Natürlich nicht als Fahrer, sondern als Beifahrer. Wofür hatte man schließlich einen Chauffeur.

Hermann Marten August Max Freiherr von Eelking schreibt: »Er war eben den oberen Zehntausend eng verbunden, denen die alte Königin Victoria jeden Lebenszweck absprach. So nahm er auch an den berühmten Regatten von Cowes teil.«

Wie es sich für einen Lebemann gehört, verbrachte er den Frühling an der Côte d'Azur, den Herbst in deutschen Kurbädern wie Bad Homburg und Wiesbaden, wo er dem Rauchen, dem Essen und dem Spielen von Whist, Bridge und Bakkarat frönte.

Als das Rauchen im White's Club in London eingeschränkt wurde, gründete er in der Pall Mall den Marlborough Club und vergnügte sich mit seinen aristokratischen Freunden aus der »Marlborough House Clique«, einem Vorläufer des Jetsets, bei den Pferderennen in Ascot und Epsom. Wobei Berties Pferde – Geschenke seiner Mutter! – sogar dreimal das Derby gewannen.

Was ihn allerdings besonders auszeichnete, war sein unersättlicher Drang nach Sex, schönen Frauen und Mätressen! Er war eben ein Genussmensch, ein Dandy, ein Bonvivant, hatte aber leider mit Literatur, Kunst, Malerei nichts am Hut.

Prinz Bertie und die Frauen

Während Bertie in der englischen Armee in Irland diente – er war neunzehn Jahre alt –, machte er seine erste sexuelle Erfahrung mit einer Frau, die ihm seine Offizierskameraden ins Bett legten. Es handelte sich dabei um die junge, aber bereits äußerst erfahrene Schauspielerin Nellie Clifden. Sie war nicht wirklich Schauspielerin und nicht wirklich diskret, sondern ließ sich dummerweise schon als »Prinzessin von Wales« feiern. Was prompt den königlichen Spähern des sittenstrengen Vaters zu Ohren kam! Der war über diesen »Ausrutscher« seines Sohnes so entsetzt, dass er einen Schwächeanfall erlitt.

Tatsächlich starb Albert, wie wir wissen, ein paar Monate später, Ende 1861. Bis zum Ende ihrer alten Tage klagte Königin Victoria, dass diese Affäre von Bertie die eigentliche Ursache für den schnellen Tod des geliebten Mannes gewesen sei.

Bertie hingegen genoss sein Leben fröhlich weiter, zum Beispiel bei ausgedehnten »Junggesellenreisen«. Was Königin Victoria dazu bewog, ihrem Sohn keinerlei Regierungsverantwortlichkeit zu überlassen. Wie sich doch die Zeiten wiederholen! Ist es nicht so, dass auch Königin Elizabeth II. ihrem Sohn Charles bislang nicht bis zu dessen langer Nasenspitze traut und ihm wenig Verantwortung für eine über 1000-jährige Monarchie überlassen will?

Wie Charles heute, so wurde Bertie mit »sinnvollen Tätigkeiten« abgespeist, bei denen er nicht viel falsch machen konnte: Er durfte als offizieller Gastgeber für weniger bedeutsame Gäste fungieren, konnte den kundigen Reiseführer für auswärtige Würdenträger spielen oder Waisenhäuser eröffnen.

Die Wahl seiner Ehefrau aber übernahm Victoria höchstpersönlich und suchte Prinzessin Alexandra von Dänemark für ihren Sohn aus. Er hatte – wie fast 130 Jahre später Thronfolger Charles mit Lady Diana Spencer – keine andere Wahl, als zu akzeptieren. Queen Victoria war sehr beeindruckt von der jungen Prinzessin, als diese zum Antrittsbesuch in London erschien.

Sie schreibt am 3. September 1862 in ihr Tagebuch: »Prinzessin Alexandra sah lieblich aus, in einem schwarzen Kleid, nichts im Haar, zu beiden Seiten Locken, die ihr über die Schultern fielen, das Haar aus der schönen Stirn gekämmt. Ihre ganze Erscheinung war von größtem Charme, verbunden mit Einfachheit und vollendeter Würde. Ich schenkte ihr ein kleines weißes Heidekraut, das Bertie mir in Balmoral gegeben hatte, und sagte, es werde ihr Glück bringen.«

Alexandra Caroline Marie Charlotte Louise Julia, genannt Alix, wurde am 1. Dezember 1844 in Kopenhagen als älteste Tochter von Prinz Christian, dem späteren König Christian IX. von Dänemark, und seiner Frau Louise von Hessen-Kassel geboren. Die hübsche, gerade mal 19 Jahre junge dänische Prinzessin – Diana war übrigens genauso alt, als sie Prinz Charles heiratete – und der untersetzte, von seinen Zeitgenossen nicht gerade als schön bezeichnete Prince of Wales mussten am 10. März 1863 in der St.-George's-Kapelle auf Schloss Windsor heiraten. Alexandra wurde der Titel Prinzessin von Wales verliehen, ehe sie 1901 Königin wurde.

Alexandras Vater Prinz Christian – er galt einmal als aussichtsreicher Bewerber um die Hand Queen Victorias und wurde in ihren Briefen von 1862 als »immer noch äußerst gut aussehend« beschrieben – entstammte einer verarmten Seitenlinie der dänischen Königsfamilie. Ihre Mutter, Prinzessin Louise, war eine zierliche, intelligente und musikalische Frau. Die Familie war keineswegs reich; Alexandra und ihre Geschwister wurden zu äußerster Sparsamkeit angehalten und mussten die Arbeit der Dienstboten übernehmen, wenn diese ihren freien Tag hatten.

Der Fürst und die Fürstin von Wales
hatten fünf Kinder:

1. Albert Viktor, 1864–1892, Herzog von Clarence, der eine Weile lang unter Verdacht stand, der berühmt-berüchtigte Serienmörder »Jack the Ripper« zu sein.
2. George, 1865–1936, der spätere König George V. von Großbritannien und Nordirland
3. Louise, 1867–1931, »Princess Royal«, ein Titel, den auch Prinzessin Anne, die Tochter von Königin Elizabeth II., heute trägt.
4. Victoria, 1868–1935.
5. Maud, 1869–1938, verheiratet mit Haakon VII., König von Norwegen.

Alexandra war klug und beklagte sich während ihrer fast 50 Jahre währenden Ehe nie über die Seitensprünge ihres Mannes.

Im Gegenteil, sie sagte: »Wenn er ein Cowboy wäre, würde ich ihn genauso lieben.«

Mutete es nicht seltsam an? Trotz Prinz Charles' Dauerseitensprung liebte ihn Prinzessin Diana bis zuletzt. »Wir wären ein unschlagbares Team gewesen«, offenbarte sie weltweit in ihrem großen TV-Interview.

Als »echter Thronfolger« aber ließ sich Bertie vom Liebesgeflüster seiner Frau nicht stören und erst recht nicht davon abhalten, seinen unendlichen Streifzügen durch die erotische Welt Europas nachzugehen.

Es zog ihn geradezu manisch nach Paris, in die Stadt der Liebe. Und weil er aufgrund seiner Körperfülle manche seiner libidinösen Ideen nicht in die Tat umsetzen konnte, ließ er sich zwei Lustobjekte maßschneidern. Diese befanden

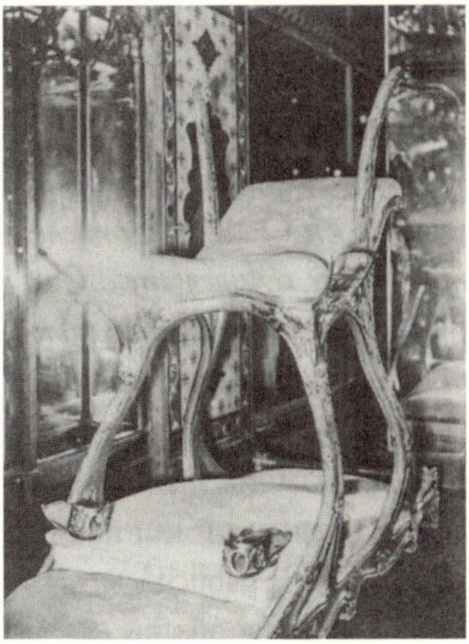

Die Sex-Geräte von Bertie: Eine kupferrote Badewanne für »Nass-Spiele« und ein »Liebesstuhl«, der heute »Playboy«-Chef Hugh Hefner gehört.

sich, wie sollte es auch anders sein, im berühmt-berüchtigten »Le Chabanais«:

1. eine Badewanne aus rotem Kupfer, in Form eines Schiffes, mit der Figur einer neckischen Aphrodite am Bug und einem gewaltigen Kopfbett am Heck. Darin ließ er sich besonders gern mit den ganz speziellen Wasserspielen von Mademoiselle Kelly verwöhnen.
2. einen besonderen »Liebesstuhl« im Stil des berühmten Vorbilds, den Madame du Barry, von der Straßendirne zur »königliche Mätresse« aufgestiegen, ihrem lendenschwachen König Ludwig XV. fertigen ließ.

Besonders gern ließ Bertie sich »klistieren«, eine damals höchst gebräuchliche Art, um abzunehmen und für weitere sexuelle Reize fähig zu sein und die Gesellschaft von Schauspielerinnen, Kurtisanen und Damen des Adels noch stärker zu genießen …

Bertie und Cora Pearl

Bei einem Diner in Paris wurde einmal eine riesige Servierschüssel vor den Prinzen gestellt. Als der Deckel abgehoben wurde, entdeckte Bertie zu seiner freudigen Überraschung, dass ihm die berühmt-berüchtigte Cora Pearl dargereicht wurde, mit nichts außer einem Petersiliensträußchen und einer Perlenkette bekleidet.

Cora Pearl hieß mit bürgerlichem Namen Emma Elizabeth Crouch und stammte aus Plymouth, wo sie als zweite Tochter eines Musikprofessors zur Welt kam. Doch die Familie zerbrach. Bereits mit zwölf Jahren wurde sie mit Gin abgefüllt, von einem »Gentleman« vergewaltigt und zwei Jahre lang als »Lehrling« in einem Bordell festgehalten. Mit vierzehn ist sie zu einer echten Schönheit erblüht und lebt – nach eigenen Erinnerungen – »brav bei der Großmutter«. Was nicht ganz stimmen kann …

Sie beginnt zu singen, nennt sich Cora Pearl und hat Erfolg: erst in London, dann in Paris. Mit sechzehn eilt ihr bereits der Ruf voraus, eine »Meisterin der Sünde« zu sein. Mit Vorliebe gibt sie sich Prinzen und Herzögen hin, wie dem Herzog von Morny, eines engen Verwandten des Kaisers von Frankreich, oder König Milan von Serbien, mit dem sie Millionen verprasste. Cora liebt das Spiel und zockt die Männer in ganz Europa ab: in Baden-Baden, Nizza, Cannes, Italien und vor allem in Monaco. Aus Baden-Baden wegen ihres »skandalösen Treibens« des Platzes verwiesen, rafft sie ihr Vermögen zusammen und zieht weiter. Nicht immer ist das Glück ihr hold. So erzählte sie freimütig, wie sie einmal bei einer Liebesnacht mit einem jungen, potenten Hochstapler ihre Börse von 50 000 Francs liegen ließ: »Und mir nichts daraus gemacht habe.«

Immerhin war sie diskret genug, in ihren – aus Geldmangel geschriebenen – »Memoiren« die Namen ihrer berühmtesten Liebhaber zu verschweigen. Wobei es kein Geheimnis war, dass sich Cora Pearl für einen horrenden Liebeslohn dem Prinzen von Wales hingab.

Bertie und Giulia Barucci

Giulia Barucci, die sich selbst »die größte Hure der Welt« nannte, ließ ihr Kleid ohne Umschweife zu Boden fallen, als sie Bertie zum ersten Mal begegnete. Der britische Thronfolger war entzückt. Um die Moral einigermaßen aufrechtzuerhalten, wurde sie von den Begleitern des Königs pro forma beschimpft. Woraufhin sie augenzwinkernd erwiderte: »Ich habe ihm doch nur das Beste, was ich habe, gezeigt – und das bisher umsonst!«

Bertie und »La Goulue«, die Gierige

Louise Weher, genannt La Goulue (die Gierige), ist Cancan-Tänzerin im Moulin Rouge. Durch den Bordellmaler und Grafensohn Henri Marie Raymond de Toulouse-Lautrec (1864–1901) wurde sie weltberühmt. Toulouse-Lautrec wohnte nicht im Bordell an der Rue des Moulins Nr. 6, um mit den Mädchen zu schlafen, sondern weil er bei den anrüchigen Chansonetten und Tänzerinnen ein bisschen Glück, ein bisschen Heimat finden wollte.

Bertie sah das anders und veranstaltete hier mit seinem »Jockey Club« legendäre Partys.

Eine Ort des raschen Vergnügens, den wiederum Schriftsteller Guy de Maupassant in seiner Novelle »La Maison Tellier« kritisch beschrieb: »Es ist einer jener seltenen Orte auf Gottes unbarmherziger Erde, wo Menschen, denen das Schicksal nichts gelassen hat außer ein bisschen Geld, sich eine Illusion flüchtigen Glücks und die Lüge der Zärtlichkeit erkaufen konnten.«

Bertie und die nackte Sarah

Sarah Bernhardt, die »Göttliche«, war die berühmteste Schauspielerin des modernen Theaters und Star in Victor Hugos »Ruy Blas«, Ravines »Phèdre« und in dem Stück »Die Kameliendame« von Alexandre Dumas dem Jüngeren.

Sarahs Mutter, eine schöne Putzmacherin, war Kurtisane, ihre Tochter wollte Nonne werden. Doch der Liebhaber ihrer Mutter, der bereits erwähnte Herzog von Morny, ein Halbbruder Napoleons III., entschied, dass Sarah Schauspielerin werden sollte. Eine Karriere, die ein schnelles Ende fand, als Sarah eine Kollegin im Wutanfall boxte und zusammenschlug.

Trotzdem gründete Sarah 1880 ihre eigene Truppe und ging mit ihren Inszenierungen auf Welttournee.

Was uns neben ihren Bewunderern wie Maler Gustave Doré, Schriftstellern wie Victor Hugo, Oscar Wilde und Emile Zola interessiert, ist die Affäre mit Englands künftigem König Edward VII. Immerhin wurde in einem der damals häufig gedruckten Pamphlete wie »Die Liebe der Sarah Bernhardt« behauptet, dass sie alle europäischen Staatsoberhäupter verführt habe. Sogar der Papst soll zu ihren Liebhabern gehört haben. Na, lassen wir das mal im Reich der Erfindung stehen.

Von Kaiser Franz Joseph von Österreich, von König Alfons von Spanien und König Humbert von Italien wurde sie jedenfalls mit Geschenken überhäuft. König Christian IX. von Dänemark lieh ihr seine Jacht, und Großherzog Friedrich II. erlaubte ihr, auf seinem Schloss zu wohnen.

Tatsache ist, dass sie »besondere Beziehungen« zum Prinzen von Wales, dem späteren Edward VII., unterhielt. Zumal der Prinz eine Vorliebe für bizarre Liebesstellungen hatte.

So soll Sarah Bernhardt angeblich in einem mit Satin ausgeschlagenen Rosenholzsarg geschlafen und von ihren intimen Freunden verlangt haben, ihr in der engen Kiste mehr als nur Gesellschaft zu leisten. Dies offenbart die Schauspielerin Marie Colombier in ihrem Buch »Die Memoiren der Sarah Barnum«, einer kaum verhüllten, recht obszönen Sarah-Bernhardt-»Biografie«.

Der Schweizer Schriftsteller Blaise Cendrars setzt noch eins drauf und schreibt in seinem Buch »Madame Thérèse«, wie die Bernhardt es angeblich mit einem jungen Seemann treibt – und beim Orgasmus ihr Gebiss verliert.

Dass der Prinz von Wales kein Kostverächter war, wurde bislang wohl recht eindeutig geschildert. Und doch gibt es im Leben britischer Monarchen immer eine Steigerung:

Bertie und La Belle Otéro

Sie war die Kurtisane de Luxe! Die als Augustina Otéro Iglesias in Galizien am 4. November 1868 geborene und erst am 10. April 1965 in Nizza verstorbene »Edel-Dirne«.

Als »Lolita« ging sie auf »Liebestour« an die französische Riviera, nach Nizza, Cannes und Monaco. Dort verfiel sie dem Glücksspiel. Ein Angestellter des Casinos von Monte Carlo behauptete später, dass die Otéro, als ihr einmal das

Geld ausging, innerhalb von 24 Stunden mit elf Männern in einem nahe gelegenen Hotel ins Bett gegangen sei. Er fügte hinzu, dass sie sich während dieses Marathons nie länger als eine halbe Stunde von den Spieltischen entfernt habe.

La Belle Otéro verlor im Laufe ihres Lebens schätzungsweise 20 Millionen Dollar beim Spiel. Als man sie fragte, was sie gemacht hätte, wäre sie keine Spielerin geworden: »Ich hätte eine Universität für Prostituierte gegründet. Stellt euch nur vor, welche Vielzahl von Kursen wir hätten anbieten können.«

Man sagte der Otéro nach, dass sie Nymphomanin gewesen sei. Auf jeden Fall war sie eine wunderschöne Frau, 1,87 Meter groß, mit den Körpermaßen 96-53-91. Ihr Gesicht war ebenmäßig oval, ihr Haar schwarz und seidig, ihre Zähne schneeweiß. Ihre Freundin, die französische Schriftstellerin Colette (1873–1954), berichtete über die Brüste der Otéro: »… sie erinnerten an längliche Zitronen, fest und an den Spitzen aufgerichtet.« In einer anonymen Quelle heißt es, dass Otéros Brüste »ihr immer eine Viertelstunde voraus waren«. Der leicht ordinäre Zug ihrer Sprache verursachte ihren Gönnern einen angenehmen Kitzel; sie war stets darauf bedacht, dass sich ein Mann in ihrem Schlafzimmer wie ein König fühlte – und das tat der Thronfolger des englischen Königreichs gern und oft –, auch wenn die Otéro in ihrer Blütezeit pro Nacht 10 000 Dollar oder den entsprechenden Gegenwert in Juwelen verlangte. Und sie hatte wirklich potente Kunden: König Leopold II. von Belgien, Prinz Nikola von Montenegro, Prinz Albert von Monaco, der russische Großfürst Nicolai und natürlich Bertie, der Prinz von Wales und spätere König Edward VII. von England. Der superreiche Amerikaner Vanderbilt schenkte der Otéro eine Jacht und kaufte ihr Juwelen im Wert von

250 000 Dollar, darunter das Perlenhalsband, das Napoleon III. seiner Kaiserin Eugenie einst als Zeichen seiner Liebe überreicht hatte.

Während ihrer fünfjährigen Verbindung mit dem Schah von Persien wurde die Otéro zur reichsten Kurtisane der Welt. »Er war ein dreckiger, übel riechender alter Mann mit sehr seltsamen Wünschen«, erinnerte sie sich. »Er besuchte mich jeden Nachmittag um zwei Uhr und ging um fünf. Zehn Minuten später stand jedes Mal einer seiner Diener vor meiner Tür und überreichte meinem Dienstmädchen ein goldenes, mit Samt ausgeschlagenes Intarsienkästchen, in dem immer ein einzelner, riesiger Edelstein lag. So gelangte ich nach und nach in den Besitz von Diamanten, Rubinen, Perlen, Jade und Smaragden.«

Nebenbei: Schlechte Noten erhielt Prinz Albert von Monaco von ihr, denn er hatte angeblich Mühe, eine Erektion zu bekommen. Auch der russische Zar Nikolaus II. kam nicht gut weg: »Er stank entsetzlich.«

Kurtisane der Extraklasse: »La Belle Otéro«. Ihre Schönheit bezauberte den Prinzen von Wales.

Als die schöne Otéro im September 1897 nach Paris zurückkehrte, wartete Prinz Edward von England schon auf sie, musste sie aber letztlich versetzen, da seine »offizielle Mätresse« Lillie Langtry auftauchte.

»Er war erstaunlich männlich und sehr großzügig«, erinnert sich La Belle Otéro später an den Thronfolger.

Auch sonst war sie bei königlichen Familien gern zu Diensten bereit: den 19-jährigen unerfahrenen König Alfons XIII. von Spanien führte sie in die Kunst der Liebe ein. Aus Dankbarkeit richtete ihr der König acht Jahre später, nämlich 1913, eine Wohnung in Madrid ein.

1914 zog sich die Otéro vom Kurtisanenleben zurück. Dreißig Jahre später, im Alter von 66 Jahren, war sie immer noch attraktiv. Sie starb mit beachtlichen 97 Jahren an einem Herzanfall in Nizza.

Nichts hat sie in ihrem Leben bereut, wie sie selbst sagt: »Ich war Sklavin meiner Leidenschaften, aber nie Sklavin eines Mannes.«

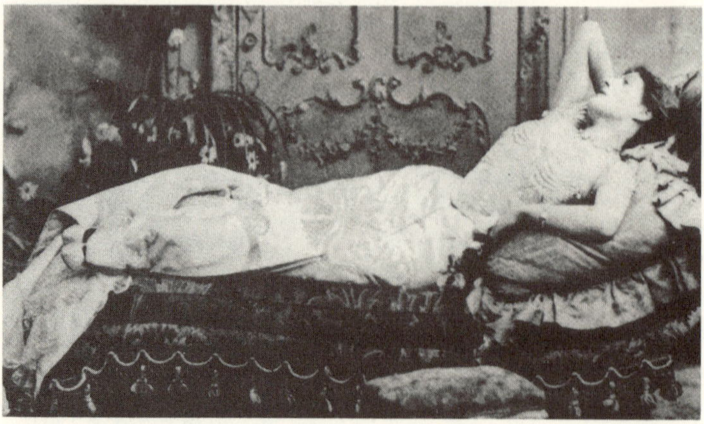

Lillie Langtry, die den Thronfolger lobte: »Er liebt scharfe Witze.«

Die längste außereheliche Liebesbeziehung des Thronfolgers bestand zu Lillie Langtry, geborene Charlotte le Bréton. Sie war Tochter eines Dekans aus Jersey, eine präraffaelitische Schönheit, die das elegante London im Schwung für sich einnahm. Der Prinz von Wales war bereits 56 Jahre alt, als er diese Liaison einging. Als Lillie sich mit ihrem Ehemann, dem unbedeutenden Mr. Langtry, in der britischen Hauptstadt niederließ, fehlte es dem Ehepaar so sehr an Geld, dass Lillie immer ein einfaches schwarzes Kleid trug. In diesem schlichten Aufzug lernte sie auch Bertie kennen, der unter seinem wohlbekannten Decknamen »Lord Renfrew« sofort mit Lillie »frische Luft schnappen« wollte.

Als der gehörnte Ehemann die Scheidung von Lillie verlangte, kam es zum Skandal: Sie war schwanger. Von wem? Vom Prinzen von Wales? Oder von seinem Vetter Prinz Louis von Battenberg?

Was keinen Wales, keinen Battenberg, keinen Ahnen derer zu »Windsor« auch nur eine Sekunde in Unruhe versetzt! Man teilte sich einfach die Frau, den Ehemann suchte man zu beruhigen.

Bertie hatte ein Lieblingslokal an der Maiden Lane, das »Alhambra«, dessen Wirt ihm einen großen Freundschaftsdienst erwies, indem er an der Außenmauer seines Etablissements eine Treppe anbaute, die unmittelbar zu den Séparées führte. Um die damals schon immer eifrigen »Hofberichterstatter« in die Irre zu führen, konnten Lillie und Bertie in dringenden Fällen fliehen, wobei einmal auch – gegen eine großzügige Spende – La Belle Otéro beiden half, die in ihren Memoiren schrieb: »Für eine Dame aus dem Ausland war es schwierig, mit dem Prinzen von Wales in seiner Heimat vertraut zu werden, wo doch Mistress Langtry das Monopol auf ihn hatte und seine Mama ein strenges Auge auf ihn warf.«

Lillie Langtry soll über den Thronfolger gesagt haben: »Bertie war ein guter Liebhaber, und er erzählte gern scharfe Witze. Wir haben viel miteinander gelacht.«

Bertie und »His Royal Highness Virgin Band«

Wie der Herzog von Cambridge berichtet, entwickelte Bertie in späteren Jahren eine besondere Vorliebe für junge Mädchen. Drei junge Frauen, mit denen er eine Liebschaft unterhielt, kannte man als »H. R. H. Virgin Band«.

Auch Amerikas Ex-Präsident John F. Kennedy entwickelte angeblich eine besondere Neigung zu jungen Frauen. Die wurden als »Fiddle« und »Faddle« im Weißen Haus als »Sekretärinnen« geführt. Und mussten ihm, wie einst Bertie, vor einem Stuhl zu Diensten sein: Kennedy litt an einem Kriegsleiden im Rücken, Bertie war einfach zu korpulent geworden, um Liebe im Liegen zu praktizieren.

Noch mehr reizten Bertie allerdings verheiratete Schönheiten. Ihre Männer gehörten zum »inner circle« des Königshauses und duldeten allemal, dass ihnen Bertie »Hörner aufsetzte«. Und doch kam es zum Skandal: Die junge Lady Harriet brachte ein blindes Kind zur Welt. »Ein Fluch Gottes«, sagte sie der Presse. Sie bekannte, »Unrecht« getan zu haben mit dem Prinzen von Wales – und das am »helllichten Tag«.

Bertie konnte allerdings ohne große Nachfrage des Gerichts schwören, dass er nicht der Liebhaber der Dame gewesen sei. Ganz so, wie Jahrzehnte später Prinz Charles »schwor«, Diana mit Camilla nicht untreu gewesen zu sein.

Des Königs letzte Mätresse war Alice Keppel, eine schöne verführerische Bürgerliche, die dreißig Jahre jünger war als er. Während Edwards zwölfjähriger Romanze mit ihr akzeptierten sowohl Mr. Keppel als auch Königin Alexandra in vollem Umfang Alice Keppels Rolle als zweite Frau Berties.

Alice sprach häufig in Schloss Windsor vor, wo sie eine gute Freundin von Alexandra wurde, und Edward kam oft in die Wohnung der Keppels und spielte mit den beiden Töchtern. Wobei zumindest eine von ihm abstammen soll, ja abstammt.

Sonia Keppel, die Großmutter von Camilla, erinnert sich später an die lustigen Spiele, die sie mit »Kingy« hatte: Sie ließen zwei mit Butter beschmierte Toastscheiben, die gebutterte Seite nach unten, die Hosen des Königs hinabrutschen und wetteten um einen Penny, welche der beiden Toastscheiben zuerst auf dem Boden ankam.

Als Berties »ewige Mutter« Queen Victoria 1901 stirbt, gibt er seinen Namen Albert auf und wird 1902 als Edward VII. gekrönt. Er war zu diesem Zeitpunkt 59 Jahre alt.

Gute Chancen für Prinz Charles also, seinem Vorfahren nachzueifern und im gehobenen Alter noch König zu werden. Oder wie Hofberichterstatter Ross Benson über den Thronfolger sagt: »He's born to be king, and he will be king.«

Alice Keppel, der Urgroßmutter von Camilla, und ihren beiden Töchtern aber wollen wir ein eigenes Kapitel widmen.

Alice Keppel – Urmutter der Windsor-Mätressen

Alice Frederica Edmonstone wurde am 14. Oktober 1869 auf Duntreath Castle nördlich von Glasgow in Schottland geboren. Ihre Mutter Mary Elizabeth, eine geborene Parsons, war die Tochter des Gouverneurs der Ionischen Inseln. Mit sechzehn heiratet Alices Mutter Sir William Edmonstone, einen Seeoffizier, der später Admiral wurde und sie nach Schottland mitnahm.

Alice war das jüngste von neun Kindern, ihr Vater war bereits über fünfzig Jahre, ihre Mutter in den Vierzigern, und ihre Schwestern hätten gleichwohl vom Altersunterschied her ihre Tanten sein können. Als Alice geboren wurde, heiratete ihre Schwester Charlotte einen Vikar, ihre Schwester Louisa einen Major vom Tower von London und Mary den Lord Advocate von Schottland, besser bekannt als der Liebhaber von Königin Marie von Rumänien.

Die Edmonstones waren eine schottische Aristokratenfamilie ohne Geld und ohne echten Status. Als ihr Vater im Jahr 1888 stirbt, ist Alice die letzte unverheiratete Tochter und braucht dringend einen Mann. Was tun? Sie findet ein geeignetes »Opfer« in dem humorlosen, pedantischen, überpünktlichen, aber immerhin gut aussehenden George Keppel, den sie am 1. Juni 1891 heiratet. Keppel, seines Zeichens Leutnant der Gordon Highlanders, ist zwar ebenfalls nicht vermögend, hat dafür aber einen respektablen Namen. Die

Keppels hießen früher Van Keppel und stammten ursprünglich aus Holland, und die Legende sagt, dass der 16-jährige Arnold Joost Van Keppel ein Günstling des späteren Königs William III. von England (1650–1702) war, der ihn wegen »seiner schönen Augen« zum Baron Ashford, zum Viscount Bury von Lancaster, zum Earl of Albemarle machte und ihm die sagenhafte Summe von 200 000 Gulden hinterließ.

Nun, offensichtlich war von dieser Summe im Jahr 1891 bei der Eheschließung von George Keppel mit Alice Edmonstone nichts mehr übrig. Was tun? Alice und George wohnten schließlich an der Wilton Crescent im Londoner Stadtteil Belgravia, wo die Kosten hoch waren: für Hüte, Pelze, Juwelen, Champagner. Und das konnten ihr nur Liebhaber bieten, nicht ihr Mann. Alice Keppel hatte das, was wir »ein feines Näschen für Geld« nennen würden. Ihre besondere Achtung galt zeit ihres Lebens den Bankiers, und dazu zählte auch ihr langjähriger Freund Sir Ernest Cassel (1852–1921), der später aus Alice Keppel eine enorm reiche Frau machte.

Bis heute hält sich hartnäckig das Gerücht, dass nicht der brave George Vater von Alices Tochter Violet sei, sondern William Beckett, Seniorchef der Privatbank Beckett & Company in Leeds, der stolzer Besitzer einer wunderbaren Villa in Ravello in Italien war.

Alice behandelte ihren Mann George mit dem gebotenen Respekt, soweit man eheliche Treue davon ausnimmt. Mit ihren ausgesprochen hervorstechenden Reizen war sie sich im Klaren darüber, dass diese ihr noch zu viel Ansehen und Geld verhelfen könnten. Und schließlich war sie alles andere als prüde. Zunächst legte sie sich in London flugs einen Liebhaber zu, Lord Alington, der zufällig ein reicher Freund von Thronfolger Bertie war.

Sie passte – das wusste sie – genau in das »Beute-Schema« des Prinzen von Wales, denn sie hatte eine wunderbare Haut, blaue Augen und beeindruckende Brüste.

Wann Thronfolger Bertie im Jahre 1898 Camillas Urgroßmutter erstmals sah, war bislang nicht verbürgt. Doch Camilla-Biografin Tatjana Gräfin Dönhoff legt den Tag fest: Es war der 27. Februar 1898, als »Bertie« zum Dinner bei den Keppels erschien – und es sofort »zoom« machte. Es ging jedenfalls schnell zwischen dem 58-jährigen Bertie und der 29-jährigen Alice.

Er war ein übergewichtiger Mann, der zwanzig Zigaretten und ein Dutzend Zigarren am Tag rauchte, dazu fünf Mahlzeiten einnahm und diese meist mit einem Claret beendete. Sein Blutdruck war zu hoch, und er litt an Bronchialhusten, aber dafür hatte er eine unstillbare Libido.

Sie war eine blühende Schönheit, die ihn erheiterte und ihn mit ihrer Selbstsicherheit verdutzte (was sie ganz offensichtlich an Camilla vererbt hat). Außerdem regte sie seinen sexuellen Appetit enorm dadurch an, dass sie keinen Hehl daraus machte, wie viel Freude ihr Sex bereitete, was für die damalige Zeit durchaus ungewöhnlich war. Die Ehe des Prinzen von Wales mit der dänischen Prinzessin Alexandra irritierte Alice keine Sekunde. Wie später auch Camilla die Ehe von Charles mit Diana nicht wirklich ein Dorn im Auge war: Urgroßmutter und Urenkelin wussten beide sehr genau, wen sie im Bett haben wollten und warum!

Royales Stelldichein zur Tea Time

Schnell fand die auf Status und Geld bedachte Alice Keppel mit dem verheirateten Thronfolger eine Regelung, wie man

Im Bett von Thronfolgern glücklich:
Alice Keppel und Camilla. Die Fotos zeigen,
wie ähnlich sich Urgroßmutter und Urenkelin sind.

ohne großes Aufsehen den gegenseitigen Gelüsten entgegenkommen könnte, und zwar indem man gemeinsam die »High Tea Time« zelebrierte, also die Zeit zwischen 17 und 18 Uhr. Der Fünf-Uhr-Tee wurde erst seit wenigen Jahren von der britischen Upper-Class goutiert und für den dicken »Bertie« und seine attraktive Geliebte Alice zur höchst entspannten Stunde.

Sie verstand den »Skandal«, den der Thronfolger 1873 überstehen musste, als entdeckt wurde, dass er eine »Absteige« für seine Londoner Gespielinnen hatte. Alice fand die Geschichte eher zum Lachen. Auch als Berties Affäre mit Lady Aylesford im Jahre 1876 aufflog, die wie so vieles im englischen Königshaus mit diskreter Augenwischerei aus der Welt geschafft wurde.

Alices Tochter Violet Keppel konnte jedoch nichts Lustiges daran finden und schrieb ihrer Geliebten Vita Sackville-West später: »Diese ganzen sexuellen Affären von Bertie und seiner Bagage – dieser königlichen Familie, der Aristokratie, der Justiz und den Gesetzesgebern – basiert doch nur auf Lügen einer widerlichen Gesellschaft.«

Na, so widerlich war die Gesellschaft von Bertie ihrer Mutter Alice allerdings nicht. Die für mich absolut unbestechliche und beste Biografin der »Keppel-Familie«, die wunderbare Schriftstellerin Diana Souhami, bringt es auf den Punkt und zitiert aus einem unveröffentlichten autobiografischen Artikel von Violet Keppel: »Eines Tages fragte ich Mama: Warum müssen wir Opa ›Majesty‹ nennen?«

Die Antwort ihrer Mutter: »Schluss mit diesen Sachen, du schaust schrecklich aus. Alfred, bring Mademoiselle nach oben!«

Als Violet sechs Jahre alt ist, bekommt ihre Mutter eine weitere Tochter: Sonia. Doch von wem ist das Kind? George Keppel kann schlecht der Vater von Sonia sein, er wurde bereits 1889 nach Indien geschickt, um dort für Lipton-Tea zu arbeiten, was eine ungemein lukrative Aufgabe war.

Sonia, die Großmutter von Camilla, der heutigen Ehefrau von Thronfolger Charles, wurde 1900 geboren – und sie soll eine eheliche Tochter von George Keppel sein?

Alice Keppels sexuelle Beziehung zu ihrem Mann war schon vor längerer Zeit gestorben, nun war sie die Geliebte von Thronfolger Bertie. Und Könige teilen ihre Geliebte nie, außer sie wissen nichts davon! Womit wir guten Glaubens annehmen könnten, dass Sonia eben nicht die eheliche Tochter von Alice und George Keppel ist, sondern ein »Kind der Liebe«. Worauf auch der Titel ihrer Memoiren hinweist: »Edwardian Daughter«.

»Kinder der Liebe« werden im englischen Königshaus immer dann gern anderen Herren unterstellt, wenn gerade eine Krönung ansteht. Und kein Skandal der jüngeren Vergangenheit den Akt der Freude stören darf.

Krönung im Beisein der Geliebten

Andererseits dürfen wir uns die Krönung von »Bertie« am 9. August 1902 durchaus unter Anwesenheit seiner Geliebten vorstellen. In der Westminster Abbey herrschte bei Einzug der Gäste der Krönungszeremonie reger Betrieb: Diverse Mätressen, wie eben Alice Keppel, die französische Schauspielerin Sarah Bernhardt und andere dekorative Damen aus dem »Harem von Bertie« wollten sich das Spektakel nicht entgehen lassen und waren eingeladen worden.

Und das erinnert stark an das Jahr 1981. Wer saß damals bei der Trauung von Thronfolger Charles mit Diana in der fünften Reihe? Keine Geringere als Camilla Parker Bowles, die Geliebte von Charles. Warum dies als Tabubruch bezeichnen? Bei den Windsors ist dies eben Tradition.

Im Juni 1902 entzündete sich des Königs Blinddarm, woraufhin die Krönung für ein paar Wochen verschoben werden musste. Bertie wurde mit Chloroform betäubt, der Blinddarm entfernt – und Alice Keppel hielt ihm die Hand. Geld bekam sie dafür (noch) nicht, obwohl sie schon seit mehreren Jahren seine Mätresse war und in ständiger Geldnot lebte.

Dafür aber hatte sie mittlerweile die Bekanntschaft mit Sir Ernest Cassel gemacht, den Bertie den »klügsten Mann Englands« nannte. Er hatte Klarheit in die Finanzen des Thronfolgers gebracht und wird seinen Reichtum in ungeahnte Höhen treiben – wovon die Windsors nicht nur zehren, sondern alles noch vermehren.

Jetzt hilft er auch Alice, die mit ihren beiden Töchtern in gewisse Engpässe gerät. Acht Monate nach Sonias Geburt, von der in der royalen Gesellschaft alle wissen, wessen Tochter sie ist, wird Alice angeboten, Sonia doch von der reichen, aber kinderlosen schottischen Margret Greville adoptieren zu lassen. Damit wäre Sonia aus dem Schussfeld jeglicher Spekulation. Doch Alice lehnt ab, wie Biografin Diana Souhami in ihrem Buch »Mrs Keppel and Her Daughter« schreibt.

Sir Ernest Cassel, 1852 in Köln geboren, war ein globalvernetzer Banker und eine wahre Geldmaschine. Seine klugen Investitionen in Südafrika (Diamanten und Gold), Amerika (Westinghouse Electric Company) und in die Londoner Zuggesellschaft verdoppelten sich rasch, ebenso waren seine Anleihen an China, Japan, Russland, Uruguay und Ägypten sehr erfolgreich. Kurz nachdem er die Finanzen von Berties Geliebter Alice Keppel übernommen hatte, gehörten ihr Anteile an der argentinischen Eisenbahn, den Hauptbahnhöfen von Córdoba, Baltimore und Ohio, Chicago und New Orleans, der königlichen Paketgesellschaft, der Transvaal-Diamanten-Gesellschaft und andere.

Diese Transaktionen und damit der Reichtum à la Dagobert Duck dürften ohne Berties Zustimmung, der jetzt König Edward VII. von England ist, nicht möglich gewesen sein.

In ihrer Novelle »The Edwardians« schreibt später Vita Sackville-West, die Geliebte von Violet, Alice Keppels erster

Tochter: »Geld bestimmte ihre Gespräche.« Und die »Sex-Beziehung«, garniert mit Lachen, Essen und Trinken. Alice, nicht Königin Alexandra, versüßte dem Monarchen die winterliche Jagd in Devonshire: »Sie sitzt einfach neben ihm, und er ist glücklich«, schreibt Lord Carrington.

Violet und Sonia hatten allerdings Probleme mit der Frage: Wer ist ihr Vater? Eine Frage, die Alice Keppel nie beantwortet hat. Violet schreibt später: »Wer ist er? Großvater? Oder vielleicht Vater? Es ist jedenfalls einer, der am späten Nachmittag aus Mamas Schlafzimmer kam, der Ringe mit Rubinen trug, nach Zigarren und Eau de Portugal roch.«

Nach Biarritz, an die französische Atlantikküste, fuhren sie alle gemeinsam: Bertie, Alice, ihre Töchter Violet und Sonia. Sie stiegen zuerst im »Hôtel du Palais« ab, bis Finanz-Guru Ernest Cassel kam und sie in die Villa »Eugénie« von Napoléon III. einquartierte. Vom Vater George Keppel keine Spur, denn dieser war bestens in Indien untergebracht, um die amourösen Seitensprünge seiner Frau nicht auch noch in den Ferien mit ansehen zu müssen. Dafür wurde er in Indien ein reicher Mann.

Ein ähnliches Schicksal, auch wenn er dies verneint, erlitt Andrew Parker Bowles, Ex-Ehemann von Camilla. Ihm wurden so große Hörner aufgesetzt, wie kein Hirsch sie tragen kann, wurde er doch vom königlichen Haushalt immer wieder gut beschäftigt und bekommt heute noch eine Rente, von der Normalsterbliche wohl nur träumen können. Warum? Weil Andrew Parker Bowles eben doch mehr als nur der Steigbügelhalter von Prinz Charles war, er war auch der Ehemann von Charles' Geliebter.

Wie können wir uns König Edward VII. und seine Mätresse Alice Keppel in Biarritz vorstellen? Aufgestanden wurde nach einem üppigen Frühstück im Bett, um exakt um 12.15 Uhr mittags Arm in Arm auf der Seepromenade des mondänen Ortes an der französisch-spanischen Grenze mit Schoßhündchen Cäsar, einem weißen Norfolk-Terrier, zu flanieren. Dann begab man sich in die königliche Suite des Hôtel du Palais, um ein reichliches Mahl zu sich zu nehmen: Serviert wurden zuerst hart gekochte Eier (gut für die Potenz!), dann Lachs, gefolgt von Hühnchen mit Spargel und geeisten Erdbeeren zur Nachspeise. Dazu tranken die beiden mindestens eine Flasche Chablis (Premier Crû), Champagner und hinterher zur Abrundung Brandy der Marke »Napoléon«.

Anschließend folgte eine kurze gemeinsame Siesta, bevor es zur örtlichen Rennbahn ging, wo eisgekühlter Champagner die beiden Liebenden in Stimmung versetzte, die sie bis zum Nachtmahl um 20.15 Uhr auf ihre ganz eigene Art genossen.

Punkt 20.15 Uhr saß man wieder zu Tisch – und wieder gab es das volle Fress-Programm. Diesmal aber statt Champagner edelste Tropfen aus dem nahen Bordeaux-Gebiet. Anschließend saß man bis Mitternacht bei Bridge und Brandy.

Oft gab es auch ein wahrhaft königliches Picknick, wobei sich der König und seine Geliebte in einem offenen Daimler an einen verschwiegenen Ort nahe der Küste bringen ließen. Dort hatte die Dienerschaft alles vorbereitet: einen langen Tisch mit Leinen gedeckt, tiefe Sessel, Silber-Besteck und natürlich genügend alkoholische Getränke für das ungleiche Turtel-Paar. So viel »Lebensstil« schlägt irgendwann auf den

Magen und die Lunge, da Edward VII. nicht davon abließ, seine geliebten Zigarren zu rauchen. Mal hatte »Bertie« einen Bronchialanfall, dann wieder schwitzte er so stark, dass er in einen kühlen Raum gebracht werden musste. Was ihn aber keinesfalls davon abhielt, seine sexuellen Pflichten treu zu verfolgen.

Auch sonst ließ sich Edward auf seine alten Tage nicht lumpen und kleidete seine Geliebte in Paris bei den berühmtesten Mode- und Schuhdesignern ein. Das waren Jean Worth und Paul Poiret, der Befreier der Frauen vom einengenden Korsett, dem Erfinder von leichten Büstenhaltern und Strumpfgürteln, der auch das Parfum als Accessoire in das Couture-Geschäft einführte. Die Kleider trugen auch verführerische Namen wie »Während man liebt«, »Zärtliche Stunde«, »Kiss me« und »Ob er kommt?«.

Zurück in Paris, spielte Alice Keppel ihre Rolle als »erste Geliebte des Königs« perfekt: Sie feuerte die brave Hausangestellte Aislinn und heuerte die Französin Hélène Cliassac an, die für »mehr Noblesse« im Hause Keppel sorgen sollte. Für ihre beiden Töchter hatte Alice wenig Zeit, sie musste schließlich ständig mit ihrem Hausbankier Cassel konferieren und immer parat sein, wenn der König es wünschte.

Genau so hielt es wohl auch Urenkelin Camilla mit Prinz Charles: Wobei sehr fraglich ist, ob die selbstbewusste Camilla zuerst einen Hofknicks machte oder Charles später im Bett als »Sir« ansprach, wie er es – einigen Damen zufolge – von anderen verlangte. Camilla war da direkter, als sie – laut Auskunft ihres Schwagers Richard Parker Bowles – ihrem Herzbuben Charles sagte: »Stell dir einfach vor, ich bin ein Schaukelpferd.«

Die ehrenwerte Mrs. Keppel und der mächtigste Mann des Königreichs waren ein Herz und eine Seele, als Edward VII.

sich vor einem erneuten Ferienaufenthalt in Biarritz am 6. März 1910 im Buckingham-Palast noch mal so richtig kulinarisch verwöhnen ließ: Schildkrötensuppe, Lachssteak, gegrillte Hühnerbrüste, Hammelfleisch, ein Stückchen Foie Gras, seine geliebten Spargel und eine geeiste Fruchtplatte. Dazu natürlich ausreichend Wein, Champagner und »Napoléon«. Edwards Frau Alexandra erholte sich indes auf einer Mittelmeer-Kreuzfahrt.

Und Bertie schaffte es tatsächlich noch mal, mit Alice nach Biarritz zu fahren, obwohl seine Kondition nicht die stärkste war. Er unternahm sogar noch eine Reise nach Le Pau und besuchte den damals berühmten Lungenkurort Lourdes.

Am 6. Mai 1910 ging es Bertie zu Hause im Buckingham-Palast sehr schlecht. Er atmete immer schwerer, bekam kaum mehr Luft, doch rauchte er weiterhin Zigarren! Seinen Butler, Mister Davidson, wies er noch an, seinen Finanzberater Cassel mit 10 000 Pfund in bar zu ihm kommen zu lassen.

Am Nachmittag folgte eine Herzattacke der anderen. Seine Frau Alexandra stand betend an seinem Bett, hatte aber die Größe, Alice Keppel, seine Geliebte, zu ihm vorzulassen.

»Ich bin sicher, Sie hatten immer einen guten Einfluss auf ihn«, sagte die Königin und ließ Alice allein mit dem sterbenden König.

Der Umschlag mit 10 000 Pfund lag noch immer auf dem Nachttisch.

Alice Keppel verlor nun theatralisch die Nerven: »Was wird aus mir?«, kreischte sie.

Der König starb um 23.45 Uhr. Und was wurde aus dem Geld? Laut Anthony Allfrey, dem Biografen von Sir Cassel, landete es nur wenig später bei Alice Keppel.

Ein Tod, der alle veränderte

Über Nacht änderte sich das Leben für alle, für die Monarchie, das britische Volk – und für Alice Keppel und ihre beiden Töchter Violet und Sonia. Berties Sohn, der freudlose George V., ließ die Mätressen alle Verachtung spüren, deren er fähig war. Alice hatte nun, was sie eigentlich wollte: Geld. Aber keinerlei Achtung in der Gesellschaft.

Und wie sieht es heutzutage aus? Seit Thronfolger Charles seine Geliebte Camilla heiratete, wird nicht vom »Prinzen of Wales« gesprochen, sondern es heißt nur: »Die Cornwalls« kommen.

Nun, Alice zieht zunächst in ein großes Haus an den Portman Square, doch Gäste bleiben aus. Dann reist sie erst nach München, Bad Reichenhall und nach Florenz, bevor sie sich auf eine drei Jahre währende Reise nach Asien begibt. 1916 ist sie in Paris und kleidet ihre Tochter Sonia zu deren 16. Geburtstag im Modehaus von Jeanne Lanvin neu ein. Alice wird die engste Freundin des Bankiers Sir Cassel. Was aber macht ihre Tochter Violet? Sie geht eine der berühmtesten lesbischen Liebesbeziehungen des 20. Jahrhunderts ein – mit der Schriftstellerin Vita Sackville-West.

Die große Liebe – Violet und Vita

Die erotischen Gene der Keppels sind intakt. Das sind sie bei Camilla, und das waren sie bereits bei ihrer Urgroßmutter und bei ihrer Großmutter, besonders aber bei der Schwester ihrer Urgroßmutter Violet Keppel.

Es ist eine der unerzählten Liebesgeschichten im Hause Windsor: die ungemein leidenschaftliche Beziehung zwischen

Violet Keppel und der später weltberühmten Schriftstellerin Vita Sackville-West (1892–1962).

Beide lernten sich schon im Kindesalter kennen und führten später eine turbulente Liebesbeziehung.

Vita Victoria Mary Sackville-West wurde am 9. März 1892 im wohl größten Schloss Englands »Knole House« in Sevenoaks in der Grafschaft Kent geboren. Sie war die Tochter von Lord Lionel Edward Sackville und der spanischen Tänzerin Victoria Josepha Dolores Catalina. Vita wurde durch ihre Liebe zur Schriftstellerin Virginia Woolf (1882–1941) bekannt, der Violet als Vorbild für den 1928 erschienenen Roman »Orlando« diente.

Bereits im Alter von elf war Vita auffallend groß, schlaksig und burschikos. Mit zwanzig wurde sie die Geliebte der in Florenz lebenden »Rubens-Lady« Rosamund Grosvenor – und heiratete 1913 den schwulen Diplomaten und Kritiker Harold Nicolson, mit dem sie zwei Kinder, Benedict und Nigel, bekam.

Ihre wirklich große Liebe aber war Violet, die Tochter von Alice Keppel und – so vermutet man – dem britischen Bankier Beckett. Violet verliebte sich abgöttisch in die männliche Vita, und nach ersten Zärtlichkeiten vertraute Vita ihrem Tagebuch an: »Sie (Violet) küsste mich, wie das sonst nicht üblich ist. Sie sagt mir, dass sie mich liebt.«

Doch Mutter Alice Keppel kann dies nicht gutheißen, weniger aufgrund der intimen Vorlieben ihrer Tochter, sondern weil sich Violet nicht den Mund verbieten lässt und gegen Konventionen verstößt. Also will sie einen standesgemäßen Schwiegersohn für ihre Tochter. Der findet sich auch in der Person von Denys Robert Trefusis, einem Major der Royal House Guards. Denys stammt aus gutem Hause, hat allerdings kein Geld. Doch dafür kann Alice sorgen.

Die Mutter liebte Männer, ihre Tochter Frauen:
Alice Keppel (li.) schlief sich reich,
Violet war mit Schriftstellerin Vita Sackville-West liiert.

Vitas Ehe mit dem bisexuellen Diplomaten Harold Nicolson findet Violet »unerträglich, ein Betrug!«.

Violet versucht alles, um die Ehe von Vita und Harold auseinanderzubringen, und reist gemeinsam mit ihr nach Paris. Ehemann Harold vergnügt sich in dieser Zeit mit Victor Cunard, dem Neffen des Inhabers der bekannten Reederei. Und Mrs. Keppel setzt die Hochzeit ihrer Tochter Violet mit Denys auf den 2. Juni 1919 fest. Jetzt wird Vita eifersüchtig, auch wenn sie sehr freizügig lebt, sexuell verbindet sie mit Violet ein Treueversprechen. Und beide lieben neckische Spiele: Vita verkleidet sich als Mann, raucht Zigaretten auf offener Straße und wird beim Zeitungskauf vom Verkäufer mit »Sir« angesprochen. Violet hingegen ver-

Vita Sackville-West wurde durch ihre Liebe zur Schriftstellerin Virginia Woolf bekannt. Woolfs Roman »Orlando« zerrte Violets Affären an die Öffentlichkeit.

kleidete sich gerne als Bacchantin, als Göttin der Liebe, der Lust und der Leidenschaft.

Kurz vor ihrer Hochzeit mit Denys besucht Violet Vita in Knole, beide verwöhnen sich, beide planen nach Violets Hochzeit eigene »Flitterwochen« wieder in Paris.

»Je t'aime, je t'aime«, schreibt Violet Vita einen Tag vor ihrer Hochzeit mit Captain Denys Trefusis. Die Hochzeitsreise geht nach Paris, bezahlt von Mama Keppel. Dann geht's weiter nach Saint-Jean-de-Luz, wo das frisch verheiratete Paar getrennte Zimmer bezieht. Und Violet gesteht erstmals ihrem Mann, dass sie Frauen bevorzugt. Die großartige Biografin Diana Souhami notiert dazu folgenden Dialog:

Denys: Woran denkst du?

Violet: An Vita.

Denys: Wünschst du, dass jetzt Vita hier wäre?

Violet: Ja.

Denys: Du kannst mit Männern nicht viel anfangen?

Violet: Nein. Ich bevorzuge Frauen.

Denys: Bist du leicht verrückt?

Violet: Ich bin viel verrückter, als du dir vorstellen kannst.

Nur einen Monat nach der Hochzeit verlangt Denys eine Entscheidung. Entweder er oder Vita. Rasend vor Zorn verbrennt er Liebesbriefe von Vita an Violet. Mutter Keppel kann nicht eingreifen, sie steckt gerade mitten in den Vorbereitungen der Hochzeit ihrer Tochter Sonia mit Roland Cubitt, einem der reichsten Bauunternehmer Londons. Die Cubitts entwarfen die großen Herrenhäuser in Belgravia, Pimlico, am Eaton Square und restaurierten den Buckingham-Palast.

Violet und Vita planen eine Liebesreise nach Frankreich: Vita verkleidet sich als Mann, Violet spielt »seine« Ehefrau. Es kommt zum »Showdown« – vergleichbar nur mit der Szene, als Diana Camilla und ihren Charles stellte und Camilla fragte, ob sie nicht endlich die Hände von ihrem Mann lassen könne. Bei Violet und Vita war der Schauplatz in Amiens. Die beiden Ehemänner, Denys und Harold, sind ihren Frauen nachgereist.

Beim Zusammentreffen verliert Vita die Beherrschung, fährt Denys an: »Warst du wirklich je mit Violet verheiratet?« – Sie spielt auf den Sex an.

Denys gibt eine ausweichende Antwort.

Vita: »Sie gehört mir!«

Jetzt lassen beide alle Hemmungen fallen: Violet und Vita küssen sich öffentlich, während ihre beiden Ehemänner Harold und Denys sie zu trennen versuchen. Schließlich kommt es zur Versöhnung: Vita bleibt bei Harold, Violet bei Denys. Der gute alte George Keppel fährt mit seiner Frau Alice nach St. Moritz. Und Sonia, vermutlich die uneheliche Tochter von König Edward VII., heiratet den enorm reichen Roland Cubitt (1899–1962).

Violet und die Prinzessin de Polignac

Doch diese Arrangements waren allesamt brüchig: Violet verliebt sich in die verheiratete Pat Dansey, die auch als Botin zwischen Violet und ihrer Mutter tätig wird, wenn Violet und Denys wieder mal das Geld ausgegangen ist. Auch liebt Pat Vita, mit der sie Weihnachten 1892 in Brighton verbringt.

Und Violet? Hat jetzt eine wirklich »reiche« Affäre mit der französischen Prinzessin de Polignac, dem 18. Kind des Erfinders der Nähmaschine Isaac Singer; sie ist 30 Jahre älter als Violet und führt diese in das wirklich große »Dolce Vita« Europas ein.

Violet folgt ihr nach Venedig, wo sich die Prinzessin den Palazzo Giustimani gekauft hat; und sie verbringt mit anderen »Femmes Fatales« fröhliche Abende in ihrer Stadtvilla in Paris. An den Wänden hängen Meisterwerke von Goya, Manet, Monet, Renoir und Degas. Bei illustren Konzerten spielen Ravel, Strawinsky, Debussy – und beide lieben die lesbischen Nächte bei der immens reichen Amerikanerin Natalie Clifford Barney (1876–1972) und deren Pariser »Tempel der Liebe«.

Alice Keppel ließ es sich unterdessen auch gut gehen: Sie kauft 1924 die »Villa Ombrellino« über Florenz, lehnt es aber zeit ihres Lebens ab, Italienisch zu lernen. Hier treffen sich die Reichen, Schönen und Mächtigen: Prinzessin Irene von Griechenland, Königin Helen von Rumänien und Prinz Paul von Jugoslawien.

Im Frühling 1926 verlässt Denys Violet endgültig und geht auf rastlose Reisen durch Europa, nach Russland und Amerika. Am 2. September 1929 stirbt Denys im American Hospital in Paris an Tuberkulose. Violet und er haben sich da schon lange voneinander entfernt.

Und Vita Sackville-West hat seit Jahren eine heftige Liebesaffäre mit der Schriftstellerin Virginia Woolf. Über die Vita ihrem Ehemann Harold erzählt: »Sex mit Virginia ist wie ein Feuer.«

Virginia schließlich enthüllt das Leben Violets in ihrem Buch »Orlando: eine Biografie« und verrät darin alle Liebhaberinnen Violets.

Violet will sich rächen, schreibt ein eigenes Buch, schickt es ausgerechnet an Leonrad Woolf, den homosexuellen Ehemann von Virginia. Doch beide ignorieren es.

Violet lebt jetzt in Frankreich und Florenz und hat weiterhin wechselnde Affären: Mit Prinzessin Gilone de Chimay oder der Duchesse Antoinette d'Harcourt.

Ihren 40. Geburtstag feiert sie im Eiffelturm, den sie extra für ein Kostümfest mietete.

Ihre Schwester Sonia steigt unterdessen zu einer der reichsten Frauen Londons auf. Und gibt 1939 einen großen Ball zum 18. Geburtstag ihrer Tochter Rosalind, der Mutter von Camilla von Cornwall, der Frau von Prinz Charles.

Als der Krieg ausbricht, verlässt Alice Florenz und zieht mit Tochter Sonia und deren Familie zusammen. 1940 fährt sie mit ihrem Ehemann George nach Paris und Monte Carlo und besucht kurz Florenz, um Werte in Sicherheit zu bringen.

Im Haus von Tochter Sonia finden alle zusammen, überleben den Krieg, um hinterher wieder ein Leben à la carte zu führen. Noch einmal kehrt Alice, die ehemalige Geliebte des 1910 verstorbenen Königs Edward, in ihr Leben nach Florenz zurück. Und raucht – wie später ihre Urenkelin Camilla – Kette; dann stellt ihr Arzt fest: Leberzirrhose. Im Herbst 1947 stirbt Alice Keppel, die berühmteste Mätresse eines Windsors, in Florenz.

Ihre Urenkelin Camilla, die im selben Jahr zur Welt kommt, hat Alice Keppel nie gesehen. Mit Sicherheit hätte sie Camilla beste Ratschläge geben können, wusste sie doch genau, was als Geliebte eines Thronfolgers möglich ist und was nicht. Doch Camilla, der man große charakterliche Ähnlichkeit mit ihrer Ahnin nachsagt, ist auch so ihren Weg gegangen.

Ebenfalls in diesem Jahr 1947 lässt sich Sonia scheiden. Zusammen mit Violet ist Sonia Erbin des Vermögens ihrer Mutter Alice und deren Haus in Florenz. Es kommen die Einrichtungsgegenstände der Villa beim Auktionshaus Christie's unter den Hammer. Sonia hat das exzentrische Leben ihrer Schwester immer gehasst, und das Verhältnis der Schwestern trübt sich.

Zumal sich plötzlich auch Violet als Tochter von König Edward VII. sieht. Und sich als solche zu benehmen beginnt. Ist etwa auch Violet die uneheliche Tochter von Edward VII. und Alice Keppel? Dann hätte Alice den Monarchen bereits 1894 erhört haben müssen, nur drei Jahre nach ihrer Hochzeit mit George Keppel. Dies wird aber wiederum von Biografen bestritten: 1894 soll Thronfolger »Bertie« Alice noch nicht gekannt haben.

Nur, wer kann mit Sicherheit schon ausschließen, dass »Bertie« nicht doch Violets Vater war? Wir werden diese Frage nicht eindeutig beantworten können.

Doch Tatsache ist, dass alle unter Osteoporose litten, eine Krankheit, deren Ursache familiäre Veranlagung sein kann.

Violet stirbt am 1. März 1972 in Florenz an der Krankheit. Ihre Schwester Sonia stirbt am 16. August 1986 in London an Osteoporose, und auch Sonias Tochter Rosalind Maud Cubitt-Shand, stirbt am 14. Juli 1994 in London – ebenfalls an der tückischen Knochenkrankheit. Camillas Mutter ist, wie ihre Biografin Tatjana Gräfin Dönhoff weiß, »in acht Jahren rund zwanzig Zentimeter geschrumpft. Am Ende konnte sie keine Nahrung mehr aufnehmen.«

Kein Wunder, dass Camilla heute der Gesellschaft zur Erforschung von Osteoporose vorsteht.

Königliche Rekorde

Wer regierte am längsten?

Königin Victoria (1819–1901) mit 63 Jahren und 216 Tagen.

Wer regierte am kürzesten?

Jane Grey (1537–1554), die Neun-Tage-Königin, vom 10.–19. Juli 1553.

Wer war die älteste Monarchin?

Abermals Königin Victoria mit 81 Jahren und 243 Tagen.

Wer war der jüngste König?

Henry VI. (1421–1471) war erst 38 Wochen und drei Tage jung, als sein Vater 1422 starb und er König wurde.

Wer hatte die meisten ehelichen Kinder?

König Edward I. (1239–1307) und James II. (1633–1701), mit jeweils 19 Kindern.

Wer hatte die meisten unehelichen Kinder?

König Henry I. (1068–1135) mit 21 unehelichen Kindern.

Wer hatte die meisten Ehefrauen?

Heinrich VIII. (1491–1547) mit seinen sechs Ehefrauen, die da hießen: Katharina von Aragon, Anne Boleyn, Jane Seymour, Anna von Kleve, Catherine Howard und Catherine Parr.

Auf ihn bezieht sich der englische Abzählreim: »Divorced, beheaded, died. Divorced, beheaded, survived.« (Geschieden, geköpft, gestorben. Geschieden, geköpft, überlebt.)

Wer hatte die jüngste Ehefrau?

Richard II. (1367–1400) heiratete mit 29 Jahren die erst 7-jährige Isabella von Frankreich.

George V. – Der König, der den Namen »Windsor« erfand

Als König Edward VII., besser bekannt als »Bertie«, am 6. Mai 1910 stirbt, steht seinem Sohn George eines deutlich vor Augen: Sein Vater hat seinen Körper durch Fress- und Sauflust schlicht heruntergewirtschaftet. Bertie war nur 1,60 Meter groß, hatte einen Bauchumfang von 1,37 Meter und trug Plateau-Schuhe. Und genau so wollte Sohn George nie enden!

George sprach seinen Vater nie mit »Papa«, sondern immer mit »Eure Majestät« an. Nun, die Beziehungen von Söhnen zu ihren Vätern im Hause Windsor waren genau genommen noch nie unbelastet.

Wer aber war nun dieser Mann, der im besten Sinne des Wortes die Krone rettete, indem er auf den plumpsten Trick der Werbewelt setzte und einen schlechten Namen über Nacht gegen einen guten eintauschte?

Wer war der Mann, der sich und den Seinen den Namen »Windsor« gab, obwohl es sich haargenau um die gleiche Familie handelt, die bereits seit Jahrhunderten auf dem Thron saß?

George V. wurde am 3. Juni 1865 im Buckingham-Palast in London als zweiter Sohn des späteren Edward VII. von Großbritannien und dessen Gemahlin Alexandra von Dänemark geboren. Am 6. Juli 1893 heiratete er Maria von Teck, die Frau, die Georges Bruder Albert Victor, genannt »Eddy«, eigentlich heiraten sollte. Eddy allerdings verstarb auf höchst mysteriöse Art und Weise, nachdem Zweifel auftauchten, ob er geistig überhaupt in der Lage gewesen wäre, ein Königreich zu lenken. Außerdem wurde er bisweilen als Hauptverdächtiger im Fall des Serienmörders Jack the Ripper gehandelt.

Auf die Idee, Maria von Teck an den zweiten Sohn Berties weiterzureichen, kam keine Geringere als die legendäre Queen Victoria, die von Maria sehr angetan war. Anfangs wollte sie ihren Enkel mit Georges 17-jähriger Cousine Prinzessin Marie von Rumänien verheiraten. Die allerdings schied schnell aus, da sie lieber Prinz Ferdinand von Hohenzollern heiraten wollte, der später König von Rumänien wurde. Zudem passte die üppige, sinnliche Blondine »Missy« nicht an den prüden Hof von Victoria. Missy fühlte sich zu vielen Herren hingezogen und war von ihrer eigenen Schönheit so verzaubert, dass sie sich selbst geschriebene Notizen in ihren Gemächern hinterlegte, auf die sie mit verstellter Handschrift notierte: »Marie von Rumänien ist eine der wundervollsten Frauen der Welt. Eine Frau, wie sie nur einmal in einem Jahrhundert geboren wird.«

So blieb Maria von Teck im Heirats-Monopoly. Und um die Hochzeitsbemühungen voranzutreiben, ernannte Queen Victoria ihren Enkel George flugs zum Herzog von York. Zwar legte Maria Protest ein, da sie nicht wie eine Porzellanpuppe auf einer Auktion versteigert werden wollte – aber was half's? Nichts!

1892 – noch im Todesjahr ihres Verlobten »Eddy« – freundete sie sich mit ihrem Cousin George an und stand einer Hochzeit nun aufgeschlossen gegenüber. Schließlich heiratet man in royalen Kreisen nicht aus Liebe, sondern aus dynas-

Erst war Maria von Teck Prinz Albert versprochen:
Als dieser starb, heiratete sie 1893 seinen Bruder George.
Was nach Königsrecht Bigamie ist!

tischen Gründen zum Erhalt der Macht. Umso schöner ist es dann, wenn daraus Liebe erwächst.

Nun dürfen wir uns George nicht gerade als Idealmann vorstellen. Von seinen Vorfahren derer von Hannover hatte er eine Eigenschaft geerbt, die heute auch Ernst August Prinz von Hannover auszeichnet: ein ungestümes Temperament gepaart mit der Neigung zu cholerischen Ausbrüchen. Doch wie Caroline Prinzessin von Hannover, besser bekannt als Caroline von Monaco, so ertrug auch Maria von Teck alle Ausbrüche ihres Mannes. »Sie war erfüllt von ihrer Leidenschaft, und diese Leidenschaft galt allem, was die britische Monarchie betraf«, wird später über sie berichtet.

Auch was die sinnlichen Genüsse anging, war George anders gepolt als sein Vater, der »Bordell-König« Edward VII. George und Maria teilten wohl wirklich erst in der Hochzeitsnacht das Intimste miteinander: »Es tut mir sehr leid, dass ich mich dir gegenüber so schüchtern betrage«, schrieb sie George kurz vor der Hochzeit.

»Gott sei Dank«, antwortet George ihr noch am selben Tag in einem Brief, in dem es von Fehlern nur so wimmelte, »verstehen wir beide uns, und ich glaube, es ist wirklich überflüssig, dass ich Dir sage, wie sehr ich Dich liebe, mein Liebling, und dass mein Gefühl für Dich immer stärker wird, je öfter ich Dich sehe, obwohl ich vielleicht äußerlich scheu und kühl erscheine.«

George und Maria, sie werden zeit ihres Lebens Gefühle nach außen nicht zeigen und werden verkannt: er als ungehobelter Klotz, ein »Seemanns-Polterer«, wie ein Chronist schreibt – sie als feinfühliges, scheues Seelchen. Dabei beginnen sie sich längst zu lieben.

Er wird später den legendären Satz prägen: »Leute, die Bücher schreiben, sollte man erschießen.«

Sie stickt und summt dazu deutsche Volkslieder, während er seiner großen Leidenschaft frönt: Briefmarken sammeln! Eine Ehe wie aus dem Bilderbuch urdeutscher Gemütlichkeit und Spießertums.

Bigamie à la Windsor: Heimliche erste Ehefrau?

Und doch, so ganz »heilig« war George wohl nicht auf seinen Dienstreisen, die er als Herzog von York antrat. So berichtet die Boulevard-Postille »The Star« am 3. Mai 1892, dem Tag der Verlobung von George mit Maria, George könne gar nicht heiraten. Warum? Er hatte angeblich schon drei Jahre zuvor auf Malta heimlich die Tochter eines britischen Marineoffiziers geheiratet.

Blanker Unsinn? Ein haarsträubendes Gerücht? Die Wahrheit werden wir wohl nie erfahren, auch wenn es später eine Frau gegeben haben soll, die als »Ehefrau von George« auftrat und das Könighaus mit saftigen Drohungen zu erpressen versuchte.

Als 1910 ein gewisser E. F. Mylius in der in Paris gedruckten, aber an alle britischen Parlamentarier verschickten Insider-Gazette »The Liberator« diese Gerüchte wieder aufnahm, wurde Mylius wegen Verleumdung des Königs zu einem Jahr Gefängnis verurteilt.

Bis heute legen sich britische Journalisten nicht ernsthaft mit dem Königshaus an, denn: Das Königshaus gewinnt immer, und die Journalisten verlieren immer. Das ist eben ein royales Gesetz in Großbritannien!

Böse Zungen behaupten übrigens, George habe nur geheiratet, um als Hochzeitsgeschenk kostbare Briefmarken zu bekommen, die seine geliebte Sammlung komplettieren könnten.

An einem heißen Julitag im Jahre 1893 heiratet der deutschstämmige George seine deutsche Maria von Teck in der Kapelle des St.-James-Palastes. In der Kutsche vorweg fährt Queen Victoria, die Witwe des Königs Albert von Sachsen-Coburg und Gotha. Der mit der Deutsch-Dänin Alexandra verheiratete halbdeutsche Thronanwärter Albert Edward, Bertie, platzt fast aus seinem ordengeschmückten Wams. Die deutsche Brautmutter Maria Adelheid ist ebenfalls recht füllig, sodass ihr Mann dahinter kaum zu sehen ist. Und ein kleines Blumenmädchen ist ebenfalls eine Deutsche: Es ist Alice, die achtjährige Cousine des Bräutigams George. Alice wird später die Mutter eines gewissen Philip sein, seines Zeichens Prinzgemahl und Ehemann der heute regierenden Queen Elizabeth.

George und Maria nehmen ihre Aufgaben als Thronfolgerpaar ernst. Wie 81 Jahre später auch Charles und Diana geht ihre erste Reise nach Australien. Wo Charles versagte und Diana ihm jeglichen Glanz stehlen wird, herrscht bei George und Maria eitel Sonnenschein. Laut Statistik hat George in 231 Tagen 21 Grundsteine gelegt, 4329 Medaillen vergeben, 62 000 Soldaten inspiziert und 24 855 Hände geschüttelt.

Wie 85 Jahre später Charles und Diana – so besuchen George und Maria auf ihrer zweiten großen Reise Indien. Laut Windsor-Biograf Tom Levine wurden in Kalkutta »50 riesige Wohnzelte aufgebaut (mit Steinfußböden, Schlaf-, Wohn- und Badezimmern, feinst möbliert), um das Gefolge des Prinzenpaares unterzubringen. Zur Bewältigung des Gepäcks der Besucher sind 500 Diener einbestellt.«

Als sein Vater Edward VII. am 6. Mai 1910 an einem von

Liebe, Lust und Leidenschaft erlahmten Körper stirbt, wird George sein Nachfolger. Und George raucht noch mehr. Hatte sein Vater hingegen noch weitere Leidenschaften wie Frauen, Feste, furiose Mätressen, kennt sein Sohn George nur drei Beschäftigungen: Rauchen, Briefmarken und die Jagd. Hielt sein Vater seinen Neffen, den deutschen Kaiser Wilhelm II., für einen »Trottel«, versucht George erst gar nicht, hinter die Geheimnisse der Politik zu kommen. Er versteht sie sowieso nicht.

Als George V. König wird, fühlt er sich in dieser Rolle nicht wohl. Seine ungemein kenntnisreiche Biografin Kenneth Rose schreibt von »seiner mentalen Armut, seiner Ungeduld mit Vorbehalten, Unterscheidungen und Subtilitäten, sein Misstrauen gegenüber Fantasie und Intuition«. Sie zitiert auch den späteren Premierminister David Lloyd George: »Gott sei Dank ist da nicht viel in seinem Kopf.«

An dieser Stelle sollte man erwähnen, dass alle britischen Premierminister froh sind und waren, Könige zu haben, die nicht so ganz verstanden, um was es in der Politik wirklich ging. Die einzige Monarchin Englands aus dem 20. Jahrhundert, die mit Fug und Recht von sich das Gegenteil behaupten kann, ist Queen Elizabeth II. Daher rührt unter anderem auch die tiefe Feindschaft zwischen ihr und der langjährigen Premierministerin Margret Thatcher.

George V. war kein heller Kopf, und er zog die Jagd dem Regieren vor. Auf Schloss Sandringham ließ er alle Uhren um eine Stunde vorstellen – damit er seinem Lieblingshobby (neben den Briefmarken, das Rauchen kann man wahrlich nicht als solches bezeichnen) besser nachgehen konnte. An einem einzigen Tag sollen, darin sind sich die Biografen einig, »tausend Fasane seiner Schießwut« zum Opfer gefallen sein.

Harold Nicolson, der offizielle Biograf von George V., schreibt über das Leben des Königs im Buckingham-Palast: »Morgens fällt der erste Blick auf das Barometer, dann werden anderthalb Stunden Papiere gelesen, danach gibt es Frühstück mit Queen Mary, anschließend Beratungen mit den wichtigeren Hofbeamten, Spaziergang durch den Park (schnellen, uninteressierten Schrittes, als wäre eine lästige Pflicht zu erfüllen), Mittagessen (wieder mit Mary), 15 Minuten Mittagsschlaf. Am Nachmittag dann Variationsmöglichkeiten: entweder Programm außerhalb des Palastes oder weitere Büroarbeiten. Eine Stunde mit den Kindern, wenn es passt. Abends dann ein Empfang, Dinner, am liebsten aber einfach nur ein Essen mit seiner Frau. Punkt 23.10 Uhr bekommt der diensthabende Rittmeister Befehl, das Licht zu löschen; Seine Majestät liegt im Bett, nach einem zweiten Blick auf das Barometer.«

Dann kommt der 28. Juni 1914, und die Welt und das britische Königshaus werden sich gründlich verändern. An diesem Tag wird der österreichisch-ungarische Thronfolger Franz Ferdinand in Sarajewo von einem serbischen Nationalisten ermordet. Die k. u. k. Monarchie stellte Serbien ein Ultimatum, das für keinen Serben annehmbar war. Russland hält sofort zu Serbien. Mit der Konsequenz, dass jetzt ein »Familienkrieg« herrscht: Der russische Zar steht seinem Cousin, dem deutschen Kaiser Wilhelm II., als Feind gegenüber, da Deutschland Österreich unterstützt. Am 4. August erklärt England Deutschland wegen Verletzung der belgischen Neutralität den Krieg; somit sind die engsten Verwandten des deutschen Kaisers, die Sachsen-Coburg und Gothas, auf dem englischen Thron seine Feinde: »Ich habe um 10.45 Uhr den Kronrat zusammengerufen, um Deutschland den Krieg zu erklären«, schrieb George an jenem

Augusttag mit Krakelschrift und einer Vielzahl von Fehlern in sein Tagebuch, das er übrigens lieber auf Deutsch als Englisch pflegte.

Und doch wird dieser König der Retter der Monarchie!

George V. – Namensretter der Monarchie

England lernte Deutschland zu hassen, besonders Deutschlands selbstherrlichen Kaiser Wilhelm II., der England immer wieder beleidigte: Es als Volk von »Taugenichtsen«, »Alkoholikern« und »Geisteskranken« bezeichnete. Von Deutschland angeheizt und bezahlt, rebellieren in Südafrika Generäle gegen die Briten. Indien und Ägypten werden ebenfalls dank großzügiger Zahlungen aus Deutschland zu Aufstandsgebieten. In Russland kommt es zur »Bolschewistischen Revolution« mit Lenin und Trotzki, in England kämpfen Intellektuelle und Arbeiter gegen den »Manchester-Kapitalismus« und gegen das vom »Feind Deutschland« besetzte Königshaus.

Der Hass auf die Deutschen wird immer größer. Deutsche Musik wird nicht mehr gespielt, egal, ob sie von Beethoven, Wagner oder (dem Österreicher) Mozart stammt. Der berühmte Schriftsteller H. G. Wells fordert seine Landsleute auf, sich von »alten Fesseln des Throns und des Zepters« zu befreien. Immer mehr Menschen versammeln sich vor dem Buckingham-Palast, um gegen den »Deutschen auf dem Thron« aufzubegehren; selbst in der friedlichen Kleinstadt Windsor kommt es zu Demonstrationen gegen »die Ausbeuter dort oben«.

Und plötzlich gebärdet sich König George V. selbst als »Deutschen-Hasser«: Er bezeichnet »die Germans« als »blutrünstig«, als »Barbaren«. Seinen Sohn, den späteren Kurzzeit-König Edward VIII., lässt er aus Frankreich nach England zurückbeordern, nachdem Gerüchte durchgesickert sind, dass der Thronfolger sich in Frankreich dem lässig-süßen Leben hingibt, nichts zu tun hat und überhaupt zu diesen schweren Zeiten am falschen Platz ist.

Die Schlinge zieht sich immer enger um das Königshaus, denn das aufgewühlte Volk der Briten hasst die Deutschen und alles, was deutsch ist.

Längst hat man an der Regierungsspitze alle Versionen durchgespielt: Der König geht ins Exil – nach Amerika; er zieht sich zurück – nach Schottland oder nach Südfrankreich. Überall stehen Residenzen bereit, selbst in Kanada, wo die Königsfamilie auch später während des Zweiten Weltkriegs eine royale Zuflucht haben wird, die sie aber dank der kämpferischen Queen Mum ab 1941 nicht benutzen wird.

König George V. ist jedenfalls überfordert. Er raucht fast Tag und Nacht, sitzt über seiner Briefmarkensammlung. Er hat nur ein Interesse: Die Macht zu behalten! Als im März 1917 sein Vetter Zar Nikolaus und dessen Frau Alexandra von den russischen Revolutionären zur Abdankung gezwungen werden, verweigert er ihnen jede Hilfe. Nur jetzt nichts falsch machen! Lieber die königlichen Bande zur Verwandtschaft kappen! Plötzlich fühlt sich George V. auch als »Brite« und nicht mehr als Deutscher – selbst wenn er englisch mit einem grauenhaften deutschen Akzent spricht. Seine exzentrische Familie, seinen Hang zu Tabak und Alkohol lässt er aus allen Zeitungen verschwinden, lässt Zeitungsverleger zu sich bitten und droht ihnen unverhohlen mit »Erlaubnisentzug zum Drucken«, da »wir Briten jetzt im Kriegszustand sind«.

George V. mit Gattin Queen Mary:
Ein Pedant und Bügelfalten-Fetischist, der clever genug war, die Monarchie durch einen neuen Namen zu retten: Windsor.

Und da ist bekanntlich den Herrschenden fast alles erlaubt. Bis heute hält sich die britische Presse an diese Art von »Maulkorb-Erlass«. Viele haben versucht, dieses ungeschriebene Gesetz zu umgehen oder zu unterminieren. Es gelang keinem, nicht mal dem australischen Medienzar Rupert Murdoch, der am Ende vor der Macht des englischen Königshauses kapituliert und lieber in China investiert als in England.

Von großer Politik versteht George V. nicht viel; ein sehr gutes Händchen aber hat er mit der Auswahl seiner Berater. Und die verstehen viel von PR, von Public Relations, von direkter und indirekter Werbung für die Königsfamilie. Klammheimlich verständigt er sich mit denen, die ihm helfen können, seine Sprachlosigkeit durch Worte und Radiosendungen aufzuheben. Er beschwört die Gefahr einer »Revolution« für England herauf und hat die großen britischen Medienkonzerne sofort auf seiner Seite. Denn auch diese würden Macht verlieren, rissen die Bolschewisten, die Sozialisten oder die Kommunisten die Macht in England mit einem Putsch an sich. Selbst der Erzbischof von Canterbury wird in das Spiel einbezogen, da bei einem Putsch ja auch »seine« Kirche untergehen würde.

Clever reagiert auch seine Frau Maria, die jetzt nur mehr als »Mary« auftritt: Sie besucht arme Familien, reicht ihnen aus ihrer Handtasche Bargeld, sie besucht Krankenlager mit verwundeten Soldaten. Sie ist die »beste Werbung« für England, die man sich nur vorstellen kann. Eine Deutsche, die Briten hilft! Alles PR, alles Werbung. Inszeniert von dem wohl ersten und besten »Brand-Manager« der Neuzeit, einem Mann, der eine Marke (»Königshaus«) nicht nur begriffen, sondern bis heute beeinflusst hat: Arthur Bigge, der Erste Baron Stamfordham (1849–1931).

Dieser Mann verstand sein Handwerk und war Privatsekretär von Queen Victoria während ihrer letzten Regierungsjahre, bevor er anschließend in die Dienste von König George V. trat. Stamfordham war übrigens auch der Großvater mütterlicherseits von Lord Adeane, der der heute regierenden Königin Elizabeth von 1953 bis 1972 ebenfalls als Privatsekretär diente.

Ein neuer Name musste gefunden werden

Lord Stamfordham und der König waren sich einig, was dem König im Weg stand: Der Name des deutschen Königshauses Sachsen-Coburg und Gotha, ein urdeutscher Name.

Tatsächlich wusste im Jahr 1917 niemand so genau, wie die britische Königsfamilie wirklich hieß.

Prinz Charles scheint sich da bis heute tendenziell nicht sicher zu sein. So lässt sich der Thronfolger zwar als »His Royal Highness The Prince of Wales« ansprechen, seine Söhne aber tragen auch den Namen »Mountbatten-Windsor«.

1917 jedenfalls nannte sich die Familie immer noch Sachsen-Coburg und Gotha, was natürlich auf Queen Victoria zurückging, die Albert von Sachsen-Coburg und Gotha geheiratet hatte. Nun war es an der Zeit zu handeln: Wie eifrig bemühte britische Historiker mit teuer bezahlten Gutachten in diesen Tagen feststellen mussten, war der königliche Name auch nicht »Stewart«, auch nicht »Welfen«, er wäre im Zweifel »Wipper« oder »Wettin«.

Was der Wahrheit absolut entspricht: So wie George V. ein »Wettiner« war, so sind auch Königin Elizabeth II. und Thronfolger Charles »Wettiner«.

Warum? Die Dynastie der Wettiner ist das älteste deutsche Fürstengeschlecht. Der Name stammt von der Burg Wettin bei Halle an der Saale in Sachsen-Anhalt: Dieses Haus wurde 1485 geteilt in die Linie der »Albertiner« und die der »Ernestiner«:

- Die Albertiner stellten bis 1918 die Könige von Polen und Sachsen.
- Die Ernestiner teilten sich 1547 in verschiedene kleine Fürstentümer auf, darunter das Haus Sachsen-Coburg und Gotha. Dieses wiederum stellte später die Könige von Belgien (von 1831 bis heute) und Bulgarien (1908–1946) sowie die Prinzgemahle von portugiesischen und englischen Königinnen wie Prinz Albert, den Ehemann von Queen Victoria.

Fazit: George V. ist also ein »Wettiner«. Nur konnte man das 1917 den Untertanen des britischen Königs kaum vermitteln.

Was tun?

- Der Herzog von Connaught und Starthearn, der Irland vertrat, meinte, die Familie solle sich einfach »Tudor-Stewart« nennen.
- Archibald Philip Primrose, der 5. Earl of Rosebery, der unter Queen Victoria Premierminister war, meinte, der Name Plantagenet würde doch bestens passen.
- Herbert Henry Asquith, der von 1908 bis 1916 Premierminister war, dachte, die Namen York oder Lancaster wären in diesem Zeitpunkt genau die richtigen für die Familie des Königs.
- Andere kühne Köpfe dachten sogar an einen Namen, der einem bis heute den Atem stocken lässt: »England«.

Nur »England«. Also George England oder irgendwann Charles England.

Dann aber kam dem gewieften Lord Stamfordham die bis heute geniale Idee: »Windsor«!

Waren nicht fast alle Königinnen und Könige irgendwie mit Schloss Windsor verwachsen? Wohnten, heirateten, starben nicht viele Könige auf Schloss Windsor? Warum also nicht Windsor!

König George V. riss sich kurz von seinen Briefmarken los, nickte, setzte sich die Krone auf – was er immer tat, wenn er Unterschriften zu leisten hatte – und verkündete in einer schriftlichen Erklärung vom 17. Juli 1917:

»Da Wir den Namen und den Titel Unseres Königlichen Hauses und Unserer Familie einer Prüfung unterzogen haben, sind Wir zu dem Entschluss gekommen, dass Unser Haus und Unsere Familie fortan als das Haus und die Familie von Windsor betitelt und bekannt sein soll.

Ferner haben Wir für Uns selbst und für Unsere und auch alle Nachkommen Unserer Großmutter Queen Victoria seligen und ruhmreichen Andenkens beschlossen, auf die Verwendung aller deutschen Titel und Würden künftighin zu verzichten.

Wir haben diesen Unseren Entschluss vor dem Kronrat kundgetan: Und Wir erklären kraft Unseres Königlichen Willens und Amtes, dass vom Datum dieser Unserer Königlichen Proklamation an Unser Haus und Unsere Familie als das Haus und die Familie von Windsor bezeichnet werden sollen und dass alle Nachkommen Unserer genannten Großmutter Queen Victoria in der männlichen Linie, die Untertanen dieses Reiches sind, ebenfalls den Namen Windsor tragen sollen.

Weiterhin erklären Wir hiermit, dass Wir für Uns selbst und betreffs Unserer Nachkommen und aller übrigen Nachkommen Unserer genannten Großmutter Queen Victoria, die Untertanen dieses Reiches sind, auf sämtliche Würden, Titel und Ehren der Herzöge und Herzoginnen von Sachsen und Prinzen und Prinzessinen von Sachsen-Coburg und Gotha und auf alle sonstigen deutschen Würden, Titel, Ehren und Namen verzichten.«

Diese Entscheidung nahm rasch Formen an: die Brüder von Queen Mary alias Königin Maria, der Herzog von Teck und Prinz Alexander von Teck, nannten sich fortan Marquis von Cambridge und Earl von Athlone. Ihr Familienname bis heute: Cambridge. Ludwig von Battenberg übersetzte seinen Nachnamen schlicht ins Englische und ließ sich Louis Mountbatten, Erster Marquis von Milford Haven, nennen.

So einfach geht's, wenn ein Königshaus nur die richtigen PR- und Werbestrategen hat. Was der deutsche Kaiser Wilhelm II. laut Windsor-Biograf Donald Spato mit den Worten quittierte: »Er gehe jetzt ins Theater und schaue sich das Stück von William Shakespeare ›Die lustigen Weiber von Sachsen-Coburg und Gotha‹ an.«

König George V. ließ sich auch weiterhin von PR-Profis beraten. Am 23. April 1924 eröffnete er eine Ausstellung, die Gegenstand der ersten Radioübertragung von BBC war. Es war ein voller Erfolg, der König sprach zwar mit rauchgeschwängerter Stimme, aber kurz und bündig.

Eine Katastrophe hingegen wurde die zweite Live-Übertragung im Radio: Es handelte sich um die Rede von Prinz Albert, dem zweitgeborenen Sohn von George und Mary und späteren Vater der heute regierenden Königin Elizabeth. Albert stotterte und würgte seine Worte so unverständlich heraus, dass selbst die gutmütigsten Royalisten annehmen durften, dass dieser Herzog von York absolut unfähig war, auch nur irgendein Amt zu bekleiden.

Er wurde später König George VI., der Ehemann von Mary Bowes-Lyon, besser bekannt als »Queen Mum«. Und König George V.? Er war der Begründer der legendären Briefmarkensammlung der Windsors; er rauchte weiter, obwohl ihm ein Lungenflügel entfernt wurde, und starb am 20. Januar 1936 in Sandringham. Es heißt, sein Leibarzt habe den Tod beschleunigt, indem er ihm eine Überdosis Morphium und Kokain verabreichte.

Wallis Simpson – eine hermaphroditische Legende

Hat die zweifach geschiedene Amerikanerin, wegen der König Edward VIII. am 10. Dezember 1936 zurücktrat, ihre Sex-Künste in chinesischen Luxusbordellen erlernt? War sie ein Hermaphrodit? Ein Mann in einem Frauenkörper mit nicht eindeutigen Sexualorganen?

»Er war der Admiral der Flotte, jetzt ist er der dritte Gespons einer amerikanischen Schlampe!«, hieß es Anfang der 30er Jahre jedenfalls nicht gerade schmeichelhaft über ihren Ehemann Edward.

»Als ich sah, wie der Thronfolger auf die Knie fiel, um Mrs. Simpson in den Schuh zu helfen, war ich schon sehr verwirrt«, sagte ein Gast nach einem Diner auf Fort Belvedere, dem Wohnsitz des Prinzen von Wales, im Great Windsor Park.

Einer seiner Butler quittierte den Dienst, weil er seinen Herrn bei einer »höchst unschicklichen Tätigkeit antraf. Als ich mit zwei bestellten Getränken am Swimmingpool ankam, sah ich, wie Seine Majestät die Zehennägel von Mrs. Simpson lackierte. Mein Souverän beim Lackieren der Zehennägel einer Frau! Das ist etwas zu viel, meinte ich und quittierte meinen Dienst.«

»Das Leben und die Karriere der Wallis Simpson«, schreibt Philip Ziegler in der meisterhaften, aber leider offiziellen Biografie »King Edward VIII«, »war stets das Subjekt von vielen Spekulationen, viel Erleuchtendes, viel

Brachte die Windsors in die Krise:
Wallis Simpson, mehrfach geschieden und von Premierminister Baldwin eine »höchst respektable Hure« genannt.

absolut Fantastisches. Glaubt man allen Büchern und Artikeln, dann war sie ein uneheliches Kind; sie war lesbisch und nymphoman; sie war eine Spionin für die Nazis und wahrscheinlich auch für den KGB; und ihre sexuellen Techniken lernte sie in den Bordellen von Hongkong, oder vielleicht auch noch in Shanghai?«

Geboren wurde Wallis Simpson am 19. Juni 1896 als Bessie Wallis Warfield in Baltimore im US-Bundesstaat Maryland, und zwar bereits sieben Monate nach der Eheschließung ihrer Eltern. Ihr Vater Teakle Warfield starb schon fünf Monate später, und sie war zusammen mit ihrer Mutter Alice aus der reichen Bankiersfamilie Montagu (nicht zu verwechseln mit Lord Montague, dem Erfinder der »Emily« auf der Kühlerhaube des Rolls-Royce) auf die Unterstützung wohlhabender Verwandter angewiesen. »Weil es so viele Kühe gibt, die Bessie heißen«, legte Wallis ihren ersten Vornamen früh ab.

Früh verrät sie ihr Motto: »All is Love«

Im März 1914 verlässt Wallis mit achtzehn Jahren die Finish School. Und schreibt ins Schulbuch den Sinnspruch: »All is Love«, alles ist Liebe. Anschließend geht Wallis nach Pensacola zu ihrer Tante Bessie. Dort ist eine der ersten amerikanischen Flugbasen beheimatet: 25 mutige Militärpiloten fliegen Maschinen des Typs Curtiss N. 9 – Maschinen aus Stoff, gehalten von Holzstöcken und Stahlruten.

In den Augen aller jungen Mädchen verkörpern diese Piloten den modernen Helden. Und schon am ersten Abend wird Wallis ein junger, drahtiger, braungebrannter Mann vorgestellt mit einem damals extrem modischen »englischen Schnurrbart«: Es ist Leutnant Winfield Spencer. Wallis beschließt: den heirate ich! Und prompt findet am 8. November 1916 um 18.30 Uhr in der Episkopalkirche von Baltimore die Trauung statt. Dass die Zeremonie verspätet anfängt, hat seinen Grund in den Trinkgewohnheiten des Ehemanns in spe: er trat bereits volltrunken vor den Traualtar, um Wallis »ewige Treue« zu schwören.

Am 11. November 1918 freut sich ganz Amerika über die Feier zum Waffenstillstand. Auch Wallis und Win, unter dessen Leitung Flugschüler 35 000 Flugstunden absolviert und 2 360 000 Meilen zurückgelegt haben. Win und Wallis sind jetzt in Washington – doch Win trinkt mehr und mehr, und Wallis firtet mehr und mehr.

»Ich habe keine Angst vor dem Flirt«, sagt sie. Und praktiziert diese Erkenntnis auf ihrer ersten Europareise nach Paris. Wallis ist 22 Jahre jung, Paris ist »ein billiges Pflaster«; hier ist eine fröhliche Clique, die die Bistros und Nachtclubs rund um Montparnasse und das Quartier Latin erobert. In Washington wird zwischenzeitlich ihr Ehemann Win wegen seiner Trinkerei auf ein Kanonenboot nach Asien abkommandiert. Am 2. April 1924 kabelt Wallis ihrem Ehemann: »Ich komme« – sechs Wochen später ist sie in Hongkong; und Win trinkt noch mehr, wie er sagt, »aus Eifersucht«.

Wallis schifft sich in Norfolk (Virginia) ein, fährt auf der »Empress of Canada« nach Hongkong, später nach Shanghai, dann nach Peking, um dort ihre reich verheiratete Freundin Katherine Moore zu besuchen. In Hongkong erwartet sie der stets angetrunkene Ehemann Win, der sie schnell in die hochgeschätzten »maisons de chant« der englischen Kolonie einführt. Dabei handelt es sich um Luxusbordelle, wo blutjunge Chinesinnen in der Kunst der Liebe für Sie & Ihn perfekt ausgebildet sind.

Die Kunden werden mit leichten bis schweren Bonding-Techniken ebenso verwöhnt wie mit erotischen Gesängen und lasziven Tänzen. Chefin des berühmtesten Etablissements ist eine geborene Amerikanerin, Gracie Hale, eine blondgefärbte Verführerin, die später dem holländischen Schriftsteller Hendrik de Leeuw in einem Interview vieles über ihre »Karriere« in der Zeit verrät, als Wallis in Hongkong war.

Wobei es verschiedene Arten von »maisons de chants« gab:

Die bekanntesten waren die so genannten »hôtels pourpres«. Das einzige Freudenhaus, das auch Ausländer zuließ, befand sich an der Repulse Bay. Nach dem Eintritt wurde man von einem lächelnden Diener empfangen, der einen in einen reich verzierten Salon führte, wo Speis und Trank rund um die Uhr bereitstand. Die Damen der Wahl zu beiderlei Geschlecht befanden sich im ersten Stock, gekleidet in durchsichtige rote oder blaue Seide.

Andere Bordelle waren bekannt unter dem Namen »Hoa Thing« oder »Bâteaux de Fleurs«: es waren im Hafen aneinandergetäute Schiffe; und es gehörte damals zum guten Ton, ein ganzes Schiff samt Besatzung für seine erotischen Exzesse zu mieten. Ein solch erotischer Abend begann um 21 Uhr mit exquisiten Speisen und Getränken, um entweder in einer großen Orgie zu enden – oder indem man sich gefesselt den Liebespraktiken der anwesenden Schönheiten hingab.

Was aber steckt wirklich hinter diesen Praktiken? Lesbische Liebestechniken ganz sicher, aber auch das Training in der Liebeskunst des »Fang Chung«, wörtlich übersetzt »die Künste der inneren Kammer«. Es geht dabei um uralte chinesische Arten des Tantra, zwischen Orgasmus und Ekstase, um das sexuelle Erleben zu intensivieren, wobei eine volle Erektion erzielt, die Ejakulation aber verzögert wird. Um am Ende einen Orgasmus zu erleben, der nicht nur auf die Genitalien beschränkt bleibt, sondern den gesamten Körper mit einbezieht. Dies wird durch sehr fein dosierte Massagen der Brust und des Schoßes, des Bauches, der Oberschenkel und einer delikaten Entspannung simuliert, wobei die Stimulation der Geschlechtsorgane eine große Rolle spielt. Unterstützt von einem gewandten Fingerspiel, der alle Lustpunkte des Mannes und der Frau aktiviert.

»Fang Chung kann einen Toten zum Leben erwecken«, wird der britische Auslands-Geheimdienst MI6 in einem Dossier für den damaligen Premierminister Sir Stanley Baldwin und König George V. berichten. Das Dossier ist bis 2017 gesperrt und ruht atombombensicher im königlichen Archiv von Schloss Windsor.

Was bisher bekannt ist:

1. Als Wallis in Peking ankommt, ist sie angeblich amerikanische Geheimagentin. Tatsache ist: Wallis hatte kaum Geld und wäre für jeden Geheimdienst ansprechbar gewesen.
2. In Freudenhäusern in China erlernt Wallis die »geheimen Liebestechniken«, die später den Prinzen von Wales in leidenschaftlicher Liebe entbrennen lassen. Tatsache ist: Sie hat wohl chinesische Liebestechniken erlernt – dafür gibt es genügend gesicherte Anhaltspunkte in Biografien.
3. Wallis soll in China eine leidenschaftliche Beziehung zu

einem gewissen Alberto da Zara, dem »schönen Marineattaché an der italienischen Botschaft«, gehabt haben. Zara selbst erinnert sich an Wallis – in Zusammenhang mit Pferderennen, zu denen sie ihn begleitete. Er schwärmt von Wallis: »Zu dieser Zeit trug sie eine klassische Haartracht, die ihr Gesicht freigab und somit ihre Stirn und ihre Augen hervorhob. Dieser Frisur ist sie bis heute treu geblieben.«

4. Wallis soll eine Liebschaft mit Galeazzo Ciano, dem Schwiegersohn Benito Mussolinis und späteren Außenminister des faschistischen Italien, gehabt haben. Tatsache ist: Eine gewisse Mrs. Miles, die mit einem amerikanischen Marineoffizier verheiratet war, sagte ein halbes Jahrhundert später: »... zogen die Ehefrauen der Seeleute darüber her. Es war ein öffentlicher Skandal.«
5. Wallis soll von Ciano schwanger gewesen sein. Nach der oben genannten Mrs. Miles hat Wallis eine Abtreibung vornehmen lassen, was »gynäkologische Komplikationen« zur Folge hatte, die ihr jede Hoffnung genommen haben, später einmal ein Kind zu bekommen. Tatsache ist: Ein »Wunsch nach Kindern« stand nie im Mittelpunkt im Leben von Wallis Simpson. Auch nicht in ihrer Ehe mit dem Prinzen von Wales. Ob sie keine Kinder bekommen konnte oder er zeugungsunfähig war, sei dahingestellt.
6. Nach einer Freundin von Wallis, deren Name im »Baldwin-Dossier« nicht genannt wird, soll sie mit Herman und Katherine Rogers ein »seltsames Dreiecksverhältnis« gehabt haben. Tatsache ist: Katherine Moore Gibelow, eine junge Witwe, kannte Wallis bereits aus Amerika. Zusammen mit Katherines neuem Mann, dem athletischen, großen Herman Rogers, wohnte Wallis in deren

Haus im Pekinger Gesandtenviertel Shih Chia Huting. Da Wallis Simpson angeblich sowohl lesbisch als auch nymphoman gewesen sein soll, zog es sie ihren Neigungen gemäß zu beiden Geschlechtern hin. Tatsache ist nur: Auch die Rogers waren laut diesem Bericht »aller Wahrscheinlichkeit nach« Geheimagenten.

7. Leslie Field zufolge, die im Buckingham-Palast recherchierte, um ein Buch über die britischen Kronjuwelen zu schreiben, was nicht unbedingt große Kenntnisse über das zeitgenössische China voraussetzte, soll Wallis in Peking in einen umfangreichen Drogenhandel verwickelt gewesen sein. Tatsache ist: Wallis gewann »beträchtliche Summen« im Bakkarat, Roulette und Black Jack – was ohne Schutz der chinesischen Mafia wohl unmöglich gewesen wäre.

»Eine höchst respektable Hure.«

Wie auch immer: Wallis Simpson war eine Abenteurerin des Lebens und der Liebe. Oder wie ihr späterer Feind, Englands Premierminister Sir Stanley Baldwin, 1936 sagt: »Sie ist das, was ich eine höchst respektable Hure nenne.«

Skrupel kannte Wallis keine. Woher und warum auch? Und üble Nachrede hat sie nie gestört. Was sie allerdings hochhält, ist ihre Ehre: Sie sei doch keine »billige Spencer«, sondern eine »Warfield«, eine aus dem Geschlecht der reichen Bankier-Familie Montagu. Und so zieht sie einen Schlussstrich unter ihre Ehe mit dem Alkoholiker Win Spencer. Sie schifft sich auf der »President McKinley« ein – First Class! – und schippert über Kobe, Yokohama und Honolulu an die Westküste Amerikas.

Der Weihnachtsempfang bei ihren wohlhabenden New Yorker Freunden Mary und Jacques Raffray ist erfolgversprechender: Wallis trifft erstmals Ernest Aldrich Simpson, einen etwas gehemmten, arroganten Briten – allerdings mit blauen Augen und dem »britischen Schnurrbart«, der ihr bereits bei ihrem ersten Mann Win Spencer so gut gefiel.

Es sei schon hier vermerkt: Edward VIII. wuchs nie ein Bart! Obwohl er es mehrmals versuchte – er war haarlos – auch an den Beinen, wie ein Freund beim Duschen nach einem Tennismatch feststellte.

Ernest Simpson war zwar mit Dorothea, der Tochter des Obersten Richters von Massachusetts, verheiratet, hatte eine Tochter, aber das störte Wallis keine Sekunde bei ihren Annäherungsversuchen. Immerhin war Ernest Mitinhaber der Agentur »Simpson, Spencer & Young«, die Schiffe kaufte und verkaufte. Die Agentur hatte Büros in New York, London und Hamburg.

Auch dass Simpson jüdische Vorfahren hat, tangierte Wallis nicht im Geringsten. Was ein bezeichnendes Bild auf ihre spätere Sympathie zu den Nazis liefert: Reiche Juden wie die Rothschilds fanden immer Gnade bei Wallis.

Simpson verfällt Wallis. Warum? Weil sie ihn in sexuelle Praktiken einführte, die nur sie zu bieten hatte? Wir wissen es nicht. Jedenfalls zeigt er ihr die Schätze der Welt – in Museen. Und sie bringt ihm bei, was sie in China gelernt hat. Am 15. Dezember 1927 wird ihre Ehe mit Winfried Spencer von Richter George Latham Fletcher in Warrenton geschieden. Ihr neuer Liebhaber, Ernest Simpson, ist zwischenzeitlich in London, um das dortige Büro zu leiten – und ebenfalls geschieden. Wallis und Ernest heiraten am 21. Juli 1928 auf dem Standesamt von Chelsea in London, beziehen ein gemietetes Haus an der Upper Berkley Street

Nr. 12. Mit einer Köchin, einem Zimmermädchen, einem Butler und einem Chauffeur.

Und dann lernt Wallis den Prinzen von Wales, den Thronfolger, kennen!

Bitte keine jungen Frauen!

Edward Albert, Prinz von Großbritannien, wurde am 23. Juni 1894 in White Lodge, Richmond Park, als ältester Sohn des Königs George V. von England, damals Herzog von York, und seiner Gemahlin Mary, geb. Fürstin von Teck, geboren. Nach einer Ausbildung als Seekadett studierte er in Oxford am Magdalen College Staatsrecht und Geschichte. Hier wurden er und sein Studiendirektor Henry Peter Hansell respektlos als »Hänsel und Gretel« tituliert.

Bei Ausbruch des Ersten Weltkrieges trat er im 1. englischen Garde-Grenadier-Regiment zum aktiven Dienst ein. Ab März 1916 war er Stabsoffizier in Ägypten, später in Frankreich. Nach dem Krieg unternahm er weite Reisen in alle Teile des englischen Weltreiches, in die Vereinigten Staaten und nach Südamerika. Diese Reisen wurden mit der wachsenden Weltwirtschaftskrise handelspolitische Zweckunternehmungen zur Anbahnung von Absatzmöglichkeiten für die englische Industrie, weshalb der Prinz gern als »der königliche Geschäftsreisende« bezeichnet wurde. Im September 1929 erwarb er ein Pilotenpatent.

Nur eben: Mit den Frauen – na ja, da hapert's gewaltig. Um seine bisexuellen Neigungen ins rechte Fahrwasser zu leiten, veröffentlichte im Januar 1923 die »New York Times« die »Verlobung des Prinzen mit Lady Elizabeth Bowes-Lyon«. Nur: Eine Woche später musste alles berichtigt werden: Lady Bowes-Lyon (die spätere »Queen Mum«) heiratet nicht Edward, sondern dessen Bruder George. Der allerdings viermal stotternd und zitternd um ihre Hand anhalten musste.

Kurze Zeit später sollte Thronfolger Edward mit Prinzessin Ileana von Rumänien verlobt werden, schließlich mit Lady Alexandra Curzon; böse Zungen verheirateten den Thronfolger auch mit seinem »Schildknappen« Edy »Fruity« Metcalfe, bevor er wieder mit Béatrice von Spanien und Ingrid von Schweden verlobt wurde. Unsinn: Edward hatte nichts dergleichen im Sinn. Er hatte nur seine Figur im Kopf. Morgens eine halbe Stunde Gymnastik mit einem strammen Lehrer, dann seine strenge Diät (kein Fleisch, keine Saucen, kein Pudding), ein Tennismatch, am Nachmittag eine Neun-Loch-Runde Golf oder ein Polo-Training, bevor er sich mit wenig Hühnchen und Fisch stärkte, um die Nachtclubs Londons aufzusuchen.

Die Damen, in die er sich verguckte – verliebte, wäre ein zu großes Wort –, sind bekannt. Die erste war die – natürlich verheiratete und ältere – Lady Coke; es folgte Lady Rosemary Lereson-Gower, die Tochter des Herzogs von Sutherland: Auch hier tanzt er nur mit ihr, fährt sie mit seinem Landauer spazieren.

Um auf dem Festland die Gesellschaft von Damen zu genießen, begibt sich der Prinz nach Paris. Zur Lebedame Marguerite Laurent, damals Prinzessin Fahmy Bey, einer mit allen Lastern gewaschenen »femme fatale«. Die allerdings erschoss in der zweiten Etage des Savoy-Hotels ihren Ehemann, was den Prinzen keineswegs störte: so recht hatte er eh kein Interesse an Madame Bey.

Es folgte eine ebenfalls sexfreie Beziehung zur wesentlich älteren und verheirateten Frieda Dudley Ward, die mit zwei

Kindern gesegnet ist, und zu Maud Kerr-Smiley. Die, wie andere auch, bestätigt: Der Prinz ist bisexuell.

1930 ist der Prinz of Wales der Liebling der Nation, ja des Commonwealth. Sein Stil, seine Lebensart, alles, was er macht, wird Mode, Trend, Stil. Er unternimmt eine Rundreise zu den Bergwerken von Durham und Northumberland; er besucht arme Arbeiterfamilien; er lässt sich von der Presse als »soziales Gewissen« feiern. Und – er wagt eine Großwildjagd nach Kenia. Die Frau, die ihn begleitet, heißt Thelma Furness, eine schlanke, ja androgyne Schönheit, verheiratet mit dem Reeder Viscount Furness, einem der reichsten Männer Englands.

Wer aber brachte die amerikanische Abenteurerin Wallis mit dem smarten Edward zusammen?

- Ich war's, meldete sich der notorische Besserwisser Lord Louis Mountbatten zu Wort. Er lud angeblich Lady Furness zu einem Wochenende ein. Und Lady Furness brachte ihre Freundin Wallis mit.
- Unsinn: Ich war's, sagt Lady Furness, die die Simpsons und den Thronfolger in ihr Farmhaus Burrogh Court bei Melton Mowbray zum Weekend bat – und das am 10. Januar 1931.

Wie auch immer: Wallis Simpson ist genau die Richtige, um die Abenteuerlust von Edward zu befriedigen. Und sie setzt sofort alle Charmeoffensiven ein, um ihn – den damals begehrtesten Junggesellen der Welt – zu umgarnen.

Als Wallis das »Goldhaar« Edward zum ersten Mal trifft, ist sie 34 Jahre alt, seit 1925 von Leutnant Earl Winfield Spencer geschieden und seit 1926 mit dem britischen Schiffsmakler Ernest Simpson in London verheiratet. Als sie den

Ein »Dandy« als König:
Edward, genannt »David«, erfand den »Windsor-Knoten«
und trug als Erster zweifarbige Schuhe und Einreiher mit Fliege.

Thronfolger sieht, vertreibt er sich seine Zeit als Stabsoffizier, Pilot, Afrika-Abenteurer und Thronfolger.

Im November 1930 werden Wallis und ihr Mann Ernest Simpson erstmals zur königlichen Jagd geladen. Und sofort kommen Wallis und Edward sich näher: Sie mischt sich in ein Gespräch ein und umflittert den Thronfolger nach Strich und Faden. Kurz danach – im Juni 1931 – trifft sich das ungleiche Paar wieder, diesmal bei einem Gartenfest von König George V. und seiner Ehefrau Mary. Als das Fest zu Ende ist, taucht Edward auf dem Parkplatz neben Wallis auf.

Sie fragt ihn kühn: »Darf ich Sie nach Hause bringen? Nehmen Sie noch einen Drink mit mir?«

Charmant lehnt der Prinz ab: »Diesmal nicht. Doch würde ich gerne eines Tages Ihre Wohnung sehen …«

Und die sieht er bald!

Aber was ist mit Sex?

»Ich habe mit meiner Frau nicht geschlafen, bevor wir verheiratet waren«, schwört Edward in seinen eigenen Memoiren. Was seine Biografen ganz anders sehen! Wallis wusste genau um die hormonell eher verwirrten Neigungen von Edward und nutzte diese, bis er ihr völlig verfallen, ja als »Sklave« hörig war. Von »Schlafen« war dabei auch nie die Rede.

Der Publizist Harold Nicolson vertraute seinem Tagebuch an: »Der Prinz war anfangs überhaupt nicht interessiert an Wallis. Innerhalb weniger Wochen aber hatte sie eine Position erreicht, um mit ihm ins Bett zu gehen. Und von dieser Sekunde an verlor er seinen Verstand, jedwede Vernunft.«

Im Januar 1932 lädt der sich stets langweilende Prinz die geschiedene Amerikanerin zu sich nach Fort Belvedere ein, tanzt mit ihr die ganze Nacht. Bis Ende April 1932 traf man sich siebenmal in Fort Belvedere, tanzte mehrmals ganze Nächte im Embassy Club durch. 1933 lädt Wallis Edward zu ihrem Geburtstag ein und tischt ihm das auf, was er selbst gern isst: Bohnensuppe, gegrillten Hummer, Hühnchen und Himbeer-Soufflé.

Kaum ist Thelma nach New York abgefahren, verbringt Wallis den Winter mit dem Prinzen in Kitzbühel beim Skifahren – Thelma wiederum erotische Nächte an Bord mit Prinz Ali Khan. Eine Nachricht, die Wallis kurzerhand Edward erzählt – umso kühler war dann der Empfang, als Thelma zurück nach England kam. Bei einem Essen in Fort Belvedere trieben der Prinz und Wallis kindliche Späßchen – und Thelma musste einsehen: »Wallis hat sich in meiner Abwesenheit wirklich sehr, sehr gut um den Prinzen gekümmert …«

Am 21. April 1934 schreibt Wallis ihrer Tante Bessie einen ausführlichen Lagebericht: »Abgesehen von den offiziellen Zeremonien bewegt sich der Prinz nicht mehr von hier weg. Und dann sind da noch Ernest und die Freunde. Sie können sich sicher vorstellen, dass ich todmüde bin. Ich habe keinen Augenblick Ruhe, denn man braucht viel Fingerspitzengefühl, um sich mit beiden zu beschäftigen. Thelma ist in Paris, und am Abend fahren wir ins Wochenende. Mein Ehemann Mr. Simpson ist mit einer kleinen Freundin in Japan und hat uns mit einem Haufen Schulden und ohne jede Unterstützung zurückgelassen. Was für ein Kamel!

Wir sind ohne Köchin, aber wir benutzen das Haus nur als Hotel. Wir nehmen dort keine Mahlzeiten mehr ein und, selbstverständlich, da ich den Prinzen an vielen Orten eingeführt habe, können wir uns vor Einladungen nicht retten, einschließlich solcher von Leuten, die vorher nie ein Lebenszeichen von sich gegeben haben. Wäre Mama darüber nicht glücklich gewesen?«

Schon vier Tage später meldet sich Wallis erneut bei ihrer Tante: »Ich habe Gloria (Vanderbilt) nicht gesehen, denn sie ist mit Thelma nach Paris gefahren. Letztere ist noch immer nicht zurückgekommen, was sehr vernünftig ist, insofern die Beziehung zum Prinzen fast beendet ist. Man wird mich sicher dafür tadeln, denn im Augenblick hängt der Prinz sich zu sehr an mich, obwohl er seine ehemalige Geliebte, Mrs. Dudley Ward, genauso oft sieht. Man sucht sehr meine Gesellschaft, und ich versuche, durch ihn so viele Engländer wie möglich kennen zu lernen. An den letzten Wochenenden hatte er mehrere eingeladen. Aber, ach, ich fürchte, dass ich all das schon bald aufgeben muss, denn man braucht so viel Geld, um mit ihm auszugehen. Die Kleider, die Trinkgelder …

Und all seine Freunde sind so reich. Ich glaube, dass ich die Ärmste von denen bin, mit denen er Umgang hat. Ich sterbe vor Verlangen, zur Woche von Ascot eingeladen zu werden, selbst wenn ich dafür stehlen müsste, und hoffe immer noch, dass ich im August auf den Kontinent fahren kann, wenn es finanziell möglich ist. Das alles natürlich nur, wenn er kein anderes Mädchen kennen lernt oder wenn er nicht zu Thelma zurückkehrt.

Ich habe seit einem Monat keine Party bei mir gegeben … Ich schaffe es nicht, zuzunehmen trotz all meiner Bemühungen. Zu viele Sorgen kommen zu dem Übermaß an Aufregung dazu; und nie habe ich die Möglichkeit, mich zu entspannen.

All das verlangt ein gewisses Maß an Feingefühl für eine neue Romanze vor meinem vierzigsten Geburtstag. Sagen

Sie, dass Sie kommen werden. Ich hätte gern ein oder zwei Kleider, eins aus Leinen und eins aus Wollstoff … Es muss Ihnen auf die Nerven gehen, was ich alles erzähle, aber es ist so aufregend für mich.

Ernest muss jeden Cent zweimal umdrehen; uns geht es dermaßen ans Geld, dass ich die Masseurin nicht behalten konnte. Wir haben eine Zeitlang nicht miteinander gesprochen, so wütend war Ernest …«

Natürlich wird Wallis nach Ascot eingeladen, wie sie Tante Bessie am 7. Mai mitteilt: »Der Prinz hat mich zur Rennwoche nach Ascot eingeladen. Er schenkt mir die Eintrittskarte. Ich kann der Versuchung nicht widerstehen hinzugehen. Ernest kann mich nicht begleiten wegen: 1. der Eintrittskarte; 2. der langen Zeit außerhalb der City; 3. der Kleidung. All love.«

Tante Bessie Merryman ahnt nicht, auf was sich Wallis da eingelassen hat. Zumal der nächste Brief vom 22. Mai sogar vom königlichen Briefpapier aus Fort Belvedere kommt: »Wenn Ernest auch nur den geringsten Einwand machte, würde ich den Prinzen sofort fallenlassen. Aber im Augenblick laufen die Dinge wunderbar … Und schenken Sie dem Klatsch keine Beachtung.

Natürlich mag Thelma es nicht, dass wir ihn so oft sehen, obwohl sie sich selbst von Prinz Ali Khan unermüdlich den Hof machen lässt und mit ihm nach Spanien gereist ist.

Ich habe Ihren Scheck eingelöst, der es mir erlaubt, meine Massage zu bezahlen.

Ernest ist entsetzt, dass ich so viel von Ihnen annehme … Glauben Sie nicht, dass ich völlig weggetreten bin. Im Kopf bin ich völlig in Ordnung … Ich setze einen Teil der zwei Häuser des Prinzen instand, was viel von meiner Zeit in Anspruch nimmt. Dass Thelma verärgert ist, beunruhigt mich nicht, denn sie ist jedenfalls in London unbeliebt. All my love.«

Den Sommer verbringen der Thronfolger und seine Geliebte bereits zusammen – in der gemieteten »Villa Meremont« bei Biarritz; anschließend fahren beide auf der Jacht »Rosaura« von Lord Moyne, dem Führer der Konservativen Partei, elf Tage rund um Spanien bis nach Cannes.

Dort erhält Wallis ihren ersten »Liebeslohn«: einen Anhänger mit Smaragden und Brillanten von Cartier!

Zurück in London, ist der Prinz fast ständiger Hausgast bei den Simpsons am Bryanston Court.

Wallis zu Tante Bessie: »Der Charmeur mit den blauen Augen ist immer noch mein Verehrer und nimmt viel von meiner Zeit in Anspruch ...«

Und? Waren sie jetzt endlich zusammen im Bett?

Natürlich! Das bestätigt Leonard F. Hills, der zweite Diener des Prinzen, dem Biografen Alain Decaux. Er schreibt in seinem Buch »Edward VIII. und Mrs. Simpson«: »Es ist die Aufgabe von Mr. Hills, dem Prinzen jeden Morgen sein Frühstück zu bringen. An jenem Tag, einem Dienstag, gegen 10 Uhr oder 10.30 Uhr trägt er ein Tablett mit Brioche, einem Apfel und einem Fruchtsaft und klopft an die Tür Seiner Königlichen Hoheit. Er wartet das übliche »Herein« nicht ab, denn meist antwortet der noch fest schlafende Prinz nicht.

Mr. Hills tritt ein. Er bemerkt, dass das Bett leer ist und dass die Bettdecke nicht in Unordnung ist.

Aber Mr. Hills weiß genau, dass der Prinz das Fort nicht verlassen hat.

Aha. Er hat also die Nacht in einem anderen Zimmer verbracht.«

In welchem Zimmer? Na, so viel Fantasie hat wohl jeder

von uns, sich das vorzustellen – natürlich im Zimmer seiner Geliebten Wallis Simpson!

Und dann folgt endlich der erste Liebesbrief des Thronfolgers an Mrs. Simpson. Er hat ihn am 28. Dezember 1934 in Sandringham geschrieben – in seiner klaren, eleganten Handschrift:

»Meine vielgeliebte Wallis,

wie lange diese Woche gewesen ist und wie herrlich Montag und Dienstag sein werden und alle Tage, die wir zusammen verbringen werden.

Oh, meine Teure, wie ich Sie liebe, immer mehr und mehr. Es ist wunderbar, an Montag zu denken und an all die Sachen, die wir tun werden …

Ich möchte, dass Sie lesen, dass Ihr Ihnen gehörender David Sie liebt und dass Sie ihm fehlen.«

Im privaten Kreis der Windsors wurde Edward, der Prinz of Wales, übrigens stets David genannt, auch von Wallis. Und David verfällt seiner Wallis immer mehr. Schon bekommt sie Ohrclips mit Diamanten und Saphiren. Und dazu ein Briefchen: »Meine Eanum, meine Wallis, mit jeder Minute, die vergeht, liebe ich Sie mehr, und Sie fehlen mir hier sehr, mein Herz. Gott segne WE. Ich gehöre Ihnen auf ewig.

Ihr David.«

Auch hier nennt er sich wieder David. Interessant ist auch das WE, zusammengesetzt aus den Namen Wallis und Edward, was im Englischen »wir« heißt. Und Eanum ist eine Sprachschöpfung des liebestollen Thronfolgers.

Wir wissen längst: Edward, genannt »David«, liebt Wallis. Nur: Liebt Wallis auch den britischen Thronfolger? Hier sind erhebliche Zweifel erlaubt. Warum?

Weil Wallis zu genau der Zeit, als sie den Prinzen sexuell

erst so richtig auf Touren brachte, noch einen weiteren, weitaus potenteren Liebhaber hatte: den Autohändler Guy Marcus Trundle!

Die Ehe von Wallis und ihrem Mann ist längst zu Ende, als Wallis 1935 den Sommer mit dem Thronfolger verbringt.

Doch plötzlich fällt ein Schatten auf die Liebe: Edwards Vater George V. stirbt, Edward muss am 20. Januar 1936 den Thron besteigen.

Obwohl die Briten die geschiedene Amerikanerin Wallis hassen, nimmt Edward sie 1936 auf eine Kreuzfahrt nach Griechenland mit, drängt Wallis zur Scheidung. Doch die Regierung macht beiden einen Strich durch die Rechnung:

- Sie verlangt vom neuen König, dass er Wallis zwar heiraten könne, sie dann aber nur den niedrigen Titel »Herzogin von Cornwall« bekomme (wie heute Camilla).
- Oder der König tritt zurück, dann kann er machen, was er will.

»Ich bin gegen unklare Lösungen«, sagt Edward und versteckt Wallis bei Freunden in Cannes. Jetzt aber hat Wallis genug – sie will Edward aufgeben und plant, mit einem Schiff Europa Richtung Shanghai zu verlassen. Doch am Telefon beschwört sie »ihr« König Edward: »Liebling. Es ist zu spät. Ich werde innerhalb von 24 Stunden England und den Thron verlassen. Ich liebe dich mehr als die Königskrone. Dich werde ich nie aufgeben …«

Anfang Dezember unterschreibt König Edward VIII. ein aus 12 Schreibmaschinenzeilen bestehendes Schriftstück, das die Überschrift »Instrument of Abdication« trägt. Was er via Radio BBC am 11. Dezember 1936 dem Volk mitteilt.

»Vor wenigen Stunden habe ich mich meiner letzten Pflichten als König entledigt. Nun, da mein Bruder, der Herzog von York, meine Nachfolge angetreten hat, möchte ich ihm als Erstes meine Ergebenheit erklären.

Die Gründe für meinen Verzicht auf die Krone sind Ihnen bekannt. Ich möchte, dass Sie verstehen, dass ich bei meinem Entschluss weder mein Land noch das Empire, dem ich als Prinz von Wales und dann als König 25 Jahre zu dienen versuchte, vergessen habe. Doch es ist mir unmöglich, die Last der Verantwortung zu tragen und meine Pflichten als König so wahrzunehmen, wie es mein Wunsch ist – ohne den Beistand und die Unterstützung der Frau, die ich liebe.

Und ich möchte, dass Sie wissen, dass mein Entschluss nur von mir allein gefällt wurde. Die Person, die außer mir betroffen ist, war bis am Ende bemüht, mich umzustimmen. Ich habe diese schwierigste Entscheidung meines Lebens einzig in der Erwägung, was für alle das Beste ist, getroffen.

Erleichtert wird mein Entschluss durch das Wissen, dass mein Bruder mit seiner Erfahrung in Staatsdingen und seinen herausragenden Qualitäten mein Amt so weiterführen wird, dass das Empire nicht im Geringsten Schaden nimmt.

Zudem verfügt er über etwas, das viele von Ihnen haben, mir jedoch nicht vergönnt war – ein glückliches Heim mit Frau und Kindern.

In diesen schweren Tagen fand ich Beistand bei meiner Mutter und meiner Familie. Die Minister und besonders Premierminister Baldwin haben mich stets mit großem Respekt behandelt. Verfassungsstreitigkeiten zwischen mir und dem Parlament gab es niemals, und ich hätte – in der Tradition meines Vaters stehend – diese auch nicht zugelassen.

Seit meiner Zeit als Prinz von Wales und später auf dem Thron wurde ich, wo immer ich lebte oder mich aufhielt, von allen Klassen der Bevölkerung freundlich und zuvorkommend behandelt. Dafür meinen Dank.

Ich lege nun mein Amt nieder, ich gebe meine Bürde ab. Es mag etwas dauern, bis ich zurückkehre in die Heimat, doch ich werde nicht aufhören, die Geschicke der Briten und des Empire zu verfolgen. Sollte ich Ihrer Majestät in Zukunft zu Diensten sein können, so bin ich gerne bereit.

Und nun haben wir einen neuen König. Ich wünsche ihm und Ihnen, seinem Volk, Glück und Wohlstand. Gott schütze Sie alle. Gott schütze den König.«

Einen Tag später verlässt er England, nachdem ihm sein Nachfolger, der stotternde und leicht hinkende Bruder George VI., den Titel »Herzog von Windsor« verliehen hat. Am 3. Juni 1937 heiratet Edward auf einem gemieteten Schloss im französischen Tourraine seine Wallis Simpson, geschiedene Spencer, geborene Warfield.

War die Herzogin ein Hermaphrodit?

Das offizielle England schweigt. Nichts, nicht eine Zeile wird veröffentlicht über das »Dossier«, das der brillante Reporter James Fox 2003 in der September-Ausgabe des besten US-Magazins, »Vanity Fair«, veröffentlichte.

James Fox ist so frei und zitiert einen Liebhaber von Wallis: »Edward war schwul. Wallis war genetisch anders. Sie war wie ein Mann.«

Wallis betrog Edward – mit seinem Wissen? – mit dem homosexuellen Woolworth-Erben Jim Donahue. Der über

Wallis sagte: »Mit ihr im Bett zu sein, das war wie mit einem Seemann zu schlafen.«

Ausgerechnet der heutige Prinz Edward zitierte diesen Satz in seiner TV-Dokumentation über seinen Großonkel Edward. Kein Wunder, dass die Windsors ihm schnell verboten, weitere »Dokumentationen« zu drehen.

Und plötzlich tauchen auch neue Berichte auf. So liegt ein Schreiben beim britischen Geheimdienst aus Baltimore, der Heimat von Wallis. In diesem steht, dass Wallis »sehr bekannt als Hermaphrodit« war, was »wir Kinder schnell merkten«, bei Doktorspielen und »dem Spiel Mutter und Vater«.« Wir sahen ihre »deformierten Sex-Organe«.

Auch andere bestätigen, dass diese Eigenheiten sie »fast als Frau und fast als Mann« machten. »Ja, sie war sehr männlich in vielen Bereichen«, erzählte kurz vor seinem Tod einer ihrer besten Freunde, der homosexuelle britische Star-fotograf Cecil Beaton (1904–1980).

Es gibt noch mehr »Beweise« dafür, dass die Herzogin eben nicht nur eine Frau war. So verbrachte James Pope-Hennessy, ein Biograf von Königin Mary, viele Stunden mit der Herzogin von Windsor; und auch er wunderte sich, ob sie »überhaupt eine Frau« ist. Auch eine der engsten Freundinnen von Wallis, die Countess of Rochambeau, sagte: »Wir dürfen nicht vergessen, dass sie sehr maskulin aussah. Auch im Profil war sie nicht das, was wir ein weibliches Profil nennen. Es gab eine maskuline Seite an ihrem Körper.«

Selbst die engsten Vertrauten der Herzogin, ihre Anwältin Maître Suzanne Blum und ihr Butler Georges Sanègre, verrieten dem Historiker Michael Bloch, dass »es schon Zweifel gab, wo sie genetisch stand.« Es kommt noch direkter: »Die Beziehung zwischen den beiden (also der Herzogin und dem Herzog) schloss Geschlechtsverkehr nicht ein.«

Suzanne Blum meinte gar: sie starb als Jungfrau. Was aufgrund anderer Aussagen wohl kaum der Fall gewesen sein dürfte. Zumal Dr. John Randell, ein Experte auf dem heiklen Gebiet, dem Historiker Bloch aufgrund von Analysen sagte: »Sie war in der Tat ein Mann.«

Was dafür spricht, ist auch die Stimme von Wallis: sie war wie ein »Reibeisen«, schreibt der Historiker John Richardson. Als »Unsinn« hingegen bezeichnet ihr langjähriger Arzt Dr. Jean Thin die Gerüchte, der hochbetagt in Neuilly, in der Nähe der Windsor-Villa, wohnt: »Sie war eine Frau.«

Nur eben eine spezielle Frau. Wallis jedenfalls provozierte, was auch Biograf Philip Ziegler schreibt, »eine profundes sexuelles Vergnügen« bei Edward.

Sicher ist aufgrund der Aussagen und Bücher, die über das Paar gemacht wurden und erschienen sind: Sie hatten keinen normalen Geschlechtsverkehr!

Warum nicht? Ein ehemaliger Arzt des Herzogs von Windsor erzählte US-Autor James Fox, dass der Herzog »die Wünsche von Frauen nicht erfüllen konnte. Er war wie ein kleiner Bub, wenn Sie mich so fragen.«

Auch seine ehemalige »Geliebte« Freda Dudley Ward findet offene Worte: »Er machte sich selbst zum Sklaven von jedem, den er liebte. Er wurde total abhängig. Das war seine Natur. Er war ein Masochist. Er liebte es, erniedrigt, degradiert zu werden. Er bettelte geradezu darum!«

Eine Erklärung dafür findet Diana Mosley, die Ex-Frau vom Brauerei-Erben Bryan Walter, die Frau, die am 6. Oktober 1936 im Berliner Büro von Joseph Goebbels, dem Reichsminister für Volksaufklärung und Propaganda, die Ehe mit dem britischen Obernazi Sir Oswald Mosley schloss. Und bis zu ihren Tod 2003 wie ihre Freundin Wallis in Paris lebte. Beide waren sehr eng befreundet, Diana Mosley bewohnte in Orsay die Villa »Temple de la Gloire« – nicht weit entfernt von den Windsors. Diana Mosley erinnert sich an »Fotos, die zeigen, wie Edward und sein Bruder George von ihrem Vater grausam gedrillt wurden«.

Die Countess von Rochambeau, deren Vater Alastair Mackintosh einer der ältesten Freunde vom Herzog war, erklärte James Fox: »Ich denke, sie (Wallis) dachte wirklich, dass sie Königin von England werden kann. Die beiden dachten nie, dass es am Ende so ausgehen würde. Ich habe Fruity Metcalfe gekannt. Ich denke, Wallis war sehr ambitiös. Ihren ersten Schock bekam sie, als sie auf die Bahamas geschickt wurden. An ein lebenslanges Exil dachten beide nicht. Ich denke, sie liebte ihn auf ihre eigene Art und Weise. Aber sie liebte wohl mehr das, was er repräsentierte.«

Oder wie Biograf Pope-Hennessy schreibt: »Sie (Wallis) war eine der verrücktesten Frauen, die ich je gesehen habe ... Ich sollte sagen: Sie war eine dumme Frau, mit einem sehr schmalen Horizont.«

Laut John Richardson hatten Wallis und der Herzog sehr wohl Sex: »Auch wenn er ständig betrunken war und sie ihn ins Bett rollen mussten.«

Auf einem Fest von Estée Lauder, der Kosmetik-Königin, im Jahre 1960 sprang Edward auf die Bühne, um eine Musikgruppe aus Tirol zu dirigieren, die das Lied »Ich weiß auf den Weiden ein kleines Hotel« spielen musste, das er mitsang.

Als ihn ein Gast hinterher fragte, was er da eigentlich gesungen habe, antwortete er auf Deutsch: »Das ist meine Muttersprache!«

Es kann geheiratet werden:
In Frankreich macht Exkönig Edward 1937 seine Wallis zur Herzogin von Windsor. Ein Triumph der Liebe?

Als der Herzog am 28. Mai 1972 in Paris stirbt, hinterlässt er Wallis rund 100 Millionen Mark. Wallis überlebt Edward um Jahre. Sie genießt den Reichtum, wird debil und auf Teufel komm raus am Leben erhalten, bevor sie erst im Alter von 89 Jahren in Paris stirbt.

Queen Mum – Das Geheimnis ihrer Herkunft

In offiziellen Nachschlagewerken wie dem Munzinger-Archiv liest sich alles glasklar:

»Geburtstag: 4. August 1900, London. Elizabeth Angela Marguerite Bowes-Lyon, war die vierte Tochter des Claude George Bowes-Lyon, 14. Earl of Strathmore and Kingshorne, und der Lady Nina-Cecilia Cavendish-Bentick aus der Familie des Herzogs von Portland. Sie entstammte einem der ältesten Adelsgeschlechter Schottlands, das schon im 14. Jahrhundert durch Heirat in verwandtschaftliche Beziehungen zum schottischen Königshaus getreten war. Lady Elizabeth hatte neun Geschwister. Sie wuchs in St. Paul's Walden Bury bei Hitchin in der Grafschaft Nord-Hertfordshire auf.«

Stimmt das? Wurde »Queen Mum« wirklich am 4. August 1900 geboren? Und wurde sie von Lady Nina-Cecilia in London entbunden? Hier sind mehr als nur Zweifel erlaubt, denen ich nachgehe.

Oder stimmt das, was Hugo Vickers in seinem Buch »Elizabeth – The Queen Mother« bereits sorgsam in Frage stellt: »80 Jahre lang war es unbestritten, dass Elizabeth Bowes-Lyon, das neunte Kind des Lord Glamis, am 4. August 1900 in St. Paul's Walden Bury in Hertfordshire geboren wurde. Eine große Zahl von Plaketten und viele Erinnerungstafeln sind auf diesen Tag und diesen Platz ausgestellt.«

Und dann kommt die Frage: »Der 4. August war ein Samstag, und wir können davon ausgehen, dass Lady Glamis diesen Tag wie üblich in ihrem Country-Haus in St. Paul's Walden Bury verbrachte, zumindest ist dies wahrscheinlicher, als dass sie den Tag in London verbrachte.«

Es wird noch dubioser: Lord Glamis selbst war bei der Geburt überhaupt nicht anwesend. Er weilte zur Geburt von Elizabeth in Schottland und wusste also nicht, wann und wo seine Tochter wirklich geboren wurde. In St. Paul's Walden Bury in der Grafschaft Hertfordshire – oder eben doch in London.

»Queen Mum« jedenfalls gab immer an, sie sei in London geboren. Seltsam ist aber, dass ihr eigener Vater erst am Freitag, den 21. September 1900 eine Geburtsurkunde ausstellen ließ – und zwar im Standesamt von St. Paul's Walden Bury.

Er wollte, dass die Geburt am Sonntag, den 23. September 1900 vom Vikar verkündet würde.

Die Mauern von Windsor sind dick, die Mauern von Glamis Castle sind noch undurchdringlicher und verschweigen bis heute viel. Zum Beispiel das Leben der einstigen Königin Elizabeth I., der versteckte Sohn, der geisteskrank war und der Öffentlichkeit vorenthalten wurde. Dass Glamis Castle bis heute als das schottische Schloss gilt, in dem es spukt, ist zwar eine Mär. Aber in Märchen steckt eben immer ein Funken Wahrheit – manchmal sogar viel mehr.

Wann und wo wurde nun »Queen Mum« wirklich geboren? Über Jahrzehnte hinweg durfte niemand dieser Frage nachgehen. Zumal es ungehörig ist in England, überhaupt Fragen zur Herkunft eines Mitglieds der königlichen Familie zu stellen. So hat es bis heute noch kein Reporter gewagt, nach der Herkunft von Prinz Andrew oder der Herkunft von Prinz Harry zu fragen. Obwohl genau diese Fragen bis heute nicht nur Biografen beschäftigt, aber dazu später mehr.

Queen Mum selbst hat laut Hugo Vickers ihrer Aufwartedame einst gesagt: »Ich bin wohl auf dem Rücksitz eines Taxis geboren worden.«

Komisch, da hat ihr Page William Tallon eine ganze Erinnerung: »Ich weiß, sie wurde in einem von Pferden gezogen Ambulanzwagen geboren. Das erklärt auch, warum sie in ihrem Leben immer in Bewegung und Eile war.«

Seltsame Irrungen und Wirrungen. Geht es doch immerhin darum, den Geburtstag und den Geburtsort einer Dame höchsten Geblüts zu veröffentlichen, die einst Königin war und als »Queen Mum« bis zum 30. März 2002 lebte und quasi als »Heilige des Königshauses« verehrt wird.

Völlige Verwirrung überkam mich bei meinen Recherchen, als ich mich auf die Suche nach dem Haus von Lord Glamis in London machte – und nichts fand. Tatsächlich hatte Lord Glamis 1900 gar kein Haus in London, im Gegenteil: die Familie Strathmore hatte gerade mal eine großzügig geschnittene »Absteige« in Belgrave Mansions. Was auch ein Blick in »Kelly's Directory of London« bestätigte, der die Hausbesitzer zwischen 1897 und 1901 recht gut dokumentiert. Langsam beschlichen mich Zweifel, ob auch das Geburtsdatum von »Queen Mum« wirklich stimmt, wenn schon ihr Geburtsort ein »königliches Geheimnis« ist. Zumal »Queen Mum« jede Frage nach ihrem Geburtstag und ihrem Geburtsort schelmisch mit den Worten konterte: »Also, daran kann selbst ich mich nicht mehr erinnern.«

Zwei Windsor-Legenden:
Elizabeth II. und »Queen Mum« bei der Hochzeit von Margarets Sohn Lord Linley. Das Motiv gibt es als Postkarte zu kaufen.

Was sie allerdings genau wusste: Sie wurde auf den schlichten Namen Elizabeth Angela Marguerite getauft. Der damals übliche adelige Zusatz »Lady« fehlte. Warum?

Ich besuchte Glamis Castle, war in St. Paul's Walden Bury in der Grafschaft Hertfordshire und bewunderte dort ein herrliches Beispiel der englischen Gartenlandschaft mit einem Country House aus dem 19. Jahrhundert.

Allerdings brauchte ich von St. Paul's Walden Bury bis London im Auto mehr als drei Stunden. Da sich Entfernungen trotz schnellerer Bewegungsmittel nicht ändern, tauchte natürlich die Frage auf: Wie schafft es im Zweifel ein Pferdetaxi von London nach St. Paul's Walden Bury? Und das mit einer schwangeren schottischen Lady auf dem Rücksitz?

Es wäre ja alles unter der Decke geblieben, wäre nicht ein faktentreuer Bürokrat aus dem Büro von Prinz Charles im St.-James-Palast bei den Vorbereitungen zu den Festivitäten zu Queen Mums 80. Geburtstag über gewisse Ungereimtheiten gestolpert. Er entdeckte, dass es da verschiedene Geburtsorte und auch Geburtstage gab, und so wurde das Büro von »Queen Mum« in Clarence House befragt. Wo man die sibyllinische Antwort erhielt, es sei ja wohl egal, wo sie geboren wurde und ob es irgendwelche Unregelmäßigkeiten bei der Eintragung gegeben habe. Mit dem Schlusssatz: »Lord Strathmore ist tot. Und machte er etwas falsch, so spielt das heute auch keine Rolle mehr.«

Entschuldigung bitte. Es spielt sehr wohl eine Rolle, wo und wann die einst mächtigste Frau Englands geboren wurde; es ist keineswegs unwichtig, wie eindeutig ihre Herkunft belegt ist. Denn dies wirft ja auch die Frage auf:

Wurde sie überhaupt von Lady Glamis geboren – ja, war sie überhaupt eine eheliche Tochter von Lord Glamis?

Es wird noch verwirrender: Sir David Bowes-Lyon, ein Bruder von »Queen Mum«, erzählte der Autorin Dorothy Laird, dass seine Schwester nicht in St. Paul's Walden Bury geboren wurde. Was diese in ihrer Biografie über »Queen Elizabeth – The Queen Mother« aber verschweigt. Und erst in ihrer 1966 erschienenen Autobiografie so nebenbei erzählt, ja die Spekulation eröffnet, dass nichts stimmt: Weder der Geburtsort von Queen Mum noch ihr Geburtsdatum.

Offiziell jedenfalls stimmt nur eines: Ihr Vater ließ sie ins Geburtenregister von St. Paul's Walden Bury eintragen, mit dem Geburtsdatum 4. August 1900. Das allerdings geschah erst am 21. September und wurde am 23. September verkündet. Warum so spät? Und überhaupt: Jahrelang wollte Lord Glamis nicht auf Einzelheiten im Zusammenhang mit der Geburt von Elizabeth angesprochen werden.

Warum? Vielleicht ist der »Forgery Act« von 1861 ein Grund. Dies war ein von Queen Victoria forciertes Gesetz, das die willkürlichen Angaben zu Kindern und ihrer Abstammung, zu Geburtsort und Geburtsdatum, also das Fälschen amtlicher Dokumente, unter grausame Strafe stellte. Wer gegen dieses – auch 1900 geltende Gesetz – verstieß, musste mit der Höchststrafe rechnen, nämlich mit lebenslangem Zuchthaus!

Im Klartext: Jedes Kind musste innerhalb von sechs Wochen nicht nur offiziell gemeldet sein, es mussten auch Vater und Mutter benannt sein.

Das Gesetz wurde als »Waffe« gegen die reichen Grundbesitzer und Aristokraten angesehen. Man wollte ihnen peinlichst genau auf die Finger sehen, damit sie nicht länger nach eigener Willkür Gesetz übten und amtliche Dokumente fälschten, weil sie keinen Unterhalt, keine Ausbildung für ihre damals so genannten »Bastarde« zahlen wollten. Mit diesem Gesetz wurden auch sie zu klaren Angaben gezwungen. Keine Frage: Auch der 14. Earl of Strathmore musste sich diesen bürokratischen Hürden beugen.

Die Frage bleibt: Warum hat ausgerechnet Lord Glamis diese Sechs-Wochen-Frist nicht eingehalten? Oder nur mit Ach und Krach? Weil er gar nicht wusste, dass ein Kind vom ihm geboren wurde? Oder weil eben nicht seine Frau, sondern eine seiner zahlreichen »Gespielinnen« mit einer Tochter von ihm niederkam? Weil es einen gehörigen »Ehekrach« gab? Wir wissen es nicht. Wir wissen aber, dass er Zuchthaus riskiert hätte, würde er ein amtliches Dokument fälschen – oder fälschen lassen.

Was tun? Weil er die Frist bis zum Letzten ausnutzte, zahlte er sieben Shilling und sechs Pence Geldbuße. Und er erklärte offiziell, dass seine Tochter Elizabeth am 4. August 1900 im Landhaus seiner Familie, St. Paul's Walden Bury in Hertfordshire, zur Welt gekommen sei.

Die spätere Königinmutter behauptete dagegen, sie sei in London geboren worden. Was zu einer völlig anderen Version der Geschichte führt und die Frage aufwirft: War Lady Glamis wirklich die Mutter von Elizabeth? Oder hatte dieses Verwirrspiel nur einen Grund: die wahre Mutter nicht zu nennen?

Aus der Geschichte des englischen Königshauses wissen wir, wie mit unangenehmen Tatsachen umgegangen wird. Es interessiert die Wahrheit nicht primär – außer sie führt zu einem eigenen Vorteil. Da wurden Kinder en gros mit Mätressen, Mägden, Aufwartemädchen gezeugt und – mit erzwungenem Einverständnis der Frau – als eigene ausgegeben. Wenn das nicht klappte, dann fand sich immer ein Freund, der die Vaterschaft für sich reklamierte und so dem »Bastard« zumindest einen feinen Titel und eine Ausbildung finanzierte. Denn wie sollte es sonst sein, dass es in England so viele Herren und Damen mit Titeln gibt, deren Herkunft alles andere als geklärt ist?

Wir halten fest: Elizabeth Bowes-Lyon wurde geboren. Wo? Das bleibt bis heute ein Rätsel. Wahrscheinlich nicht in London, wahrscheinlich nicht in St. Paul's Walden Bury; wahrscheinlich nicht in einem Taxi, vielleicht sogar nicht einmal in dem von Pferden gezogenen Ambulanzwagen.

Wo dann?

Eine gute Frage, der man sich wenigstens auf diese Weise nähern kann:

- Lord Glamis war mitnichten ein Verächter schneller erotischer Vergnügen.
- Er hatte bereits acht – ehelich geborene – Kinder.
- Seine Frau Lady Glamis hatte im Alter von 39 acht Geburten hinter sich. Wir können davon ausgehen, dass eine Frau ihres Alters – damals! – nicht unbedingt weitere Kinder gebären wollte.
- Lord Glamis hält sich zum Zeitpunkt der Geburt in Schottland auf. Bei den Geburten seiner anderen Kinder war er immer in der Nähe.
- Er interessiert sich kaum um die offizielle Eintragung, erst als er vom »Forgery Act« erfährt, lässt er seine Tochter registrieren.

Bis heute ist ungeklärt, wo und wann »Queen Mum« geboren wurde.

Was wird uns hier verschwiegen?

Wer waren nun die wirklichen Eltern von Elizabeth, die bei ihrer Geburt nicht mal den Titel »Lady« bekam? Die 39-jährige Lady Glamis lebte nicht mit ihrem Mann zusammen. Er vergnügte sich in Schottland, sie war entweder in London (vielleicht bei ihrer Mutter in Forbes House) oder in St. Paul's Walden Bury in der Grafschaft Hertfordshire. Beide hatten keinen direkten Kontakt miteinander.

Queen Mum wurde – offiziell – 101 Jahre alt. Andere sprechen davon, dass sie 102, ja 103 Jahre alt war. Was stimmt? Gerüchte sind keine Wahrheitsbeweise. Aber im Zuge der Recherchen habe ich oft erfahren: Meist ist das »Gerücht« wahrer als die offizielle Verlautbarung des Hofes.

Es ist eine Vermutung, nur ein »Gerücht«, dass »Quen Mum« eine leibliche Tochter ihres Vaters, des 14. Lords of Strathmore, war, aber nicht zwangsläufig von seiner Frau geboren wurde. Die großen Lücken, die fein getrimmten Dokumente, die Widersprüche, die angebliche Ahnungslosigkeit und das Schweigen der »Firma Windsor« geben einer anderen Version Nahrung: Dass Elizabeth Bowes-Lyon eben kein eheliches, sondern ein uneheliches Kind des Lord of Glamis ist.

Und so glaube ich aufgrund all dieser Widersprüche und des Schweigens des Königshauses, dass Elizabeth Bowes-Lyon, besser bekannt als »Queen Mum«, ein uneheliches Kind war. Gezeugt von Lord Glamis und geboren von einer jungen Magd aus Wales. Was auch sein Gutes hätte: Mit dieser Magd wäre »neues, gesundes, frisches Blut« in die königliche Familie gekommen. Was Jahre später auch die Kindergärtnerin Diana leisten sollte ...

Hochzeit 1923: Als Elizabeth Bowes-Lyon sagte »Queen Mum« erst nach vierfachem Bitten »Ja« zu ihrem anfangs ungeliebten Ehemann George.

Wie die Windsors Verwandte verschwinden lassen

Auch wenn die britische Königsfamilie die Macht, die Kraft und die Millionen hat, der Öffentlichkeit das Bild einer intakten Familie zu präsentieren – am Ende offenbart ein einziges kleines Foto mehr von der Wahrheit als alle wunderbaren »Statements« der royalen Presseoffiziere und königlichen Berichterstatter.

Sotheby's Auktion sorgt für Riesenandrang

New York, 1334 Park Avenue. Wir schreiben Donnerstag, den 11. September 1997. Es ist 18.30 Uhr, und im weltberühmten Auktionshaus Sotheby's findet eine Versteigerung statt.

Es geht um die persönliche Sammlung des Herzogs und der Herzogin von Windsor. In anderen Worten: um große Teile des Nachlasses des einstigen Königs Edward VIII. (1894–1972) und der zweifach geschiedenen Amerikanerin Wallis Simpson (1896–1986). Edward hatte aus Liebe zu Wallis am 1. Dezember 1936 auf den Thron verzichtet, um anschließend als Herzog von Windsor mit seiner Gattin ruhelos durch die Welt zu ziehen.

Gut zehn Jahre nach Wallis' Tod herrscht also in den Ausstellungsräumen von Sotheby's Großandrang: Allein bei Türöffnung stürmen über 1000 potenzielle Käuferinnen und

Käufer in den Auktionssaal, darunter Sammler, Royalisten, Anglophile und Investoren. Sie alle scharen sich um den exklusiven Nachlass. Auf der neuntägigen Veranstaltung kommen Kleider, Möbel, Golfhosen und -schläger, Bücher, Fotos, Briefe, Medaillons, Fahnen, Flaggen, Geschirr und Dekorationsgegenstände aus der Pariser Villa der Windsors unter den Hammer.

Wobei die Auktion unter keinem guten Stern stand. Wegen des Todes von Prinzessin Diana und ihres Freundes Dodi Al-Fayed am 31. August 1997 musste sie kurzfristig verschoben werden. Besonders pikant: Die Auktion findet im Auftrag von Mohammed Al-Fayed statt, dem Vater von Dodi Al-Fayed.

Er ist der Besitzer des Londoner Nobelkaufhauses »Harrod's« und des Pariser Nobelhotels »Ritz«. Mohammed Al-Fayed erwarb die Villa des Herzogs von Windsor am Bois de Boulogne 1986 nach dem Tod der Herzogin – nicht als Käufer, sondern als Mieter für 99 Jahre – vom damaligen Pariser Bürgermeister Jacques Chirac, dem späteren französischen Staatspräsidenten.

Zu den ersten versteigerten Gegenständen zählt an jenem Donnerstagabend ein Stück der Hochzeitstorte aus dem Jahr 1937. Ein Ehepaar aus San Francisco zahlt für das auf 500 Dollar geschätzte Erinnerungsstück 29 900 Dollar.

»Ein Beweis für die wahre Liebe«, freuten sich Benjamin und Amanda Yim.

Ein Porträt der Herzogin, gemalt vom britischen Fotokünstler Cecil Beaton, wechselte für 134 500 Dollar den Besitzer. Unter den Hammer kamen auch Kissen mit dem Windsor-Wappen, deutsche »Steiff«-Stoffhunde, Liebesbriefe sowie ein Koffer mit der Aufschrift »The Duke of Windsor«. Die meisten Käufer sind US-Bürger, Angebote kommen aber aus insgesamt 49 Ländern. Den höchsten Preis erzielte ein Porträt des jungen Prinzen von Wales zu Pferde, das für 2,3 Millionen Dollar unter den Hammer kam.

»Die Kollektion repräsentiert das gesamte Leben des Herzogs, von der Kindheit bis zum Tod«, umschrieb Sotheby's Präsidentin Diana Brooks die Bedeutung der Auktion. Zu den besonders begehrten Stücken gehören ein Tauffoto des Prinzen, die Familienbibel, das Hochzeitsalbum und der Trinkbecher, den der spätere König Edward VIII. zu seinem ersten Geburtstag erhalten hatte. Bestandteil der Sammlung sind außerdem Briefe von Queen Victoria, die zwischen 1836 und 1861 entstanden.

Die Sammlung des Paares umfasst Millionenwerte an Schmuck, Haute Couture von Dior, Schmuck von Fabergé, Van Cleef & Arpels, Cartier, Dior und Harry Winston.

Wer hat die unendlich vielen und teuren Dior-Taschen, Armbänder und Fußkettchen von Cartier, all die Hundehalsbänder, all die First-Class-Reisen bezahlt? Bestimmt nicht der Kurzzeit-König Edward VIII. Er erhielt als Herzog von Windsor von seinem Bruder George eine einmalige Abfindung von zwei Millionen Pfund plus eine jährliche Apanage von 210 000 Pfund. So heißt es, aber das ist Unsinn! Das hätte für den Lebensstil der Windsors nie und nimmer gereicht. So zahlten der neue König und der britische Steuerzahler alles, was Wallis & Co. pro Monat verbraten haben. Und das waren rund 200 000 Dollar. Wirklich, eines der reichsten Königshäuser der Welt zahlte alles, um König Edward VIII. nach seiner Abdankung von jeglichen politischen Absichten fernzuhalten und seine geldgierige Frau zufriedenzustellen.

Zumal der Herzog selbst kein armer Mann war: er hatte

ein Erbe von rund 30 Millionen Pfund, das ihm zu seiner Verfügung stand! Und das in einer Zeit, in der Armut herrschte und deutsche Bomben London in Schutt und Asche legten. Da schipperte der Herzog von Windsor durch die Karibik, mit 22 Stewards an Bord, und war stocksauer, wenn die zehn Dior-Kleider seiner Frau nicht rechtzeitig auf den Bahamas eintrafen.

Das Herzogspaar von Windsor lebte also auch ohne Krone in unglaublichem Luxus, und rund sechzig Jahre nach der Hochzeit kamen nun die unzähligen Kostbarkeiten des Erbes unter den Hammer. Allerdings waren die wichtigsten Schmuckstücke bereits versteigert: am 2. und 3. April 1987 in Genf, ebenfalls von Sotheby's. Damals ging es um 87 Preziosen von Cartier, 23 von Van Cleef & Arpels, darunter auch das Collier aus Diamanten und Rubinen, das Edward seiner Angebeteten zur Hochzeit schenkte. Es trug die Gravur: »My Wallis from her David«.

Der Erlös, über 45 Millionen Euro, ging an das Pariser Krebsforschungszentrum am Institut Pasteur.

Es wird also gesteigert und gekauft an jenem Septembertag im Jahre 1997. Bereits über 140 Objekte sind unter den Hammer gekommen, dann wird die Nr. 141 aufgerufen – eine Schwarz-Weiß-Fotografie im Format 8,5 zu 17,9 Zentimeter. Sie zeigt die sechs Kinder von König George V. und Königin Mary, fotografiert im Jahr 1916.

Prinz John – weggesperrt und verleugnet

Das Bild sollte zwischen 200 und 300 Dollar bringen. Wie viel es tatsächlich gebracht hat? Das bleibt ein Geheimnis.

Das Bild tauchte nie in einer britischen Zeitung auf, seither ist es fast wie vom Erdboden verschluckt.

Eben jene Fotografie, die mir hier vorliegt, zeigt links im Bild einen Jungen im weißen Matrosenanzug, der etwas versonnen in die Kamera blickt und bei genauer Betrachtung gar nicht so recht in das Bildarrangement passen will.

In einer Dreierreihe dahinter stehen die drei ältesten Söhne: links Prinz Albert (Vater der heute regierenden Königin Elizabeth II., der spätere König George VI.) in der Mitte David (der als König Edward VIII. abdankte), dann Prinz Henry, der später Herzog von Gloucester wurde. Davor sitzt Prinzessin Mary (die »May« genannt wurde), rechts neben ihr steht in einem Dreireiher mit dem typischen Royal-Kragen Prinz George – und links steht ein Knabe, der längst aus dem Matrosenanzug herausgewachsen zu sein scheint: Prinz John oder Johnnie, wie er auch genannt wurde.

David, der Älteste, blieb laut seiner Zeitgenossen trotz aller Bemühungen ein ziemlich einfältiger Mensch. Albert war scheu, stotterte und zeichnete sich durch ein kaum vorhandenes Temperament aus. Mary war eine höchst sensible junge Frau, die zu Ohnmachtsanfällen neigte. Nur Henry hat, wie das Bild zeigt, eine robuste, starre, ja gedrungene Körperstruktur.

Was das Bild aber wirklich verrät, ist eine Sensation: Es zeigt den von den Windsors »vergessenen«, ja »verbannten« Prinzen John.

Fragen Sie heute einen Windsor oder einen Biografen, er würde schlichtweg verleugnen, dass es einen Prinzen John jemals gegeben hat. In fast allen offiziellen Biografien und Monografien findet sich kaum ein Hinweis auf Prinz John. Er wurde einfach aus der Geschichte getilgt.

Der »verschwundene Prinz«: John (im Matrosenanzug) im Kreis seiner Geschwister. Erst 1997 wurde das Bild bei einer Auktion in New York entdeckt.

Und doch sehen wir ihn in aller Klarheit auf dem Foto, das an diesem Donnerstag unter der Losnummer 141 in New York verkauft wurde. Es zeigt Prinz John Charles Francis Sachsen-Coburg und Gotha, den jüngsten Sohn des Herzogs von York, des späteren Königs George V., und der Prinzessin Maria von Teck.

Es gibt nach meinen Recherchen keinen Zweifel: Der Prinz wurde am 12. Juli 1905 in Windsor geboren und soll am 18. Januar 1919 – unter dem neuen Namen des deutschen Clans »Windsor« – gestorben sein. Angeblich an einem epileptischen Anfall.

Bereits bei der Entbindung hat es wohl Probleme gegeben, die Nabelschnur zurrte sich um seinen Hals, sodass er angeblich für wenige Sekunden keine Luft bekam – was zu seiner lebenslangen Behinderung geführt haben soll.

Dabei soll er ein sehr liebes Baby gewesen sein, das seine Mitmenschen offen anlächelte. Natürlich nicht seine Eltern, denn die kümmerten sich – wie im britischen Königshaus üblich – wenig bis überhaupt nicht um ihre Kinder.

Was aber hatte Prinz John verbrochen, dass er derartig von der Öffentlichkeit ferngehalten, ja regelrecht verbannt wurde?

Angeblich hatte er Epilepsie, also Fallsucht. Heute ein Sammelbegriff für verschiedenartige Störungen im Zentralnervensystem sowie die mit Krämpfen einhergehenden Veränderungen des Verhaltens und der Intelligenz. Was übrigens etliche Mitglieder der britischen Königsfamilie auch hatten – eine vererbbare Gehirnkrankheit.

Man kann also nicht behaupten, dass Prinz John hier eine Ausnahme bildete. Doch leider war sein Verhalten anscheinend auffälliger als das seiner Anverwandten. Er fiel ständig hin, wurde an einer Gummileine von seinem Kindermädchen Lalla Bill wie ein Hund zu den Privatstunden des extrem strengen Hauslehrers Mr. Hansell geführt. Seine Krankheit war von Begleiterscheinungen wie Aufschreien, Schaum vor dem Mund und anderen »Ausfällen« gekennzeichnet, für die der Junge nichts konnte. Was aber als nicht sehr »königlich« angesehen wurde, besonders nicht, als der russische Zar 1909 Barton Manor, das Haus der königlichen Familie auf der Isle of Wight, besuchte. Little John soll oft in Absenzen, Dämmerzustände und Delirien verfallen sein – wobei dies kein außergewöhnliches Krankheitsmuster ist und in der so genannten Erbcharakterologie verankert ist, das heißt, es wird von Generation zu Generation weitervererbt. Was Wissenschaftler bei kritischer Durchsicht von Familienstammbäumen längst mit Daten belegt haben. Wobei – zum Verständnis – dem englischen Königshaus angeblich auch »familiäre Konzentrationen von mathematischer Begabung, Kriminalität und Schizophrenie« nachgewiesen werden konnten.

Prinz John litt zudem an Autismus, in diesem Fall einer frühkindlichen Verhaltensstörung, die heutzutage medizinisch von kindlicher Schizophrenie diagnostisch klar abgrenzbar ist, wenngleich Überlappungen auftreten.

Autismus wird gefördert, wenn sich Mütter und Väter ihren Kindern entziehen, ihnen bereits im Babyalter keine liebevolle Aufmerksamkeit schenken und sie isolieren. Neben dem Brachliegen der kindlich-motorischen Fähigkeiten kann dies zu mangelnder Sprachentwicklung führen, die mit einer Überbetonung von Eigeninteressen einhergeht.

Als Folge sind diese Menschen primär auf sich bezogen und sehen ihr Leben ausschließlich in Bezug auf die eigene Person. Sie schließen jede Selbstanalyse aus.

Sprechen wir hier von Prinz Charles? Nein, wir sind bei Prinz John.

Die einzigen Bezugspersonen, die Prinz John hatte, waren sein Kindermädchen Lalla Bill, die Angestellten von »York Cottage«, sein Bruder George, der für ihn wie ein Vater war – und seine zwei Hunde, mit denen er in einem von Mauern umschlossenen Garten spielte.

Nach dem »Auftritt« von Prinz John beim Besuch des Zaren wurde er regelrecht aus der Familie entfernt. Seinen Geschwistern war es verboten, in der Öffentlichkeit von ihm zu sprechen oder mit ihm zu spielen. Sie nannten John meist nur »das Monsterkind«.

Wie ich erfahren durfte, wurde Prinz John kurz nach der Fotoaufnahme endgültig aus den Annalen des Königshauses getilgt.

Warum? Es war die Zeit, als der Erste Weltkrieg tobte – und ein ungeheurer Hass der Engländer auf das deutsch besetzte Königshaus herrschte. So taufte man sich, wie wir wissen, flugs in »Windsor« um – und wurde über Nacht zu einem höchst britischen Königshaus. Und da passte ein deutschstämmiger Prinz mit Fallsucht und Autismus nicht ins Bild.

Stephen Poliakoff, Autor des Buches und der BBC-Dokumentation »The Lost Prince«, fiel 1998 zufällig das versteigerte Foto in die Hand, das erstmals Prinz John in seinem Matrosenanzug zeigte. Der Dramatiker wusste zwar seit Jahren von der Existenz Johnnies, seit er nämlich das Drama »Clever Soldiers« über den Ersten Weltkrieg geschrieben hatte. Allerdings war ihm ein Bild des Sohnes von König George V. und Königin Mary bis dato unbekannt gewesen. So recherchierte er weiter und schrieb dann für die BBC den Film »The Lost Prince«, der im Januar 2003 in England ausgestrahlt wurde.

In einer ersten Szene sitzt die Königsfamilie am Marquee-Day zusammen unter einem Zelt. Johnnie hält es nicht aus auf seinem Sitz. Er geht auf seinen bereits altersschwachen Großvater König Edward VII. zu und sagt: »Schaut, dieser verrückte Mann hat Essen in seinem Bart versteckt.«

Die Tafelrunde verstummt.

Johnnies Mutter Mary: »Johnnie, Schluss jetzt, setz dich endlich hin.«

Johnnie lässt sich nicht aufhalten: »Und, Großpapa, hast du schon mal ein Krokodil geschossen?«

»Ja, das habe ich, in der Tat ... aber nicht heute, wirklich nicht heute.«

»Aber nach dem Essen werden doch alle ein Krokodil schießen.«

Johnnies Bruder George greift ein: »Sei nicht verrückt, Johnnie, mach dich nicht lächerlich.«

Aber Johnnie ist jetzt nicht mehr zu stoppen: »Die Damen werden Tiger nach dem Essen schießen und die Männer Krokodile.«

Das Lachen der Runde wird immer nervöser. Schließlich kommt Lalla, das Kindermädchen, die Johnnie wegbringen soll. Was Johnnie mit dem Satz quittiert: »Vielleicht bist du einfach zu alt geworden, Großpapa.«

Jetzt macht sich lähmendes Entsetzen breit. Niemand darf so zum König von England sprechen; doch Edward VII. streichelt dem kleinen Johnnie über die blonden Haare und sagte: »Lasst nur ... der Junge ist schon in Ordnung.«

Schließlich sollen zwei Doktoren, die königlichen Leibärzte Dr. Hetherington und Dr. Longhurts, Prinz Johnnie untersuchen. Sie legen eine Serie von Tierzeichnungen auf dem polierten Tisch aus, einen Elefanten, eine Spinne, einen Wal und einen Löwen.

Hetherington: »Nun, John, kannst du die Tiere nach ihrer Größe ordnen? Nimm einfach das größte Tier als erstes, das kleinste als letztes.«

Johnnie starrt auf die Karten, lehnt sich zurück und lacht, ohne auch nur eine Karte gewählt zu haben.

Longhurst wiederholt langsam: »Johnnie ... das größte? Welches ist das größte Tier?«

Johnnie blickt hoch: »Ich mag alle die Bilder.«

In diesem Moment erscheint Johnnies Mutter, Mary, die von den Gesichtern der beiden Ärzte abliest, dass die Prüfung alles andere als gut ausgefallen ist. »Bitte, meine Herren, lassen Sie sich nicht stören«, sagt sie.

Dr. Longhurst: »Also, Ma'am, wir haben Johnnie gebeten, die Tiere nach ihrer Größe zu ordnen ... den Wal ... bis runter zur Spinne.«

Plötzlich erwacht in Johnnie Leben. Seine Hände streichen über die Bilder. Als Johnnies Hand beim Bild mit dem Wal stoppt, lehnen sich die Gelehrten nach vorn – schon bewegen sich Johnnies Hände auf das Bild mit dem Insekt zu, dann auf das mit dem Löwen. Schließlich schaut er die beiden Ärzte an: »Ich will die Spinne haben. Die behalte ich!«

Später verkünden die beiden Ärzte im Privatgemach von Mary im Buckingham-Palast ihre Diagnose.

»Ma'am, es ist klar, dass sein Hirn nicht seinem sonstigen Wachstum gefolgt ist. Alle Übungen zeigen klar, dass er an einem Schaden leidet. Alles führt uns zur Diagnose, dass er unter Epilepsie leidet«, sagt Dr. Hetherington. »Natürlich sind noch weitere Tests nötig«, beschwichtigt Dr. Longhurst. »Aber es ist mehr als möglich, dass Johnnies Leben eher kurz sein wird. Sein Hirn wird sich leider kaum weiterentwickeln.«

»Ich kann Ihnen aber versichern, meine Herren, dass Johnnie kein Trottel, kein Idiot ist.«

»Trotzdem, sein Hirn ist beschädigt, welche Tests wir auch noch machen werden«, meint Dr. Hetherington.

»Und so, Ma'am, schlagen wir eine totale Isolation vor«,

fügt Dr. Longhurst an. »Eine Isolation, wo er wirklich vierundzwanzig Stunden, also rund um die Uhr, überwacht wird.«

Mary blickt die beiden Ärzte ratlos an.

»Für das Kind und für die königliche Familie ist es das Beste. Ein stiller, ruhiger Ort. Ein Auftritt in der Öffentlichkeit, Ma'am, würde nicht gerade …«

Mary wendet sich ab: »Er kommt mir jedenfalls in kein Spital!«

So wird Johnny erst mit seiner Erzieherin Lalla in einen entlegenen Flügel des Buckingham-Palastes einquartiert; wo sie noch einmal versuchen soll, sein Gehirn zu trainieren.

Dann wird er an einem regnerischen Nachmittag zusammen mit Lalla auf die abgelegene Wood Farm in Wolferton, Norfolk, gebracht und dort versorgt. Dieser kaum bekannte Besitz gehört zum königlichen Gut Sandringham und ist bis heute absolut abgeschirmt.

Auf Wood Farm entdeckt Johnnie eine für sein Alter ungewöhnliche Liebe zu dem deutschen Komponisten Ludwig van Beethoven. Immer wieder dreht er die Kurbel, um das Grammophon anzuwerfen, lässt die Nadel kratzend auf die Schellack-Platte fallen und hört sich wieder und immer wieder die »Sonate für Horn« (Opus Nr. 17) an, eine Komposition für Horn, Geige, Cello und Piano. Eigentlich »das« Stück deutscher Musik.

Als seine Mutter Mary ihn besucht, kann sie die ewigen Wiederholungen des Konzerts nicht mehr ertragen.

»Wir nehmen das Grammophon wieder mit«, meint sie.

»Ma'am, bitte, die Musik hilft Johnnie … hilft ihm, Fortschritte zu machen«, erklärt die Erzieherin.

»Lalla, stoppen Sie sofort dieses Grammophon!«

Lalla bittet Johnnie um Hilfe: »Komm, Johnnie, sag deiner Mutter bitte, dass du das Grammophon behalten möchtest.«

Aber Johnnie findet keine Worte.

»Ich bitte Sie, ich flehe Sie an, lassen Sie Johnnie die Musik!«

Da sagt Johnnie zaghaft: »Ich mag diese Musik ...«

Mary lässt ihm das Grammophon, verlangt aber: »Nächstes Mal will ich aber wirklich bessere Ergebnisse sehen! Für uns alle!«

Doch dann holt den kleinen John die Wut der Engländer auf die Deutschen ein, auf das Königshaus derer von Sachsen-Coburg und Gotha, die den englischen Thron besetzen. Auch auf deutsche Komponisten wie Ludwig van Beethoven, auf deutsche Dackel, deutsche Brezeln. Und der geistig wohl zurückgebliebene, aber keineswegs »lebensunfähige« Johnnie wird von seiner deutschen Königsfamilie in England »als deutscher Idiot« gebrandmarkt. Nur zum Erhalt der Macht! Um in England weiterhin das Königshaus zu besetzen. Ein Opfer, das gebracht wurde, um zu beweisen, dass man sich von allen deutschen Werten getrennt hat.

Am Samstag, den 18. Mai 1919 soll Prinz John angeblich im Schlaf gestorben sein. Oder doch an einem epileptischen Anfall? Oder wurde hier ein klein wenig nachgeholfen? Johnnie jedenfalls starb angeblich exakt an dem Tag, als auf Schloss Versailles die deutsch-französisch-britischen Verhandlungen aufgenommen wurden. Er starb um 5.30 Uhr morgens, als Lalla ihn wecken wollte.

Plötzlich erinnern sich seine Eltern wieder an ihn. Seine Mutter erfährt vom Tod ihres »Johnnie« per Telefon von Lalla. Sie fährt mit ihrem Mann König George zur Wood Farm und trifft dort auf eine in Tränen aufgelöste Lalla.

Ihren Mann aber interessiert dies nicht, er hat kein Interesse, seinem Sohn die letzte Ehre zu erweisen. Nur Mary betrachtet ihn noch einmal, ihren »Little Johnnie«, wie er friedlich daliegt.

Der Legende nach soll Prinz Johnnie »oft am Fenster seines Cottage gesessen sein und seinen Geschwistern, den Prinzen Edward, Albert, Henry und George sowie Prinzessin Mary, traurig beim Spielen im Park von Sandringham zugesehen haben«.

Unsinn! Prinz John wurde von seiner Familie »ausgesondert«. Sein ältester Bruder, der spätere König Edward VIII., bezeichnete den Gesundheitszustand seines Bruders John sogar »als Schande«.

Kurz: In britischen Lexika wird Prinz Johann alias John äußerst selten bis gar nicht erwähnt. Kitty Kelley gibt in ihrem dokumentarischen Sachbuch »Die Royals« zumindest einen kurzen Verweis auf seine Existenz.

Eine Nachfrage bei Harold Brooke-Baker, dem allmächtigen Chef der genealogischen Tafel »Burke's Peerage«, ergab anfangs nur eine Antwort: »We could find no listing in any records.«

Als weitere Familienmitglieder entdeckt wurden, die man in Irrenhäusern weggesperrt hatte, wurde künftig schlicht abgewiegelt: »Wir beziehen uns auf die Angaben, die wir vom königlichen Haus erhalten.«

Die Einzige, die bis ins hohe Alter an Johnnie dachte, war sein Kindermädchen Lalla Bill. Noch im Alter von 86 Jahren erinnert sie sich Anfang der 60er Jahre an ihren »Lost Prince« und seinen tragischen Lebensweg, von dem wir nicht genau wissen, wie er endete.

Der Wahn, »Wahnsinnige« auszusperren

Der royale Wahn, alle wegzusperren, die nicht ins Windsor-Muster passten, beschränkt sich nicht auf einen Einzelfall. König George V. zwang seinen stotternden und ständig die Treppen hinabfallenden Sohn Albert – den späteren Vater von Königin Elizabeth II. –, stundenlang grausame Stahlgerüste um die Beine zu tragen, auch nachts. Die Familie dachte ernsthaft darüber nach, auch ihn »aus dem Verkehr« zu ziehen.

Und Prinz Charles sollte ursprünglich einer »Schönheitsoperation« unterzogen werden, da er mit seinen allzu abstehenden Ohren, seinem hinkenden Gang und seinen zu kurz geratenen Fingern nicht ins »neue royale Bild« passte, sondern seine Erscheinung angeblich auf gewisse Krankheitsmuster innerhalb der Familie deutete. Er durfte, wie wir wissen, ganz er selbst bleiben.

Wurden früher unbotsame Kinder – oder Kinder mit hohen intellektuellen Fähigkeiten – kurzerhand ermordet, so erfreute sich das »Wegsperren« bei den Windsors ungebrochener Freude.

Ich will dies an weiteren Beispielen zeigen.

Nerissa Jane Irene Bowes-Lyon, eine Nichte von Queen Mum, wurde am 18. Februar 1919 geboren und starb offiziell mehrmals: Zuerst 1940, dann 1961 zusammen mit ihrer Schwester.

Wann starb sie wirklich? Nerissa war die Tochter von The Honourable John Herbert Bowes-Lyon, der am 1. April 1886 geboren und am 7. Februar 1930 auf Glamis Castle in Schottland gestorben ist. Er war der zweite Sohn des 14. Earl of Strathmore and Kinghorn und ein Bruder von

Elizabeth Bowes-Lyon, der späteren Königin, bis heute bekannt als Queen Mum.

John arbeitete als Aktienhändler in der City of London und heiratete am 29. September 1914 The Honourable Fenella Hepburn-Stuart-Forbes-Trefusis, die jüngste Tochter des 21. Baron Clinton: Keine edle, aber eine enorm reiche Dame. John Herbert war Soldat im Ersten Weltkrieg. Er schoss sich in den linken Zeigefinger, der amputiert wurde. Aus der Armee wurde er entlassen, weil er schon 1912 einen Nervenzusammenbruch bekam. Außerdem litt er zeit seines Lebens an Neuropathie, also an Fehlsteuerungen des vegetativen Nervensystems, was sich in Magen-, Darm-, Blasen-, Genital- und Schlafstörungen sowie einer Hypersensibilität bemerkbar macht. Zudem litt er – wie bis heute Prinz Charles – unter Asthma-Anfällen.

John Herbert wurde 1916 ins Kriegsministerium versetzt. Der Parade zum Waffenstillstand konnte er jedoch nicht folgen wegen eines »Zusammenbruchs«.

Fenella und John Herbert hatten fünf Kinder:

1. Patricia Bowes-Lyon, 6. Juli 1916–18. Juni 1917, sie starb noch als Säugling.
2. Anne Ferelith Fenella Bowes-Lyon, 4. Dezember 1917–26. September 1980. Sie starb in Wahrheit wohl erst 1996. Was kein Druckfehler im ansonsten sehr zuverlässigen Nachschlagewerk »Burke's Peerage« sein dürfte. Vielmehr ist uns bekannt, dass die Herausgeber dieses Nachschlagewerks auf Gedeih und Verderb den Angaben des Königshauses ausgeliefert sind.
3. Nerissa Jane Irene Bowes-Lyon, 18. Februar 1919–1986. Sie galt bereits im Kindesalter als »zurückgeblieben«. Und wurde prompt vom britischen Königshaus weggesperrt.

4. Diana Cinderella Mildred Bowes-Lyon, 14. Dezember 1923–1986. Sie heiratet erst 1960 den Industriellen Sir Arnold Somervell.
5. Katherine Bowes-Lyon, geboren am 4. Juli 1926, wann und ob sie gestorben ist, wissen nur die Windsors. Auch sie war bereits als Kind »zurückgeblieben« und wurde prompt weggesperrt.

John Herbert Bowes-Lyon war übrigens jahrelang der Schirmherr von Mencap, der royalen Gesellschaft für mental behinderte Kinder und Erwachsene. John Herbert starb 1930 friedlich auf seinem Familiensitz Glamis Castle in Schottland. Dem Schloss, so die Sage, in dem es mehr als nur einen Royal gegeben haben muss, der dort auf Nimmerwiedersehen von der Öffentlichkeit weggesperrt wurde.

John Herberts Töchter Nerissa und Katherine wiesen beide von Geburt an die typischen Merkmale von geistiger Behinderung auf, was bei der Einstellung der königlichen Familie wohl dazu führte, dass sie aus dem öffentlichen Verkehr gezogen werden mussten.

Und da kannte die englische Königsfamilie keine Gnade, auch Queen Mum nicht: Drei Töchter von ihren Schwestern wurden ebenfalls in Heime verbannt: Idonea, Etheldreda und Rosemary Fane.

Nerissa Bowes-Lyon wurde bereits im Alter von vier Jahren von allen Familienmitgliedern abgesondert und vegetierte im schottischen Schloss Glamis vor sich hin.

Als sie 22 Jahre und Katherine 15 Jahre alt waren, wurde von den Hausärzten festgestellt: Sie waren auf dem Stand von Sechsjährigen zurückgeblieben. Was anderen Königen nicht zum Nachteil geriet!

Beide wurden heimlich in die Heilanstalt für geistig Behinderte ins Royal Earlswood Hospital nach Redhill in Surrey gebracht. In Zimmern allerdings, die so gestaltet waren, dass sie sich wie in ihrem Kinderzimmer auf Glamis Castle heimisch fühlten. Natürlich auf Kosten des britischen Steuerzahlers, der bis heute davon wohl immer noch nichts wissen darf. Die meisten Bücher, die sich kritisch mit der royalen Familie auseinandersetzen, werden im Königreich nicht ausgeliefert und sind verboten!

Als einst Diana Cinderella Mildred Bowes-Lyon, verheiratete Mrs. Somervell, die beiden besuchte, fand sie es »ein Paradies«. Kein Wunder. Diana Cinderella war eine Brautführerin bei der Hochzeit von Königin Elizabeth II. Tatsächlich muss es für die beiden Schwestern Nerissa und Katherine furchtbar gewesen sein. Sie durften nichts von der Welt wissen, wurden als »Schande« der Familie weggesperrt. Ob sie wirklich debil waren? Wer kann dies sagen? Die Archive dazu sind verschlossen; sie liegen tief vergraben in den atomsicheren Bunkern unter Schloss Windsor.

Um sie ein für alle Mal aus den offiziellen Dokumenten verschwinden zu lassen, wurde Nerissa Bowes-Lyon bereits 1940 als »verstorben« vom Königshaus gemeldet. Doch hier lügt das britische Königshaus, dass sich die morschen Balken biegen. Tatsächlich starb Nerissa erst 1986 und wurde auf dem Friedhof von Redhill unwürdig bestattet. Auf ihrem Grab stand lediglich ein Plastikmerker mit einer Seriennummer und ihrem Namen. Erst zehn Jahre später wurde auf das Grab eine anständige Tafel aus Stein errichtet.

Nicht anders erging es Nerissas Schwester Katherine Bowes-Lyon. Sie wurde 1961 von der Familie offiziell für tot erklärt – wieder eine Lüge. Die Wahrheit kam erst ans Licht, als das Royal Earlswood Hospital in Surrey im Jahre 1986 geschlossen wurde. Da entdeckte man, dass nicht nur Nerissa und Katherine hier untergebracht worden waren, sondern auch deren Cousinen Idonea, Etheldreda und Rosemary.

Schnell fand man ein neues Heim für die Damen, sie wurden zusammen ins Ketwin House verfrachtet, das im Jahr 2001 in die Schlagzeilen geriet. Männliche Pfleger sollen sich an Patientinnen vergangen haben, auch irrten Insassen hilflos auf den Straßen von Surrey herum, bevor die Polizei sie wieder ins Heim zurückbrachte.

Ein weiterer, bis heute vertuschter Skandal ist, dass die immens reichen Windsors jahrzehntelang nicht einen Penny für ihre hilfsbedürftigen Familienmitglieder ausgaben. Im Gegenteil: Sie ließen den Staat für die Kosten aufkommen. 770 Pfund zahlte die Nationale Krankenkasse pro Jahr für die Patientinnen – nicht ein Cent kam von den Windsors!

Als Ketwin House im Jahr 2002 geschlossen wurde, wurden auch Idonea und Katherine nach 60 Jahren gemeinsamer Zeit in Anstalten getrennt! Idonea Fane, bekannt als »Baby«, wurde in ein Heim in der Nähe von Charlwood in Surrey gebracht, Katherine, die im Heim »Lady« genannt wurde, wurde in eine andere Anstalt, ebenfalls in Surrey, gesteckt.

»Katherine und Idonea leben noch«, schreibt 2002 der britische Reporter Neil MacKay, der auch mit dem Personal der Heime gesprochen hat und weiß, wie es Katherine geht.

»Sie ist eine liebenswerte Person. Sie mag Fernsehen, besonders königliche Hochzeiten. Als Charles und Diana heirateten, hat sie die ganze Zeit gelacht«, erinnert sich eine Pflegerin.

Ein Angestellter des Oakland NHS Trust, der für die Heime in Surrey zuständig ist, versicherte noch 2002 Neil MacKay: »Katherine lebt noch. Aber ich glaube, dass sie

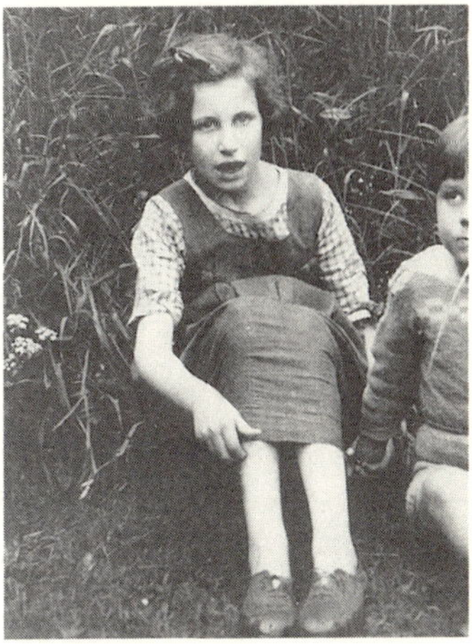

Weggesperrt: Katherine und Nerissa Bowes-Lyon sind Cousinen von Elizabeth II. Doch wer hat je von ihnen gehört?

nicht weiß, wer eigentlich Queen Mum war. Sie ist heute alt und gebrechlich.«

Als wäre dies nicht Schande genug für die Windsors – sie streiten wieder einmal alles ab. Konfrontiert mit den Vorwürfen, sagt ein Sprecher der Familie Bowes-Lyon: »Also bei mir klingelt bei dem Namen Katherine nichts. Wir können da auch kein Licht in die Geschichte bringen, wo sie jetzt ist.« Auch die Sprecherin des Buckingham-Palastes »weiß nichts von dieser älteren Dame«. Besser: die Sprecherin darf nichts wissen.

Queen Mum, Katherines Tante, wurde neben ihrem Mann George VI. in Windsor bestattet. Wenn Katherine stirbt, wird sie neben ihrer Schwester Nerissa auf dem Friedhof von Redhill beerdigt.

Ein weiteres Armutszeugnis in der jüngeren Geschichte der Windsors!

Die Windsors – nichts für schwache Gemüter

Manchmal scheint es, als agierte das britische Königshaus völlig abgehoben von der realen Welt in einem Nirwana jenseits von Rechtsempfinden und Moral. Als wäre der Stoff, aus dem es sich rekrutiert, einem Drehbuch entnommen: Bordellkönige und teure Huren, Frauen, die eher Männer, Männer, die eher Frauen waren, lieblose Mütter, zerstrittene Ehepartner, absurde Bräuche und höfischer Klatsch! Aber was soll's! Das alles ist garniert mit sagenhaftem Reichtum und einem unerschütterlichen Glauben an die Tradition, dem wir uns nur zu gern anschließen.

Auch wenn wir heute auf einen griechisch-deutschen Thronfolger blicken, der einer Weinhändler-Tochter verfallen ist. Der geschieden ist von einer Frau, deren Tod ihm, wie bitterböse Zungen behaupten, nicht gerade unwillkommen war. Gesegnet mit zwei Söhnen, von denen der eine mehr Ähnlichkeit mit dem Geliebten seiner Exfrau hat als mit ihm. Einem Sohn, der gern mal etwas tiefer ins Glas sieht und ein rechter Heißsporn ist.

Wir lieben sie, die Royal Family derer von Windsor, deren Geiz angeblich keine Grenzen kennt.

Selbst Krawatten, Schuhe und Unterhosen für Auslandsbesuche lassen sie sich vom Steuerzahler erstatten, die Suiten und Bodyguards für »Geliebte« sowieso, sagten Stimmen, die es wissen müssten.

»Alle Windsors sind schreckliche Geizkragen«, bestätigt der zynische, aber wohl informierte Reporter John Barrat der amerikanischen Windsor-Biografin Kitty Kelley. »Alle miteinander – von der Queen abwärts, aber gegen sie kommt die ganze Knauserbande nicht an.«

Auch der ehemalige Butler von Prinz Charles, Stephen P. Barry, plaudert aus: »Sie kennen nur einen Satz: Wir können uns das nicht leisten.«

Und kommt sofort auf die Eigentümlichkeit der familieneigenen Bettlaken zu sprechen: Alles wird gewendet, genäht, nochmals auf Brauchbarkeit geprüft. Da das Waschen in den eigenen Waschmaschinen Charles & Co. zu teuer und nebenbei auch zu ökologisch anrüchig erschien, wurde die Bettwäsche in die Sycamore-Wäscherei in Clapham gebracht, wo man Billigkräfte beschäftigt.

Die Bettwäsche stammt aus den Zeiten von Queen Victoria oder der Ausstattung der jeweils angeheirateten Damen – weggeschmissen wird nichts! Nicht einmal die alten, abgetragenen Anzüge ihres Vaters George VI. hat die Queen bis heute entsorgen lassen oder an ein Museum weitergegeben. Sie ruhen mit Mottenkugeln bewehrt in riesigen Kisten im Buckingham-Palast.

Auch in Sachen Elektrizität wird gespart, was die Angestellten bisweilen am eigenen Leibe spüren. Die Queen kam einmal von einem Spaziergang mit ihren Corgis nach Schloss Balmoral zurück – und drehte eigenhändig den Butlern den Strom ab: It's enough!

Als die Königin älter wurde und die 40-Watt-Glühbirne in ihrer Nachttischlampe im Buckingham-Palast nicht mehr ausreichte, schrieb sie eine Aktennotiz an ihren Finanzchef.

Er möge doch die 40-Watt-Birne gegen eine 60-Watt-Glühbirne ersetzen – »aber erst, wenn sie kaputt ist«.

Auf den königlichen Schlössern heißt es: Wem es zu kalt ist, der möge einen Pullover anziehen. Und das gilt nicht nur für Balmoral und Sandringham, sondern auch in den vom Steuerzahler finanzierten Buckingham-Palast und in Schloss Windsor, die immerhin über eine Zentralheizung in den wichtigsten Zimmern verfügen. Allen, die je nach Balmoral eingeladen werden, kann ich nur raten: Nehmen Sie unbedingt wärmende Unterwäsche mit, dazu dicke Pullover und ein Paar regenfeste Wanderstiefel. Dazu natürlich eigenes Shampoo, denn das dort im garantiert eiskalten Badezimmer angebotene ist furchtbar billig. Und wenn Sie noch Platz im Gepäck haben: eine Heizdecke. Oder wenigstens eine Wärmflasche. Kleine rote gibt's zur Not auch in der Ortschaft Ballater. Ob Sie allerdings wirklich heißes, nicht nur lauwarmes Wasser bekommen – na, das müssen Sie schon selbst erfahren!

Die Gästezimmer auf Schloss Balmoral liegen übrigens recht versteckt und sind nur über dunkle, labyrinthartige Treppen zu erreichen. Die Zimmer selbst beschränken sich auf ein – garantiert klammes – Himmelbett mit durchgelegener Matratze und wenig aufregenden Ölgemälden an den Wänden. Und das Badezimmer hat keineswegs goldene Hähne, sondern beschränkt sich auf eine Duschkabine, die man nachträglich hat einbauen lassen.

Dafür wird die Spülung der Klosettschüssel mit einer leicht angerauten Kette bedient. Was nicht unbedingt einlädt, hier »größere Geschäfte« zu erledigen. Zumal das Klopapier eine harte Sache für verwöhnte Festland-Europäer ist. Früher wurden hier die Ecken ausgeschnittener Zeitungsartikel mit einem Dorn versehen und als Klopapier bereitgelegt. Natürlich nur Artikel, die sich nicht lobend mit dem britischen Königshaus beschäftigten.

Jahrelang sorgte das geliebte Klopapier von »Queen Mum« für Aufregung, wenn sich die Königinmutter bei irgendeiner betagten Freundin für ein verlängertes Wochenende selbst einlud. Der britische Anwalt Michael Pratt verriet der US-Biografin Kitty Kelley, was im Vorwege von den Hofdamen von »Queen Mum« per Wunschliste durchgegeben wurde: »Gin und Tonic im Schlafzimmer, keine lärmenden Kinder und Bronco-Papier für das Badezimmer.«

Was aber hat es mit diesem Bronco-Papier auf sich? Es ist »ein schweres, raues Papier, das sich hervorragend eignet, um Motoröl von Linoleumböden zu entfernen«, zitiert Kitty Kelley einen Freund von Mister Pratt. Scheinbar wurde es länger schon nicht mehr verkauft, aber das war kein Problem für eine Windsor. Wenn ein Klopapier nicht mehr in Geschäften zu bekommen ist, dann wird es einfach nachgemacht. Man schüttet einfach Tee über ein weißes, möglichst hartes Papier. Kitty Kelley schreibt dazu: »Die meisten Menschen wünschen sich nur das weichste Toilettenpapier für ihren Hintern, aber dieses alte Schlachtross besteht auf schwerem Sandpapier aus dem Zweiten Weltkrieg.«

Auch bei Benzin haben die Windsors ihre eigenen Regeln: Alle Fahrer wissen das und tanken in Aberdeen die Wagen voll, wo die britische Königsflotte meist landet und es ausreichend Benzin gibt! Sonst werden sie dafür verantwortlich gemacht, zu viel davon zu verbrauchen. Angeblich hat man nachts schon heimlich die königlichen Chauffeure zu Tankstellen fahren sehen, um aufzutanken.

Ja, selbst im Angesicht Gottes wird gespart. Jahrelang ließ sich Prinz Charles jeden Samstagabend eine 1-Pfund-Note auf den Nachttisch legen – seine Spende am nächsten Tag beim Gottesdienst. Als dies selbst seinem Vater zu peinlich wurde, forderte man einen Diener (es ist der später von Charles mit Hass verfolgte Stephen Barry) auf, ihm ab sofort eine Fünf-Pfund-Note parat zu legen.

»Was ist denn das?«, fragte Prinz Charles völlig überrascht vor dem Kirchgang einen Diener.

»Eine Fünf-Pfund-Note, Sir«.

Es war wohl die erste Fünf-Pfund-Note, die Prinz Charles je in seinem Leben gesehen hat!

Wäscheklammern als Geschenk

Der kühne Insider John Barrat erzählte Windsor-Biografin Kitty Kelley auch, weshalb er wohl nie mehr von den Royals eingeladen wird: »Sie machen mickrige Geschenke, und das auch nur zu Weihnachten. Einmal hat die Königin ihrer Waschfrau einen Sack Wäscheklammern zukommen lassen. Ihrer Näherin schenkte sie einen Hufeisenmagneten, damit sie die während der Anproben zu Boden gefallenen Stecknadeln auflesen konnte.«

Überhaupt verschenkt die Queen gern Praktisches: Heizgeräte, Badematten, Gartenschaufeln oder Reitsporen, die zuhauf in ihren Stallungen herumliegen. Zu Weihnachten lässt sich die Queen gern von einem Chor aus dem Ort Windsor vorsingen. Dafür gibt's zum Dank ein trockenes Stück Kuchen, das in einer ungeheizten Stube gereicht wird, nicht etwa in einem mollig warmen Raum mit festlicher Weihnachtsbeleuchtung.

Gern lässt die Queen auch die Öffentlichkeit wissen, wenn sie sich wieder mal ein altes Kleid hat umarbeiten lassen oder ausrangierte Stücke an ihre Hofdamen zum gefälligen Tragen weiterreichte. Was so nicht stimmen kann, denn die Windsors werfen nichts weg und geben nichts weiter. Irgendwann könnten ja mal wieder die Hosen von Edward VIII. modern werden.

Der royale Geiz hat, wie alles im Hause Windsor, Tradition. So schreibt Königin Victoria am 27. August 1854 an Prinzessin Augusta von Preußen über den »schönen, aber preiswerten« Geburtstag für ihren Mann: »Die Kinder haben gezeichnet, rezitiert und Klavier und Violine gespielt.«

Auch unnötige Spesen moniert Königin Victoria sofort – wie ein Brief an Augusta vom 19. Februar 1879 zeigt: »Wir finden es sehr unnötig (die Kronjuwelen für die Hochzeit von Louise) hierherzuschicken, wenn der (deutsche) Kaiser nicht selbst einen Gesandten zu schicken wünscht.«

Gegen Geschenke aber hat »Europas Patriarchin« nichts einzuwenden: So dankt sie am 21. Juli 1887 von Osborne House aus Graf Rosebery: »Gestern Nachmittag wurde ich durch Ihr freundliches und kostbares Geschenk auf das Angenehmste überrascht. Es ist die schöne Miniatur in ihrem altmodischen Rahmen, die Sie mir einmal zum Ansehen geschickt haben und die mir sehr wert sein soll, wenn mir auch leider meine große Vorgängerin nicht sehr sympathisch ist, da ich ja von ihrer königlichen Nebenbuhlerin stamme, die sie so grausam hingerichtet hat.«

Königin Victoria stammt väterlicherseits über den schottischen James I. (1566–1625) von Maria Stuart (1542–1587) ab, die auf Geheiß von Königin Elizabeth I. am 8. Februar 1587 hingerichtet worden war. Die Miniatur behielt Victoria gleichwohl …

Der erste wirkliche »Controller« der königlichen Finanzen war – wie wir wissen – der Mann von Queen Victoria, der sture, bürokratische Albert von Sachsen-Coburg und Gotha. Er teilte nicht nur seinen eigenen Tag von morgens bis abends ein, nein, er überwachte dank doppelter Buchführung auch die gesamten Ein- und Ausgaben des Königshauses. Wobei er sich nicht schämte, das »Fett« an gelieferten Fleischstücken vom Preis abzuziehen.

Geiz ist für die Windsors keine Plage, sondern ein Genuss. Was wohl wiederum nur die wahnhaft Geizigen wirklich verstehen können.

Jahrelang verwöhnte der Schah von Persien die Queen jeden Dezember mit einem regelrechten Container voll Kaviar, den die Queen in den Winterferien auf Sandringham servieren ließ: traditionsgemäß in kleinen Silberschälchen mit Toast, Zwiebeln, hartgekochten Eierstückchen und Zitrone. Seit die Mullahs die Macht im Iran übernommen haben, gibt's keinen Kaviar mehr. Denn die Tradition auf eigene Kosten weiterzuführen wäre viel zu teuer für den englischen Palasthaushalt. Für sich selbst aber macht die Queen eine Ausnahme: Sie lässt schon mal Kaviar kaufen.

Charles' Ex-Butler Stephen P. Barry gibt über weitere »Sparmaßnahmen« detailliert Auskunft und formuliert: Um Geld zu sparen, werden immer wieder Armee-Einheiten nach Balmoral gesandt, für so genannte »Übungen«. Diese bestehen ausschließlich darin, mal hier, mal dort ein Haus zu restaurieren, Bäume zu fällen oder Charles beim Angeln zu »helfen«.

Ob Charles ein guter Angler, gar ein guter Fliegenfischer ist – darüber schweigen die britischen Medien. Er lässt sich jedenfalls so fotografieren und von seinem Chauffeur im grünen Range Rover an den River Dee fahren. Dort werden ihm vorgewärmte Oberschenkel-Gamaschen gereicht, die er sich überziehen lässt. Sodann wandert er, wie ihm von schottischen Top-Fischern beigebracht wurde, durch den tiefen, kühlen River Dee.

Wobei – aber das vermuten nur bösartige Zyniker – die Fische einige hundert Meter vor ihm von freundlichen »Helfern« durch Netze aufgehalten werden – um dann wie wild dem Thronfolger an die Angel zu gehen.

»Stundenlang stand er in diesen blöden Stiefeln im Wasser und angelte«, empörte sich einst seine frisch angetraute Frau Diana.

Eigentlich ist Charles ja Ökologe und lehnt das Fischen mit Netzen ab, aber wenigstens die Köder sind selbst gezogen – und Charles steigt stets als erfolgreicher Angler aus seinen Schaftstiefeln!

Natürlich wandern alle gefangenen Fische von Charles und seinen Angelfreunden in die königlichen Gefriertruhen von Schloss Balmoral – ebenso die Hirsche, Rebhühner, Rehe oder auf was man sonst gern ballert. Wobei auch hier Freunde der Ansicht sind: Viel hat sich seit seinem Großvater George VII. nicht geändert: »Auch da musste man das Wild weit ins Visier des Königs treiben, bis er es wirklich traf!«

Übrigens sind alle Schwäne in Großbritannien per Gesetz Eigentum des jeweils regierenden Monarchen. Das ist seit den Zeiten von Elizabeth I. Tradition, denn sie aß für ihr Leben gerne Schwanenfleisch.

Ich habe selbst einmal erlebt, wie eines Morgens an der Themse zwischen Windsor und Eton mehrere Herren in froschgrünen Uniformen auftauchten. Das Ziel ihrer Mission: Sie wollten die Schwäne zählen, die gemütlich in den Morgen hineindösten. Als ich einen der Herren befragte, wurde mir kundgetan: »Wir zählen die Untertanen Ihrer Majestät.« Was manche Schwäne nicht recht verstanden und sich der royalen Zählung entziehen wollten, indem sie einfach fortschwammen.

Alles frisch aus den royalen Gärten auf den Tisch

Findet der Gemahl der Königin zufällig auf seinen Touren mit seinem geliebten, von zwei Pferden gezogenen Kutschenwagen eine Artischocke, so bringt er diese nach Hause, um dem Küchenchef die Anweisung zu geben, dass sich daraus doch sicherlich eine leckere Suppe für ihn und seine Frau bereiten ließe.

Die Christbäume für Windsor und Sandringham werden aus den eigenen »Weihnachts-Wäldchen« geschlagen. Auch die Milch und die sehr dicke Sahne kommen aus der eigenen Fabrikation von Windsor. Was ja auch das gute Recht der königlichen Familie ist – wobei man vielleicht erwähnen sollte, dass die Sahne selbst nach Schottland geflogen wird, wenn sich die königliche Familie dort aufhält.

Natürlich hat Prinz Charles in vielen Dingen seinen eigenen Geschmack. Wo immer er sich im Ausland aufhält, hat er Schokolade der Marke »Bath Olivers« im königlichen Gepäck. Dabei hasst er jede Form von Schokolade, wenn diese als Pudding serviert wird. Ausnahmen bilden wiederum Mousse au Chocolat, Schokoladenkuchen oder Schokoladensauce. Diese Köstlichkeiten lässt er sich gern und oft servieren. Vielleicht als Ausgleich?

»Mein Magen ist aus Eisen«, sagte er einmal gelassen, als ihm bei einem Staatsbesuch in Hongkong köstliches Schlangenfleisch serviert wurde. »Das sind alles Dinge, die ich für England mache!«

Damit frisches Obst auch ja nicht zu teuer kommt, haben die Royals eigene Regeln: Frisch geschnittenes Obst wird ausschließlich auf Windsor serviert, nicht im Buckingham-Palast – dort nur zum Frühstück. Und Bananen gibt's überhaupt nicht im königlichen Haushalt. Sie gelten als zu teuer und sorgen nebenbei für Verstopfung, leiden britische Monarchen doch schon seit Jahrhunderten neben anderen Gebrechen an Verdauungsstörungen.

Nur wenn es wirklich an etwas fehlt, wird auf dem Markt eingekauft oder das Kaufhaus »Harrod's« angerufen, das sofort mit einem Lieferwagen alles in den Buckingham-Palast, nach Schloss Windsor oder nach Sandringham fahren beziehungsweise nach Schottland fliegen lässt.

Etwas seltsam, aber durchaus praktisch ist das Verhalten der Queen, wenn es um unvorhergesehene Todesfälle von Tieren geht. Als einer ihrer geliebten Corgis mal wieder ein Kaninchen zu Tode biss, übergab die Königin das noch blutende Tier ihrem Küchenchef mit der Bemerkung: »Das können wir essen.«

Und keine Frage: Es kommt auf den Tisch!

Und wenn schon mal im Familienkreis eine Flasche Wein auf den Tisch kommt, dann hat diese gefälligst für acht Personen zu reichen. Dies galt nicht, wenn einst Queen Mum oder Prinzessin Margaret dabei waren. Allerdings versorgten sich die Damen mit »eigenem Stoff« und übersahen die bitteren Mienen von Queen Elizabeth und Prinz Philip geflissentlich.

Dass Prinzessin Margaret sich gern kistenweise die besten Tropfen aus Frankreich schicken ließ – ohne je dafür zu zahlen –, war ein offenes Geheimnis, das aber nie ernsthaft diskutiert wurde. Wie so vieles andere auch nicht. Beispielsweise die Tatsache, dass Angestellte des Hofstaates kaum etwas von den edlen Gesöffen bekamen. Was die pfiffigsten unter ihnen aber nicht störte: Sie tranken wunderbare Weine – meist Geschenke von ausländischen Herrschern – und füllten die Flaschen anschließend mit Sirup auf. Was niemandem aufzufallen schien, bis einer plauderte und prompt entlassen wurde.

So recht in Spendierlaune, was alkoholhaltige Präsente angeht, ist die Queen nur zu Weihnachten. Da bekommen ihre Angestellten – nachdem sie brav ihre Weihnachtslieder gesungen haben – hinterher ein Glas Punsch und einen Topf mit selbst gezogenen Chrysanthemen.

Gespart wird immer beim Personal

Natürlich wird im Zeitalter des Neoliberalismus beim royalen Personal grundsätzlich gespart. So gibt es ein Rundschreiben, das alle darauf hinweist, gefälligst Wasser zu sparen. Woraufhin auf den Toiletten im Buckingham-Palast für die Bediensteten prompt Schilder aufgehängt wurden: »Nach dem Pinkeln nicht die Spülung ziehen!«

Was für gewisse, nicht gerade royale Duftmarken in dem weitläufigen Palast sorgte.

Das Geschenk der Königin zu feierlichen Anlässen ist ein Foto von sich oder eines zusammen mit dem Herzog von Edinburgh im Silberrahmen mit dem königlichen Wappen.

Prinzessin Margaret ließ sich ähnlich fantasielose Geschenke einfallen: Einer Hofdame überreichte sie einmal eine Klobürste, »weil das arme Ding« bei einem Besuch von ihr keine auf dem WC hatte.

William C. Brewer, Ex-Geschäftsführer der Kosmetikfirma Crabtree & Evelyn, berichtete über Prinzessin Margaret: »Einmal bekam Prinzessin Margaret von uns zu Weihnachten einen Geschenkkorb mit allen nur erdenklichen Luxus-Schaumbädern, Parfums, Ölen und Lotionen. Er war so riesig, dass er von zwei unserer Leute getragen werden musste.«

Was dann geschah, hatte sich der brave Brewer in seinen kühnsten Träumen nicht vorstellen können: »Am ersten offenen Tag nach Weihnachten kamen die Prinzessin und ihre Hofdame mit dem Mammutgeschenk in unser Geschäft in Kensington. Sie wollte das Geschenk zurückbringen und weigerte sich, einen Gutschein anzunehmen. »Ich will Bargeld«, sagte sie. Was konnten wir tun? Obwohl es gegen unsere Geschäftsgepflogenheiten war, haben wir ihr den Gegenwert ausgezahlt, weil sie eben Prinzessin Margaret ist. Als die Hofdame das Geld entgegengenommen hatte, machten die beiden Damen sofort auf dem Absatz kehrt und verließen das Geschäft.«

Überhaupt verstand Prinzessin Margaret, sich »teuer« zu verkaufen: Reiche Freunde wie der Aga Khan oder Diktatoren-Frau Imelda Marcos stellten ihr Villen und Jachten zur Verfügung, Harold Acton seinen Prachtsitz »La Pietra« in Florenz oder Gore Vidal, der Schriftsteller und Stiefbruder von Jacqueline Kennedy-Onassis, seine Traumvilla in Ravello. Dass Flugzeuge, Hotels, Limousinen, Friseure nicht von ihr, sondern vom »Gastgeber« bezahlt wurden, war für sie zeitlebens eine Selbstverständlichkeit.

Gerne »vermietete« sie auch ihre Präsenz – ab 80 000 Dollar durften Veranstalter von Wohltätigkeitsbällen mit ihrem Erscheinen rechnen. Das allerdings nicht allzu lang dauerte, da sie kaum aß, sondern hauptsächlich den extra für sie bereitstehenden »Famous Grouse Scotch«-Whisky trank und filterlose Zigaretten mit abgenagtem Silber-Mundstück rauchte.

Der Geiz scheint den Windsors in den Genen zu liegen. So ist allgemein bekannt, dass Prinz Charles geradezu knauserig ist. Weltweit ist kein Mensch bekannt, dem Charles jemals ein Trinkgeld zugesteckt hätte. Im Gegenteil: Die »Firma Windsor« erwartet, dass alles für sie bezahlt wird und dass bitte nichts von ihren prallen Konten abgebucht wird, sondern nur von denen der Gastgeber.

Wie seine Mutter jammert Charles ständig über die Preise, verriet sein ehemaliger Kammerdiener Stephen P. Barry. Fährt er mal mit dem Auto die kurvenreiche, rund dreistündige Strecke von Edinburgh nach Balmoral – dann kann er sich über die »überteuerten« Preise erregen, die auf den Schiefertafeln der kleinen Händler entlang des Weges verzeichnet sind.

Brathähnchen für »drei Pfund« das Stück! Seither ist er angeblich Vegetarier. Aus Geiz? Als Student ließ er sich zum Frühstück jedenfalls noch fette Würste mit grünen Bohnen servieren.

Darüber hinaus zählt Charles seither in seinen Palästen immer die Hähnchen im Tiefkühler und beharrt darauf, dass die Reste einer Mahlzeit »Abend für Abend« aufgewärmt und serviert werden, bis selbst für eine zusammengekochte Suppe nichts mehr übrig bleibt.

Jeder Ausdruck von Verschwendung ist ihm ein Dorn im

königlichen Auge. So drückt er die Zahnpasta mit einem silbernen Büchsendreher so lange aus der Tube, bis auch der allerletzte Rest verbraucht ist. Zudem besteht er darauf, dass alle Tuben ordnungsgemäß in die königliche Tonne für »Recycelbares« gelegt, nicht geworfen werden – sehr löblich.

Andererseits ließ Thronfolger Charles jahrelang seine Geliebte Camilla von Bodyguards bewachen, zahlte ihre Reisen und versorgte ihren Ehemann mit gut dotierter Arbeit. Um ihn von seiner Ehefrau, seiner Geliebten, fernzuhalten.

Andere Mitglieder der königlichen Familie haben auch eine enge Beziehung zu Geld. Prinzessin Michaela of Kent zum Beispiel trat erst dann bei einem Cocktailempfang der Schallplattenfirma Thron EMI auf, als diese ihr zehn Farbfernseher geschickt hatte – als Geschenk an ihr Personal. Und als sie beim Juwelier Mozafarian am Beauchamp Place einen hübschen Elfenbeinbären sah, ließ sie ihn sich einpacken – ohne jemals die 3000 Pfund dafür zu bezahlen. Dafür bekam der Juwelier von ihrem Privatsekretär ein Dankesschreiben.

Überhaupt, ans Personal denken die Royals besonders gern und großherzig: mal gibt's einen CD-Spieler für einen Bodyguard, für den Chauffeur zwei Hemden oder eine Krawatte.

Sie sind schon unglaubliche »Pfennigfuchser«, die höchsten Damen und Herren der »Firma Windsor«. Wo immer sie die Chance wittern, auch nur einen Cent ihres Privatvermögens einsparen zu können – sie nutzen sie. So wurde immerhin im Mai 1978 eine Näherin angestellt. Und was hatte diese zu tun? Sie musste die Wald-und-Wiesen-Socken von Prinz Philip stopfen, die abgewetzten Stellen an Anzügen und Hemdkragen erneuern und die besagte royale Bettwäsche ausbessern.

Was möglicherweise nicht in der Stellenbeschreibung jener Dame stand: Auch die höchst königlichen Körbchentücher und die bequemen Sitzkissen für die Corgis gehörten zum Aufgabenbereich der Näherin und mussten von ihr gewaschen und ausgebessert werden.

Der ewig währende royale Skianzug

Seit Ende der achtziger Jahre macht Prinz Charles jedes Jahr Winterferien in Klosters in der Schweiz. Er fährt nicht schlecht Ski, zwar nicht so gut wie Fergie, aber immerhin, er wedelt.

Und fast zwei Jahrzehnte lang trug der britische Thronfolger denselben mausgrauen Skioverall. Die englische Presse machte sich bereits darüber lustig.

»Ein Modeverbrechen«, titelte der »Mirror« über den langweiligsten Skioverall, das trübseligste Stück Wintersportmode, das je auf verschneiten Schweizer Hängen getragen wurde.

Einen Versuch, den Prinzen overallmäßig etwas aufzupeppen, hatte 1991 die Schweizer BLICK-Kolumnistin Elisabeth Sutter unternommen. Sie überreichte dem Prinzen einen mit hübscher Schleife zum Geschenk verschnürten, etwas bunteren, modernen Skianzug. Diesen nahm Charles auch höflich lächelnd entgegen – um im nächsten Jahr erneut in seinem langweiligen grauen Unding auf der weißen Piste zu erscheinen.

Erst der Hinweis, dass seine Wintersportbekleidung mitt-

Mausgrauer Overall: Jahrelang trug Prinz Charles in Klosters diesen Skianzug. Bis sich eine Zeitung erbarmte und ihm ein neues Modell schenkte.

lerweile genauso alt sei wie sein Sohn Prinz William, scheint Charles überzeugt zu haben. Er ließ sich einen neuen Skianzug schenken: In einem tristen Blau, Marke Gähn & Geiz.

Charles und Camilla regen sich über Rechnungen von Wäschereien auf, Prinz Andrew über »Green Fees«, allgemein als teuer bekannte Spielgebühren auf Golfplätzen. Und Queen Mum hat nie auch nur eine einzige Rechnung bei ihrem Londoner Edelschneider Norman Hartnell bezahlt. Als Hartnell starb, war keiner seiner Kollegen bereit, diese Aufgabe zu übernehmen.

Und Königin Elizabeth II.?

Ein älterer Herr: »Die Queen zahlt auf der Stelle. Wir hatten aber nicht das Herz, ihr mitzuteilen, dass seit 1947 die Preise gestiegen sind.«

Für Prinz Andrew und Sarah Ferguson ließ der Hof allerdings eine aufreizend schreckliche Ranch à la »Dallas« bauen. Für fünf Millionen Pfund in der schönsten Ecke von Windsor Great Park. Was den Steuerzahler bis heute rund eine Million Pfund kostete. An Unterhalt!

Prinzessin Margaret – das Glamour-Girl

Sie war die schönste, die schillerndste Prinzessin Englands. Sie liebte bizarre, meist bisexuelle Männer; sie trank, rauchte und soll selbst vor Kokain nicht zurückgeschreckt sein; sie war geizig, arrogant, mit ihrem Oberschichtakzent spießte sie alle auf.

Geboren wurde Margaret Rose an einem nebligen 21. August 1930 in Glamis, dem stets feuchten Giganten-Schloss von Queen Mum in Schottland. Margaret war die zweite Tochter des damaligen Herzogs Albert von York (dem späteren König George VI.) und seiner Frau, Lady Elizabeth Bowes-Lyon, der späteren Queen Mum. Sie stirbt am 9. Februar 2002 noch vor ihrer Mutter und ihrer älteren Schwester Elizabeth.

Schwester Elizabeth wird zur Thronfolgerin erzogen

Margaret steht stets in ihrem Schatten: Heerscharen von livrierten Butlern, Lakaien und Chauffeuren mussten sich vor der jungen Elizabeth verneigen, Kindermädchen gingen in untertänigen Hofknicksen zu Boden. Und zackig nahmen Soldaten im Buckingham-Palast, auf den Schlössern Windsor, Sandringham, Balmoral und Birkhall Haltung an, wenn Elizabeth auftauchte – bei Margaret verzog keine und keiner auch nur eine Miene.

Nein. Leicht hatte es Margaret mit ihrer Schwester nie. Als Elizabeth Führerin einer Pfadfinderinnengruppe wurde, herrschte sie Margaret an: »Hier bin ich nicht deine Schwester, hier dulde ich nichts.« – »Ich wurde als Margaret von York geboren, heute bin ich ein Nichts«, sagte die Schwester der späteren Königin Elizabeth II., »ich werde auf Windsor versteckt wie die Juwelen in Leder-Boxen.«

Nein, ihre Schwester Elizabeth liebte Margaret nicht. Im Alter von neun Jahren war sie über die Verleihung eines Lebensrettungsausweises an ihre damals 13-jährige Schwester derart erbost, dass sie Elizabeths Schoßhund ins Wasser warf. Anschließend zog sie ihn heraus und sagte ohne schlechtes Gewissen: »Ich rettete sein Leben!«

Mit 34 trieb sie ein ähnliches Spiel. Beim Wasserskifahren

fiel die hoheitliche Amateurin ins nasse Schilf des kleinen Sees von Schloss Windsor. Die versammelte Königsfamilie lachte. Wieder an Land, beförderte die jähzornige Margaret den Lieblingshund der Königin in den Teich. Geübt ist geübt.

Auch sonst blieb Margaret die störrische Schwester. Als sie auf dem Schlachtschiff »HMS Vanguard« von ihrer Schwester gefragt wurde, warum sie nicht tanze, reagierte Margaret schlagfertig: »Regier du dein Empire – ich richte mir mein Leben selber ein!«

Bereits mit 17 wusste Margaret, als sie schön und höchst begehrenswert war: »Mein einziger Lebensinhalt ist: meiner Schwester zu dienen.« Wichtiger aber war ihr Satz: »Regier du dein Empire – ich richte mir mein Leben selber ein!« Was Margaret konsequent durchzog: Musste ihre Schwester als Thronfolgerin dreckige Motoren im Zweiten Weltkrieg säubern, strickte Margaret daheim lustlos Socken für Soldaten. Schickte Elizabeth dem smarten, aber armen Philip von Griechenland verliebte Botschaften, wusste Margaret, dass Philip sein Playboy-Auge auf sie geworfen hatte.

Als ihr einziger Halt – ihr Vater, König George VI. – 1952 an Lungenkrebs und Alkoholismus starb, verlor sie den Boden unter ihren Füßen. War es nicht sie, die anfangs Prinz Philip von Griechenland begehrte? Und nicht ihre Schwester, die spätere Königin? War es pure Eifersucht von Philip, dass ihre Schwester ihr später den Mann ihres Herzens verbot, den noch nicht geschiedenen Stallmeister ihres Vaters, den schlanken Colonel und Kriegshelden Peter Townsend?

Was immer es an Widerlichkeiten gab, das britische Königshaus unterstellte es Peter Townsend: Mal war er ein Taugenichts, dann ein Playboy, dann einer, der mit Margaret fliehen wollte, dann ein »Schweinehund als Ehemann« – na, das ganze Szenario eben, das die Windsors aufbieten lassen. Und was Prinzessin Diana schließlich zum Verhängnis wurde.

Der wunderbare spanische Weltmann José Luis de Villalonga, den ich als junger Journalist noch kennen lernen durfte, bringt es auf den Punkt: »Es war damals in England eine trübe, graue, karge Zeit. Es fehlte an Lebensmitteln. Die meisten Engländer weinten noch um ihre Toten. Die Liebesgeschichte, die man ihnen zum Fraß vorwarf, war zu schön, um wahr zu sein. Man musste sie aufbauschen und ausschmücken. Was sich niemand entgehen ließ.«

Margaret darf ihre große Liebe nicht heiraten: ihre kaltherzige Schwester und ihr eifersüchtiger Schwager Philip sorgen dafür! Sie stellten Margaret vor ein Ultimatum: Entweder Peter oder die königlichen Privilegien!

Vor die Wahl gestellt, erst in Brüssel als Frau eines »Botschaftsangehörigen« zu leben, dann im fernen Asien zu versauern, verzichtet Margaret öffentlich auf eine Hochzeit mit dem zwischenzeitlich geschiedenen Townsend. Sie flüchtet sich in Alkohol und Tabak, zieht durch »Swinging London« und trifft schließlich einen Mann, der wahrlich nicht ins Bild der Royals passt: den bisexuellen Fotografen Antony Armstrong-Jones, den der schwule russische Tanzstar Rudolf Nurejew noch in seinen Memoiren lobt.

Es wurde eine bizarre Ehe. Antony Armstrong-Jones, der spätere Lord Snowdon, führt die Schwester der Queen in seine bisexuelle, frivole Welt ein. Mit Partys, Musik, Theater, Alkohol, Drogen, Exzessen. Sie greift zur Flasche – und wahllos zu Männern. Wie den Jazz-Pianisten Robin Douglas-Home. Sie lässt ihn fallen. Er bringt sich 1968 um. Sie nimmt sich als »Begleiter« den 17 Jahre jüngeren Hippie Roddy Llewellyn. Das Gerücht von Kokain macht die Runde.

Sie hat in ihrer Handtasche bis 17 Uhr eine Flasche Gordon's Gin, anschließend eine Flasche »Famous Grouse Scotch«. Und ihre Feste waren harte Prüfungen: »Herrje, singt sie gern«, klagte ein Freund. »Sie findet sich besser als Barbra Streisand.«

Auch zu Geld hat sie eine geizige Liebe: Natürlich zahlte sie als Mitglied der Königsfamilie keine Rechnung. Sie hatte nicht mal eine Kreditkarte. Wusste aber genau, wie man zu Geld kommt: Mal tauschte sie ein Weihnachtsgeschenk bei der Kosmetikfirma Crabtree & Evelyn um: »Ich will Bargeld«, sagte die Schwester der Königin. Mal verlangte sie für einen Auftritt mit Lord Snowdon umgerechnet 50 000 Euro – für einen Wohltätigkeitsball.

Überhaupt: Wer die Thronfolgerin Nummer drei einlud, musste ihren Wunschzettel erfüllen: Klavierspieler, Ella-Fitzgerald-Platten, junge Männer, die gerne tanzen und singen, eine Aufnahme der Royal Highland Fuseliers – und vor allem Getränke!

Nichts ließen die beiden aus:

- Er redete sie konsequent mit »Ma'am« oder »Pet« an. Beatle John Lennon nannte beide »Priceless Margarine and Bony Armstrove«.
- Verabredungen ließ sie sausen, stattdessen buchte sie den berühmten Pariser Figaro Alexandre für einen Nachmittag in London.
- Der Name »Mrs Antony Armstrong-Jones« war ihr »zu viel: Ich trage keinen Doppelnamen«. Stattdessen ließ sie sich nach der Hochzeit mit Antony, der flugs zum Count of Snowdon befördert wurde, den Titel Her Royal Highness The Princess Margaret, Countess of Snowdon geben.
- In den 60er Jahren gaben die beiden glanzvolle Partys mit

Die schönste »Windsor«:
Als Prinzessin Margaret (1930–2002) ihre große Liebe
nicht heiraten durfte, fand sie Trost bei Nikotin und Alkohol.

Gästen wie Prinz Karim Aga Khan, Sophia Loren, Frank Sinatra, Elizabeth Taylor, Peter Ustinov, den Malern Francis Bacon und David Hockney, den Tänzern Nurejew und Baryschnikov.

- 1964 drehten Margaret und Tony einen Geburtstagsfilm für Königin Elizabeth, die darüber jedoch »not amused« war, spielte Tony doch einen Gangster und Margaret eine Gangsterbraut.
- Treu waren sich beide nicht: Er hatte ab 1969 eine Affäre mit Lady Jacqueline Rufus-Issac, ab 1972 eine mit Lucy Lidsay-Hogg, die er sechs Jahre später heiraten sollte. Sie hatte Affären mit Anthony Barton, Robin Douglas-Home. War da was mit Hollywood-Star Warren Beatty? Oder mit Patrick Lichfield, den sie ihren »küssenden Cousin« nannte? Mit dem italienischen Banker Mario d'Urso? Mit dem Filmproduzenten Derek Hart?
- Besonders bizarr war ihr Eheleben zu zweit: Mal saß Snowdon mit einer Papiertüte über dem Kopf beim Essen Margaret gegenüber: »So muss ich dich wenigstens nicht ansehen.« Mal schrieben beide Zettel: »20 Punkte, warum ich dich hasse.«

Als die Ehe kippte, begann Margaret noch mehr zu rauchen, noch mehr zu trinken. Bald begann sie den Tag mit Gin Tonic, beendet ihn mit Schlaftabletten.

Ihr letzter fester Freund ist Roddy Llewellyn, mit dem sie acht Jahre eine Beziehung hatte. Roddy war ein Hippie, ist heute ein brillanter Gartenarchitekt. Er veröffentlichte mehrere Bücher, gab weltweit Unterricht in »Garten-Design«, präsentierte bis 1999 im Fernsehen den »Garten-Ratgeber«. Bis heute bietet er seine Dienste per Internet weltweit an.

Als er Margaret kennen lernt, versucht Roddy gerade eine Karriere als Popstar: mit Petula Clark gibt er das Album »Roddy« heraus.

Als Roddys Vater von der neuen Liebelei zu Margaret erfährt, soll er gesagt haben: »Besser als die Pizzabäcker, die er sonst hatte.«

Doch auch der liebenswerte Roddy kann Margaret nicht von ihrem Alkoholismus, ihrer Tabaksucht und ihren Depressionen heilen. Als Margaret im Februar 1998 auf Mustique betrunken ihren ersten Schlaganfall erleidet, wird sie vom englischen Königshaus gezwungen, ihre Villa »Les Jolies Eux« ihrem Sohn Vincent Linley zu überschreiben, der das Traumhaus schnell verkauft.

Prinzessin Margaret starb am 9. Februar 2002 nach einem weiteren Schlaganfall in London. Sie war zuletzt im Dezember des Jahrs 2001 öffentlich aufgetreten, anlässlich des 100. Geburtstages ihrer Tante Alice, Duchess of Gloucester.

Königin Elizabeth – eiserne Disziplin, heimliche Leidenschaft

Wo die Mutter der heutigen Königin geboren wurde, bleibt ein Geheimnis der Windsors. Wie sie lebte, auch! Ganz besonders bleibt im Verborgenen, wie ihre beiden Töchter Elizabeth und Margaret gezeugt wurden!

Was Lady Elizabeth Angela Marguerite Bowes-Lyon ihren beiden Töchtern mitgab, wissen wir: witzig, humorvoll und charmant zu sein, dazu Pflichtbewusstsein und einen eisernen Willen. Die große Schwäche: nachtragend, nichts und niemand jemals vergessend. Und doch nähern wir uns schon wieder einem Geheimnis, dem von den Geburten von Queen Mum.

Ich weiß, ich betrete hier gefährliches Gebiet. Auch mit dem Satz, dass Queen Mum zeit ihres Lebens Wallis Simpson so hasste – was Ex-König Edward VIII. aufklärte: »Es war Eifersucht.«

Elizabeth Bowes-Lyon wurde ja auch fälschlich mit Edward »verlobt«, bevor sie dann Edwards Bruder George nach viermaligem Bitten das Jawort gab.

Am 2. Juni 1920 kam es zur schicksalhaften Begegnung: Prinz Albert begegnete auf einem Ball Elizabeth, verliebte sich Hals über Kopf in sie. Elizabeth lehnte jedoch seine Heiratsanträge ab, bis Königin Mary sie davon überzeugen konnte, ihren Sohn zu heiraten. Sie gab nach, und mit der

Hochzeit wuchs auch eine tiefe, starke Liebe zwischen Elizabeth und Prinz Albert.

Im Januar 1923 verlobten sich Albert und Elizabeth, am 26. April 1923 heiratete Prinz Albert seine Lady Elizabeth Bowes-Lyon in der Westminster Abbey. Bei der Auswahl der Aussteuer spielte Geld für Elizabeth keine Rolle. Für die Hochzeitsnacht entschied sie sich für ein Nachthemd samt Negligé, das in Texas für 300 Dollar gekauft wurde. Ein Kuchenstück der zweieinhalb Meter hohen Hochzeitstorte enthielt die wöchentliche Zuckerration einer englischen Durchschnittsfamilie. Unter den 2666 Hochzeitsgeschenken waren ein Vollblutpferd, ein Nerzmantel, ein Kaffeeservice aus 22-karätigem Gold, ein rosa Diamant von 54 Karat und eine Plantage samt Jagdhütte in Kenia.

Queen Mum war keine leichtlebige, lustige Frau. Sie war hart, ungemein standesbewusst und keineswegs die »fröhliche alte Dame«, als die sie uns in den letzten Jahren bis zu ihrem Tod verkauft wurde.

Als Edward wegen Wallis am 10. Dezember 1936 offiziell abdankte, musste über Nacht der Mann von Queen Mum, damals noch Herzog Albert von York, die Thronfolge übernehmen. Die Krönung fand am 12. Mai 1937 statt: Plötzlich war aus der schönen Elizabeth Königin und aus ihrem scheuen Mann König George VI. geworden. Elizabeth unterstützte ihn, wo sie nur konnte, schaffte es, aus dem unsicheren, scheuen Mann einen bewunderten Monarchen zu machen. Statt sich im Zweiten Weltkrieg (1939–1945) nach Kanada oder Irland in Sicherheit zu flüchten, blieben das Paar und seine Kinder in London. Als der Buckingham-Palast von deutschen Bomben getroffen wurde, sagte die Monarchin: »Jetzt kann ich wenigstens den Letzten, die am schlimmsten betroffen sind, ins Gesicht sehen.«

Adolf Hitler soll Elizabeth gar »die gefährlichste Frau Europas« genannt haben! Weil sie so großen Einfluss auf ihre Untertanen hatte und weil sie ihnen Mut zusprach.

Zu Kriegsende war Queen Mum eine Legende

Als der Krieg 1945 vorbei war, versammelte sich das britische Volk vor dem Buckingham-Palast und rief: »Wir wollen die Königin!« Die sich dann auch auf dem Balkon feiern ließ. Doch schon zogen wieder dunkle Wolken auf: Stress und Belastung in den Kriegsjahren hatten ihren Ehemann, König George VI., stark geschwächt. Es dürften auch sein übermäßiger Alkoholkonsum und sein Kettenrauchen mit daran schuld gewesen sein. George VI. starb am 6. Februar 1952 mit nur 56 Jahren an Arteriosklerose, nachdem er sich drei Jahre zuvor einer Lungenoperation hatte unterziehen müssen. Auch wurde ein fortgeschrittener Leberzerfall aufgrund seines Alkoholismus festgestellt. Seine letzten Worte verriet die trauernde Witwe dem Volk: »Er liebt euch alle. Jeden von euch. Ganz aufrichtig.«

Nach dem Tod ihres Mannes wollte sich die junge Witwe ganz aus dem öffentlichen Leben zurückziehen. Doch Ex-Premier Sir Winston Churchill konnte sie zur Rückkehr überzeugen – so blieb Queen Mum den Windsors als populärste »Mitarbeiterin« erhalten. Heiraten wollte die immer noch begehrenswerte Witwe allerdings nicht mehr. Obwohl König Olav von Norwegen – seine Frau starb 1954 – mehrmals um die Hand von Queen Mum anhielt.

Bis zu ihrem Tod sprach Queen Mum über ihren verstorbenen Mann stets in der Gegenwart.

Als Diana und Fergie aus den royalen Schienen gerieten

und ihr Leid öffentlich klagten, hatten sie sich bei Queen Mum ihre Sympathien verscherzt.

Diana konterte: »Queen Mum ist nicht, wie man denkt! Sie ist hart! Mischt sich ein. Hat kaum Gefühle!«

Queen Mum gab selbst zu: »Ich bin nicht immer so nett, wie ich aussehe.«

Die Sprüche von Queen Mum

Als ein Afrikaner ihr sagte, dass er den Engländern nie vergeben könne, sein Land erobert zu haben, sagte sie: »Ich kann Sie gut verstehen. Wir fühlen dasselbe in Schottland.«

Über viele Jahre hinweg wandte Queen Mum drei Standardfragen an, wenn sie Menschen traf:

- »Sind die Blumen nicht schön?«
- »Wie geht es den Kindern?«
- »Kommen Sie von weit her?«

Angestellten, die Queen Mum einen Drink ausschenkten, sagte sie oft: »Nur einen Spritzer!«, um anzufügen: »Einen Spritzer mehr!«

Bei einem Empfang sagte eine Bedienstete: »Ich habe gehört, dass Sie gerne Gin mögen.«

Queen Mum, ohne mit der Wimper zu zucken: »Ich wusste nicht, dass ich diesen Ruf genieße. Weil es so ist, können Sie mir großzügig einschenken.«

Queen Mum verprasste auch Geld in Millionenhöhe. Als Apanage bekam sie jährlich rund eine Million Euro. Das hat längst nicht gereicht, um ihren Lebensstil (Garderobe,

Partys, Reitstall, Wetten), die vier Anwesen (Clarence House in London, die Royal Lodge in Windsor, Birkhall und Castle Of Mey in Schottland) zu unterhalten sowie ihre 20 Bediensteten zu bezahlen. Ihr fehlte es oft an Bargeld. Das Privatvermögen (ca. 38 Millionen Euro) steckte sie in Immobilien und Kunstschätze. Ihre Tochter, die heute regierende Königin Elizabeth II., half ihr pro Jahr mit rund 5 Millionen Euro aus.

Queen Mum war wahrlich ein Ausbund an Gesundheit. Sie hat folgende Operationen und Eingriffe (Auszug) über sich ergehen lassen: Darmoperation (1944), Blinddarmoperation (1964), Unterleib (1966), an Fischgräte (1983) und einem Stück Lachs (1993) beinahe erstickt, gebrochener Fuß (1980 links, 1989 rechts), Geschwür am rechten Bein, grauer Star am rechten Auge, künstliches Hüftgelenk rechts (alles 1995), künstliches Hüftgelenk links (1997). Kurz nach ihrem 101. Geburtstag ging es ihr gesundheitlich erstmals wirklich schlecht: starke Erkältung, zu schwach zum Gehen, fast erblindet.

Heißt das Geheimnis »künstliche Befruchtung«?

Am Mittwoch, den 21. April 1926 um 2.40 Uhr morgens brachte die junge Herzogin Elizabeth von York nach langen Wehen durch einen Kaiserschnitt ihr erstes Kind zur Welt: ein Mädchen. Königin Mary schreibt in ihr Tagebuch von »einem kleinen Schatz mit einer wunderbaren Haut und schönen blonden Haaren«. Die Prinzessin erhielt den Namen Elizabeth Alexandra Mary nach ihrer Mutter (nicht nach Elizabeth I.), ihrer Urgroßmutter (Königin Alexandra, die im November des Vorjahres nach einem Herzinfarkt im Alter von achtzig Jahren gestorben war) und ihrer Großmutter (Königin Mary). Elizabeth kam in Mayfair, Bruton Street 17, zur Welt, einem Stadthaus aus dem 18. Jahrhundert, das kurz vorher zum Londoner Wohnsitz der Strathmores geworden war. Fünf Wochen später wurde sie am 29. Mai in der Kapelle des Buckingham-Palastes getauft. Ihre Paten waren der König und die Königin; ihre zweite Großmutter, Lady Strathmore; ihre königliche Tante Mary, die königliche Prinzessin; Lady Elphinstone, eine nicht königliche Tante (Margaret Rhodes' Mutter) und Arthur, Herzog von Connaught (1850–1942), Königin Victorias letzter, noch lebender Sohn.

Doch die Gerüchteküche brodelte bereits bei der Geburt von Elizabeth, der heutigen Königin. Warum nur hat es fast sieben Jahre gedauert, bis ihre Mutter sie bekam? An wem lag es? Doch wohl nicht an der kerngesunden Elizabeth Bowes-Lyon aus Schottland? Lag es etwa an Albert, ihrem Mann? Hatte nicht er zusammen mit seinem Bruder Edward als Marinekadetten Mumps gehabt? War doch schon damals bekannt, dass Mumps im Mannesalter zur Unfruchtbarkeit führen kann!

Kitty Kelley wird in ihrem Buch noch direkter: »Es quälte sie sehr, dass sie in all den Monaten nach der Hochzeit noch nicht schwanger geworden war. Das Fruchtbarkeitsproblem hing mit der »Nervosität« zusammen, unter der ihr Ehemann litt. Diese Störung hat er mit seinem älteren Bruder gemein. Als man die Herzogin von Windsor fragte, warum sie mit ihrem Mann keine Kinder habe, witzelte sie über seine Impotenz: »Der Herzog ist nicht erblich veranlagt.« Sein Bruder war es auch nicht!

Die Herzogin von York besuchte mehrere Frauenärzte

und Geburtshelfer, ließ die besten Ärzte des Königreichs zu sich kommen: es half alles nichts, keine Schwangerschaft. Zumal sie bereits eine Fehlgeburt hinter sich hatte und selbst fürchtete, keine Kinder mehr zu bekommen. Was auch aus dynastischen Gründen fatal gewesen wäre: Thronfolger Edward konnte keine Kinder bekommen, bei ihrem Mann schien es auch mit der Zeugung zu hapern.

Was tun? Kitty Kelley glaubt es zu wissen: »Schließlich willigten sie und ihr Mann auf den Rat ihres Spezialisten Dr. Lane Phillips ein, es mit einer künstlichen Befruchtung zu versuchen. Dank der mechanischen Injektion seines Spermas in ihren Uterus wurde sie endlich schwanger. Nur mit Hilfe dieser Art von Befruchtung war sie in der Lage, 1926 ihr erstes Kind Elizabeth und 1930 ihr zweites Kind, Margaret Rose, zu gebären.«

Woher wir das wissen?

1. Durch den Kommentar ihrer Ärzte, des Gynäkologen Dr. Walter Jagger und des Chirurgen Sir Henry Simpson, die einen einzigen Kommentar nach der Entbindung per Kaiserschnitt bekannt gaben: »Eine bestimmte Behandlungsweise wurde erfolgreich angewandt.«
2. Aus Angst, ob es sich bei diesem Baby auch wirklich um ein Kind des Herzogspaares von York handelt, mussten der Innenminister und andere Beamte dabei sein, um dies zu dokumentieren. Zu genau hatte man noch die »Wärmflaschen-Affäre« aus dem Jahr 1688 in Erinnerung. Da soll Mary von Modena, der Frau von König James II., ein anderes Baby ins Bett gelegt worden sein, um die Thronfolge zu sichern.
3. Ein Brief des frisch gebackenen Vaters Albert von York verrät auch einen gewissen Hinweis. Er schreibt an seine Eltern: »Ihr ahnt nicht, welch unglaubliche Freude es für

Elizabeth und mich ist, dieses kleine Mädchen zu haben. Wir wollten schon immer ein Kind, um unser Glück vollkommen zu machen, und jetzt, da es endlich so weit ist, kommt es mir wunderbar und seltsam zugleich vor …«

4. Die britische Presse verschweigt natürlich alles, was auch nur einen Hinweis auf eine künstliche Befruchtung darstellen könnte. Obwohl die Pressezaren von damals wohl weitaus mehr wussten als das, was sie zu drucken bereit waren.
5. »In unseren Kreisen war es damals durchaus bekannt«, verriet ein Freund der königlichen Familie, dessen Mutter ein Patenkind von Königin Victoria war, der US-Autorin Kelley. »Meine Mutter und die Herzogin von York sprachen darüber, weil sie denselben Gynäkologen hatten. Der Herzog hatte ein … leichtes … Problem … mit … äh … seinem Willy …«
6. Der berühmte Zyniker George Bernard Shaw brachte es auf den kurzen Nenner: »Monarchen werden nicht geboren, sie entstehen durch Kopfgeburten.«

Wir werden die Wahrheit nicht endgültig bestimmen können, Tatsache ist jedoch: Es hätte so gewesen sein können.

Das geheime Liebesleben von Queen Elizabeth

Was hat Königin Elizabeth II. in ihren 55 Jahren als Queen alles erlebt? 256 Überseereisen in 129 Länder, 17 Schiffstaufen; 139-mal saß sie Modell für Porträts, verlieh 380 630 Orden, überlebte zehn Premierminister.

Sie empfängt jährlich 50 neue Botschafter, öffnete erstmals zu ihrem 50. Jubiläum die Gärten des Buckingham-Palastes – für 12 000 per Los bestimmte Gäste.

Und niemand sah die Königin je leiden. Obwohl – sie litt oft! Sie litt am Tod ihres geliebten Vaters König George VI., an den Seitensprüngen ihres Mannes Philip, am Tod ihrer Mutter Queen Mum, dem ihrer Schwester Margaret – sie leidet an ihren Kindern. Elizabeth lebt in einem Zwiespalt der Seele. Sie weiß genau: Trete ich zurück, kann die Monarchie zerfallen:

- »Charles würde Chaos stiften«, sagt Historiker Norman Davies. »Charles würde heute im Garten des Buckingham-Palastes eine Moschee bauen lassen, morgen zur verhassten Fuchsjagd gehen.«
- »William hat als einziger Windsor von Prinzessin Diana Aura, Charme und Charisma geerbt, um ein moderner König zu werden«, sagt Biograf Robert Lacey.

Dank eiserner Disziplin (raucht nicht, trinkt nur schottisches Mineralwasser) und besten Ärzten hat sich Elizabeth eine eiserne Gesundheit erarbeitet: Mit fast 81 Jahren leidet sie an keinem Altersgebrechen, brilliert mit Gedächtnis, hat keinen Bypass, ist Windsor-kerngesund.

Und weiß doch um ihre »Unersetzlichkeit«. Sie weiß, dass sie der letzte Fels einer bröckelnden Monarchie ist. Sie weiß, dass Charles, wie einst 1936 sein Onkel Edward, die Krone aufs Spiel setzt, um seiner Camilla jeden Wunsch von den Lippen abzulesen und Moorhühner zu schießen. Sie weiß, dass ihre Söhne Andrew und Edward nicht so durchsetzungskräftig sind wie Tochter Anne, der »einzige Mann« unter den Kindern der Queen.

»Die Monarchie ist unheilbar absurd«, schreibt Christopher Hitchens. Genau deshalb überlebt die Monarchie.

Ist Prinz Andrew ein unehelicher Sohn?

Es ist ein heikles Kapitel. Ein sehr heikles Kapitel. Und doch gibt es Anhaltspunkte, dieser Frage einmal seriös nachzugehen: ob Prinz Andrew wirklich der eheliche Sohn von Prinz Philip und seiner Frau Königin Elizabeth ist? Oder vielleicht doch nicht?

Natürlich darf diese Frage im Vereinigten Königreich nicht offen gestellt werden.

Ab dem Jahr 1956 trennten sich die Wege von Elizabeth und Philip häufig. Elizabeth ging ihren Staatsgeschäften in England nach, Prinz Philip erkundete die weite Welt. Er entdeckte, wie gut sich jede Reise als »gute Tat« verkaufen lässt, mal zu Gunsten der Umwelt, mal zu Gunsten des World Wide Fund for Nature oder anderer Gutmenschen-Organisationen.

Was einem Mann wie Prinz Philip zunächst eines ermöglichte: Freiheit. 1956 war Prinz Philip bei der Eröffnung der Olympischen Spiele in Australien dabei, besuchte anschließend die Bewohner des am weitesten entfernten Teils des Empire, dann unternahm er mit der königlichen Jacht »Britannia« eine Kreuzfahrt, die ihn nach Australien und Neuseeland brachte, auch auf die Insel St. Helena – wo Napoleon sein letztes Exil hatte –, dann nach Ascension, die tropische »Himmelfahrtsinsel« im Südatlantik, wo er die Kurzwellen-Sendeanlage des BBC World Service besucht. Nichts da von Heimweh oder gar Lust zur Zeugung eines neuen Familienmitglieds. Schließlich muss Philip noch »dringend« nach Gambia, wo ihn allerdings eine Ehekrise der besonderen Art ereilt: Die Ehefrau seines besten Freundes Michael Parker reicht die Scheidung wegen Ehebruchs ein. Und es schien etwas darüber durchzusickern, dass Philip und Michael sich gern mit anderen Damen außer den eigenen Ehefrauen vergnügten. Was – natürlich – von der britischen Presse mit keinem Satz erwähnt wurde. Alle Queen-devoten Blättchen druckten lediglich das Statement vom Buckingham-Palast ab: »Es ist unwahr, dass es in irgendeiner Weise zu einer Entfremdung zwischen der Queen und dem Herzog von Edinburgh gekommen ist.«

Na, wir wissen langsam, was wir von solchen Dementis zu halten haben. Das Gegenteil ist fast immer richtig!

Um alle Spekulationen ins Reich der Fantasie zu verdonnern, ernennt die Queen ihren Ehemann jetzt zum Prince of the United Kingdom, jetzt war er His Royal Highness The Prince Philip, Duke of Edinburgh. Durch das kleine Dreibuchstabenwort »The« ließ Elizabeth dem Volk sagen: Wir haben null Probleme!

Was natürlich so nicht stimmte. Zu verschieden waren und sind doch ihre Interessen. Die Ehe besteht bis heute ausschließlich auf beiderseitig großer Toleranz.

Philip kommt kaum seinen Aktivitäten hinterher, zumal er ja auch noch Polo spielen und mit Freunden segeln muss.

Und doch scheint es zu aufregend wenig sexueller Aktivität in der Ehe gekommen zu sein. Schade, hatte sich Philip doch nach der Hochzeit beklagt, dass er »Lilibet gar nicht mehr aus dem Bett rausbekommt«.

Das war 1959 keineswegs mehr der Fall. Da hatten sich beide schon mit anderen Aktivitäten getröstet.

Der geheimnisvolle Lord Porchester

Elizabeth, mit 33 Jahren in der Blüte ihrer Schönheit und sinnlichen Ausstrahlung, wandte sich einem ganz besonderen Mann zu: Lord Porchester, Henry George Reginald Molyneux Herbert, Siebter Graf von Carnarvon. Ein Enkel des Mannes, der in den 20er Jahren die Ausgrabung von Pharao Tutanchamuns Grab im Tal der Könige finanzierte. Lord Porchester oder besser bekannt als »Porchy« war ein großer, blendend aussehender Mann mit breitem Lächeln und festem, dunklem Haar.

Porchy war zwei Jahre älter als Lilibet; er war seit 1956 mit der reichen Jean Margaret Wallop aus Big Horn aus dem US-Bundesstaat Wyoming verheiratet.

Porchy hatte alles, was Lilibet liebte: Er war finanziell absolut unabhängig, sah hervorragend aus, war Besitzer und Züchter von Vollblütern. Und die scheue Lilibet vertraute Porchy immer mehr, sie wurden Vertraute. Oft besuchte sie ihn auf seinem Schloss Highclere in Berkshire und ließ sich von ihm die Sammlung ägyptischer Schätze zeigen. Von ihrem eigenen Ehemann war mal wieder nichts zu sehen im Jahr 1959. Philip war mal wieder auf Tour. Diesmal drei

Monate im Fernen Osten, statt mit seiner Frau am 21. April deren 33. Geburtstag zu feiern, besuchte Philip die Bermudas. Nur kurz kam er zurück nach England, um den gemeinsamen Staatsbesuch in Kanada vorzubereiten.

Ein ganz einfache Frage: Wann hat Philip seinen Sohn Andrew mit seiner Frau Elizabeth zeugen können? Zwischen zwei Reisen? Das können wir uns schenken. An einem Wochenende? Auf das sich später alle Hofschranzen einstimmen ließen? Kaum wahrscheinlich.

Königin Elizabeth mit Lord »Porchy« Porchester (li.) in Ascot. Bis heute halten sich Gerüchte, dass Prinz Andrew ihm sehr ähnlich sieht.

Tatsache ist: Tage vor ihrem Staatsbesuch in Kanada vom 18. Juni bis zum 1. August 1959 erfährt die Königin, dass sie wieder schwanger ist. Prinz Andrew wird am 19. Februar 1960 in London, im Buckingham-Palast, geboren. Rechnen wir neun Monate zurück. Dann müssten Philip und Elizabeth spätestens im Juni miteinander verkehrt haben – und Tage später soll sich Elizabeth bereits offiziell in »anderen Umständen« befunden haben? Eine medizinische Sensation, die nicht mal den Hofschranzen unbekannt geblieben sein könnte. Zumal Philip gerade einmal für »ein langes Wochenende« im Juni nach England zurückkam.

Allerdings: Die meisten Biografen verrechnen sich furchtbar und nehmen an, dass die Empfängnis zwischen dem 20. Januar und dem 30. April 1959 stattgefunden hat – was für Porchy sprechen würde. Eine spätere Empfängnis können wir jedoch nur Prinz Philip zusprechen, der dann von einer langen Seereise zurückkam und sehr wohl in einer Art »Wiedervereinigung« Sohn Andrew gezeugt haben könnte.

Lilibet und Porchy – mehr als Pferderennen

Bei dem Verhältnis zwischen Porchy und Elizabeth »ging es um mehr als nur um Pferderennen«, schreibt Queen-Biograf Nicholas Davis. Zumal Elizabeth ihn privat »Harry« nannte und er sie »Lilibet«, was niemand außer ihrem Mann und ihrer Mutter wagte. »Elizabeth besuchte Lord Porchester so häufig sie konnte, er wurde zu ihrer hochgeschätzten Vertrauten«, weiß auch Lady Colin Campbell, eine Insiderin des britischen Königshauses.

Es wird noch direkter: Lord Louis Mountbatten, der einstige Vertraute von Elizabeth, wird eifersüchtig. Handschriftlich schreibt er ihr: »Ich beschwöre dich, in deiner Beziehung zu Porchy diskreter zu sein!«

Wir schreiben das Jahr 1996. Prinz Philip gestattet der bekannten Wirtschafts- und Medizinjournalistin Fiammetta Rocco im April ein Interview für den »Indepedent«. Fiammetta ist keine Hofberichterstatterin. Im Gegenteil: Sie hat Bücher über Afrika, die Armut und besonders über Malaria veröffentlicht und gewann 2005 den begehrten »Booker-Preis« der Jury. Die uns hier interessierende Frage stellt sie in dem Teil, der heute weder im Internet noch im Archiv des »Independent« noch des »Sunday Mirror« mehr erhältlich ist. Zumal die Frage so nie veröffentlicht wurde, da das Interview Prinz Philip vor Drucklegung zur Abstimmung vorgelegt werden musste.

Nun gut, es gibt andere Quellen. So fragte Fiammetta Rocco Prinz Philip das, an was sie sich heute wahrscheinlich auch nicht mehr erinnern darf: »Ein zweiter Mythos besagt, Prinz Andrew sei nicht Ihr richtiger Sohn, sondern der Sohn von Lord Porchester.«

Philip zuckte mit keiner Wimper. Da er wusste, dass jede Reaktion sämtliche Titelseiten zieren würde, schwieg er. Reglos saß er da. »Wie ein Kind mit Porridge im Mund«, erzählte die Kollegin Rocco später einem Kollegen.

Eine DNS-Analyse würde schlagartig diese Fragen ad absurdum führen. Doch gegen die wehrt sich das Königshaus wie der Teufel gegen das Weihwasser. Es könnte ja noch mehr ans Tageslicht kommen.

Wer aber ist Queen Elizabeth II. wirklich? Hier eine Aufstellung mit vielen, meist unbekannten Fakten aus ihrem Leben.

»Randy Andy« mit jungen 22:
Der Prinz mit Handicap Sex liebt Reisen, Golf und schöne Frauen.
Von Fergie hat er sich nie ganz trennen können.

95 Tatsachen zu 80 Jahren Queen Elizabeth II.

1. Königin Elizabeth II ist der 40. Monarch, seit William der Eroberer sich der Krone von England bemächtigte.
2. Das Badewasser Ihrer Majestät ist immer knapp 20 Grad warm und nur 18 Zentimeter tief – aus Sicherheitsgründen.
3. Nicht schlecht: Als reines »Taschengeld« stehen der Königin rund 150 000 Euro pro Monat zur Verfügung. Keine Angst: Sie verschwendet keinen Cent. Alles wird fein säuberlich verbucht – und eigentlich nichts ausgegeben. Da sich immer andere finden, die zahlen: die britischen Steuerzahler zum Beispiel.
4. Die Königin lässt keine Chemie in ihren Körper – außer es muss sein. Sie schwört auf homöopathische Medizin: Bei Nasen- und Halsproblemen lässt sie sich von ihren insgesamt vier Leibärzten nur Mittel geben, die Wirkstoffe aus Nachtschattengewächsen enthalten.
5. Im Jahr 2002 war die Königin mit ihren 76 Jahren ältester Monarch, der je ein Goldenes Jubiläum feierte. Der jüngste war James I. (auch bekannt als James VI. von Schottland) mit 51 Jahren.
6. Bekommt die Queen morgens ihre Zeitungen, wurden diese zuvor immer mit einem Bügeleisen aus dem Zweiten Weltkrieg geglättet.
7. Hat sie ihre Zeitungen gelesen – besonders das Horoskop –, dann werden ihre Zeitungen durch den Reißwolf gedreht. Die Schnipsel werden aber nicht in den Müll geworfen – das wäre ja Verschwendung! –, sondern in den königlichen Stallungen für die Pferde als Streu genutzt.

8. Seit ihrer Thronbesteigung 1952 verlieh die Königin über 387 700 Ehrenwürden und Preise.
9. Die Königin ist Schirmherrin von 540 Gesellschaften.
10. Die Königin spricht fließend Französisch und nutzt ihre Kenntnisse häufig bei Besuchen oder Empfängen. Ebenfalls versteht die Königin hervorragend Deutsch. Ihre Majestät braucht in den meisten Fällen nicht mal einen Dolmetscher.
11. Die Königin hat über 3 Millionen Briefe während ihrer bisherigen Regentschaft empfangen.
12. Hält die Königin eine Rede, so dauert diese nie länger als zwölf Minuten – da sie der Ansicht ist, alles, was zu sagen ist, lässt sich in zwölf Minuten auf den Punkt bringen.
13. Ihr wirklich größtes Hobby ist das Zusammensetzen riesiger Puzzles von mindestens 10 000 Einzelteilchen. Mit dieser Arbeit kann sie sich Abende lang beschäftigen.
14. Niemand sah die Königin jemals ein Handy aus ihrer Handtasche ziehen: Die Queen hat zwar eines 2001 von ihrem Sohn Prinz Andrew geschenkt bekommen, weiß aber nicht, wie sie es bedienen soll – und findet solche Technik eher lächerlich als königlich. Zumal Handys keineswegs abhörsicher sind – wie die Sex-Gespräche von Charles mit Camilla und Diana mit James Gilbey nachdrücklich bewiesen haben.
15. Die Frage aller Fragen soll hier beantwortet werden: Was trägt die Queen in ihrer Handtasche? Immer dabei ist ein kleiner S-förmiger Silberring, mit dem sie ihre Tasche an jedem Tisch so aufhängen kann, dass die Tasche nicht gesehen wird – sie aber sofort Zugriff auf sie hat. Dazu eine Make-up-Dose, die ihr Ehemann Philip ihr vor 50 Jahren beim königlichen Juwelier

Aspery's anfertigen ließ – wobei es kein Bild gibt, auf dem die Queen sich je selbst nachgepudert oder gar nachgeschminkt hat. Immer in der Tasche sind – egal, wo sie ist – Schoggi-Drops für ihre Corgis und Dorgis. Zur Grundausstattung gehört auch eine kleine Kamera, mit der sie selbst Staatsoberhäupter fotografiert. Diese Bilder wurden im eigenen Labor im Buckingham-Palast entwickelt – und heutzutage natürlich nie und nimmer auf CD gebrannt. Die Königin selbst pflegt die Sammlung ihrer privaten Bilder in eigens für sie gefertigten Alben aus der königlichen Druckerei.

16. Trägt die Queen in ihrer Handtasche einen geladenen Lady-Revolver mit sich herum?
    Queen Mum trug einen solchen während des Zweiten Weltkrieges bei jedem Besuch des von Nazi-Bomben zerstörten London bei sich, um im Zweifelsfall »Deutsche zu erschießen«. Es ist nicht auszuschließen, dass Königin Elizabeth II. aus der Tradition heraus gerüstet ist.
17. Über 1,1 Millionen waren bisher zu den Garten-Partys im Buckingham-Palast oder im schottischen Palast von Holyroodhouse als Gäste der Queen geladen. Die eigentlichen »Präsentations-Partys« schaffte die Queen selbst bereits 1958 ab.
18. Je nach Terminplan zieht sich die Königin bis zu fünfmal am Tag um – wobei ihre gesamte Garderobe bis auf Hut, Ohrringe, Handschuhe und Strümpfe stets bügelfertig für sie in einem extra bestimmten Ankleidezimmer bereitliegen. Niemand hat je die Königin in Unterwäsche zu Gesicht bekommen – nicht mal ihre engsten Bediensteten.
19. Während ihrer Amtszeit hat Ihre Majestät jeden Diens-

tagabend bisher zehn britische Premierminister empfangen.

Winston Churchill 1951–55,
Sir Anthony Eden 1955–57,
Harold Macmillan 1957–63,
Sir Alec Douglas-Home 1963–64,
Harold Wilson 1964–70 und 1974–76,
Edward Heath 1970–74,
James Callaghan 1976–79,
Margaret Thatcher 1979–90,
John Major 1990–97,
Tony Blair 1997– heute.

20. Die Königin kann glänzend Menschen imitieren – natürlich nur im privatesten Kreis. Ihre besten Nummern sind: Margaret Thatcher, Boris Jelzin und Tony Blair.
21. Für ihre engsten Vertrauten sichtbar ist stets ihr »Handtaschen-Signal«: Stellt sie die Tasche auf den Tisch, wissen ihre Familie und ihre Bediensteten: Jetzt ist Schluss – ich will gehen! Stellt sie die Handtasche auf den Boden, bedeutet das Signal: Rettet mich! Ich langweile mich – ich will hier weg. Hält sie ihre Handtasche am rechten Arm, signalisiert sie bei Begrüßungen: Ich mache dies hier fertig, bitte lasst mich, stört mich jetzt nicht. Trägt sie eine ihrer über 1800 Handtaschen über dem linken Arm, will sie kundtun: Und jetzt geht's im Programm weiter – und zwar sofort!
22. Die Queen erlebte bisher elf US-Präsidenten:

Harry S. Truman (1945–1953)
Dwight D. Eisenhower (1953–1961)
John F. Kennedy (1961–1963)
Lyndon B. Johnson (1963–1969)
Richard M. Nixon (1969–1974)

Gerald R. Ford (1974–1977)
Jimmy Carter (1977–1981)
Ronald W. Reagan (1981–1989)
George H. W. Bush (1989–1993)
Bill Clinton (1993–2001)
George W. Bush (ab 2001)

23. Tony Blair ist der erste Premierminister, der zur Amtszeit der Queen erst geboren wurde: Blair wurde am 6. Mai 1953 geboren – einen Monat vor Elizabeths offiziellen Krönung.
24. Am meisten schätzt die äußert figurbewusste Königin den High-Tea – eine eher rustikale Mahlzeit mit kleinen Schnittchen, Rosinenbrötchen und dem berühmten »Dundee Cake«, einer Art harter Stollen, der gute Zähne verlangt.
25. Die Königin und der Herzog von Edinburgh führten kleine, formlose Mittagessen ein, um bemerkenswerte Damen und Herren aus allen Bereichen von Kunst, Wirtschaft, Literatur und Handel im Buckingham-Palast zu treffen. Der erste Lunch fand am 11. Mai 1956 statt und ist bis heute Tradition. Gewöhnlich lädt die Queen sechs bis acht Gäste ein sowie zwei Mitglieder ihres Haushalts.
26. Während ihrer Amtszeit unternahm die Königin 256 offizielle Überseereisen, bei denen sie 129 Länder besuchte.
27. Viele der offiziellen Reisen der Königin wurden mit der königlichen Jacht *Britannia* absolviert. Die *Britannia* wurde von Ihrer Majestät offiziell am 16. April 1953 eingeweiht und nahm am 7. Januar 1954 ihren Dienst auf. In »Rente« geschickt wurde sie im Dezember 1997. Während dieser Zeit legte die *Britannia* über eine Million Meilen im königlichen Auftrag zurück.

28. Natürlich hat eine Königin wie Elizabeth II. noch nie in ihrem Leben auch nur einen einzigen Koffer selbst gepackt oder gar Wäsche gewaschen und gebügelt.
29. Lediglich bei der Fasanenjagd in Sandringham oder Balmoral übernimmt sie kurz den Abwasch und benutzt extra verpackte rosa Gummihandschuhe.
30. Die Königin besuchte während ihrer Amtszeit: 23-mal Kanada, 15-mal Australien, 10-mal Neuseeland, 6-mal Jamaika.
31. Ihre letzte offizielle Dienstreise führte sie im März 2006 erneut nach Australien, um in Melbourne die »Commonwealth-Spiele« zu eröffnen.
32. Die Queen hat eine Auswahl von 500 maßgefertigten Hüten und 150 ausschließlich für die Queen hergestellte Handtaschen.
33. Seit ihrer Thronbesteigung besuchte die Königin jedes Jahr einmal offiziell Schottland und wohnte während der »Holyrood Wekke« in ihrem Palast Holyroodhouse in Edinburgh.
34. Während ihrer Herrschaft erhielt die Königin äußerst ungewöhnliche Geschenke, zum Beispiel: zwei Jaguare, die heute im Londoner Zoo leben, Schlangen aus Brasilien, zwei seltene schwarze Biber aus Kanada. Ungewöhnlich waren auch andere Geschenke wie: Jeden Dezember eine Tonne Kaviar vom Schah von Persien, Ananasbäume, Schildkröteneier, eine Kiste mit seltenen Schnecken, ein eigener Wald mit Ahornbäumen, sieben Kilo Prawns.
35. An Jubilare sandte die Queen bisher über 100 000 Telegramme. Über 280 000 Telegramme schickte die Königin an Paare, die ihre »diamantene Hochzeit« feierten, also länger als 60 Jahre verheiratet sind.

36. Am 21. April jeden Jahres feiert die Queen im kleinen Familienkreis und mit einer Einladung für 200 Gäste ihren eigenen Geburtstag – offiziell aber wird ihr Geburtstag immer Mitte Juni gefeiert, Trooping the Colour. Warum? Weil im Juni bekanntermaßen das Wetter in England besser ist als im meist verregneten April.
37. Die Königin besuchte bisher 34 Premieren im Royal Variety.
38. Die Königin eröffnete während ihrer Regentschaft 15 Brücken im Vereinigten Königreich.
39. Sie gab bisher 91 Staatsbankette.
40. Seit 1952 unternahm die Queen zusammen mit ihrem Mann 78 Staatsbesuche – den letzten im März 2006 nach Singapur.
41. Während ihrer Amtszeit taufte die Königin 23 Schiffe. Das erste war die *HMS Vanguard* – das war am 30. November in Clydebank, da war die Königin noch schlicht Prinzessin Elizabeth von York. Das erste Schiff, das sie als Königin taufte, war ihr eigenes, *Her Majesty's Yacht Britannia*, das sie ebenfalls in Clydebank taufte.
42. Bis heute haben die Königin und ihr Mann Philip, Herzog von Edinburgh, über 37 500 Weihnachtskarten verschickt – und unterschrieben!
43. Autofahren lernte die Königin im Jahr 1945, als sie als »Motor-Gehilfin« bei der britischen Armee diente.
44. Die Queen fährt ausschließlich auf den Privatstraßen von Balmoral selbst Auto – einen lindgrünen Range Rover ohne Automatik. Dabei legt sie nie einen Sicherheitsgurt an.
45. Die Königin wurde 1937 ein »Girl Guide«, 1943 ein »Sea Ranger«.
46. Die Queen fuhr zum ersten Mal im Mai 1939 mit der

Londoner U-Bahn, in Begleitung ihrer Gouvernante Marion Crawford und ihrer Schwester Prinzessin Margaret.

47. Die Königin ist eine begeisterte Hobby-Fotografin und bekam ihre letzte Kamera – eine vollautomatische Canon – von ihrem Sohn Andrew, der selbst das offizielle Foto der Queen zu ihrem Goldenen Jubiläum im Jahr 2002 aufnehmen durfte.
48. Seit Queen Victoria 1857 ihr jüngstes Kind, Prinzessin Beatrice, bekam, war die Königin das erste gekrönte Oberhaupt, das als regierende Königin ein Kind bekam: Prinz Andrew 1960.
49. Bis heute ist die Königin von 30 Kindern Taufpatin.
50. Bereits 1972 machte die Queen Schluss mit Mätzchen um ihre Haarfarbe: Sie ließ sich von ihrer Leib-Coiffeuse nicht mehr die Haare färben, sondern entschloss sich, ein wunderbares Silbergrau zu Haupte zu tragen.
51. Das erste Fußballspiel, das die Königin besuchte, war das FA Cup-Final 1953. Der FA Cup ist der älteste und berühmteste nationale Pokalwettbewerb der Welt. Circa 600 Vereine in den höheren Klassen können daran teilnehmen. Der FA Community Shield wird dann jeweils in einem Spiel im August zwischen dem FA-Cup-Sieger und dem englischen Meister ausgetragen.
52. Die Queen nahm bisher alle Ergebenheitssalute der Parade Trooping the Colour seit Beginn ihrer Regierungszeit ab – außer 1955. Da fiel das Truppen-Spektakel dem Generalstreik der Eisenbahnarbeiter zum Opfer und wurde abgesagt.
53. Exakt 139 Mal musste sich die Queen bisher porträtieren lassen, zweimal mit ihrem Mann, dem Herzog von Edinburgh. Erst kürzlich saß sie wieder Modell – für den Maler Rolf Harris. Zum ersten Mal saß sie bereits als

Siebenjährige 1933 Modell, unter Aufsicht ihrer Mutter für den ungarischen Maler Philip Alexius de László.

54. Für das erste und einzige Hologramm-Porträt saß die Queen 2003 Modell.

55. Glaubt die Königin an Gespenster? Nein – das nicht. Aber sie ist überzeugt, dass der Geist ihrer Ahnfrau Elizabeth I. in Schloss Windsor zu spüren ist.

56. Elfmal wurde die Königin bisher als Skulptur verewigt. Erst kürzlich 2005 von der britischen Künstlerin Miss Angela Conner für die St.-Georgs-Kapelle von Windsor.

57. Der erste »königliche Spaziergang« fand während des Besuchs der Königin und des Herzogs von Edinburgh in Australien und Neuseeland 1970 statt. Auch zu ihrem 80. Geburtstag am 21. April 2006 machte die Queen einen »königlichen Spaziergang« durch Windsor – allerdings fuhren die betagte Dame und der ältere Herr mit einer Kutsche.

58. 1969 wurde der erste Fernsehfilm über das Familienleben der königlichen Familie gedreht und am Vorabend des Tages gezeigt, an dem Prinz Charles zum »Prinzen von Wales« gekürt wurde.

59. Eine wichtige Innovation während der Herrschaft der Königin war 1962 die Öffnung einer neuen Galerie im Buckingham-Palast, in der Teile der königlichen Sammlung gezeigt werden. Es war eine Idee von Prinz Philip, die Galerie ausgerechnet in der von Nazi-Bomben zerstörten Privat-Kapelle des Palastes zu errichten. Es war überhaupt das erste Mal, dass ein Teil des Palastes der Öffentlichkeit zugänglich gemacht wurde.

60. Eines der unangenehmsten Geräusche für ihre königlichen Ohren ist das harte Klirren von Eiswürfeln in Gläsern. Aus diesem Grund wurde eigens eine Maschine

angeschafft, die Eisbällchen herstellt. Diese sind kleiner als Würfel und daher auch weniger laut.

61. Jedes Jahr eröffnete die Monarchin das Parlament – außer 1959 und 1963, als sie Prinz Andrew und Prinz Edward erwartete.

62. Ihren ersten Staatsbesuch absolvierte sie als Prinzessin Elizabeth von Februar bis Mai 1947, zusammen mit ihrer Mutter und ihrem Vater (damals Königin Mary und König George VI.). Die Tour schloss Rhodesien und Bechuanaland, Swaziland und Basutoland (jetzt Lesotho) ein. Die Prinzessin feierte ihren 21. Geburtstag in Kapstadt. Rein aristokratisch gesehen war Elizabeth noch auf Staatsbesuch in Kenia, als ihr Vater George VI. in London starb – und sie ihm noch in Kenia als Regentin folgte. Der Staatsbesuch in Kenia wurde natürlich sofort unterbrochen, Elizabeth flog mit ihrem Ehemann Prinz Philip zurück nach London.

63. Die Königin war der erste britische Monarch, der China besuchte – im Jahr 1986.

64. Jedes Jahr nimmt die Queen eine Radioansprache zu Weihnachten für die Commonwealth-Länder auf – nur 1969 ließ sie aus. Warum? Da wurde der Film »Royal Family« wiederholt und zusammen mit einer geschriebenen Grußbotschaft der Königin ausgestrahlt.

65. Natürlich schickte die Königin auch ihre Glückwünsche an die Astronauten der Apollo 11 für ihre erste Mondlandung am 21. Juli 1969. Diese Worte waren bereits auf Mikrofilm aufgenommen und in einem kleinen Metallbehälter auf dem Mond niedergelegt.

66. Folgende Astronauten hat die Königin persönlich getroffen: Major Gagarin – der erste Astronaut im Weltall. Majorin Valentina Tereschkova – die erste Frau im

All. Neil Armstrong – der erste Mann auf dem Mond. Michael Collins und Edwin Aldrin und – weitere US-Astronauten.

67. Ihre erste E-Mail verschickte die Königin bereits 1986 von einer britischen Militärbasis aus.
68. Die Königin hasst Tennis. Sie hat es nie gelernt, kennt weder die Regeln noch findet sie irgendetwas Spannendes an diesem Ballspiel über ein gespanntes Netz.
69. Bereits sechs Erzbischöfe von Canterbury hat die Queen erlebt: Geoffrey Fischer, Michael Ramsey, Donald Coggan, Robert Runcie, George Carey, Rowan Williams.
70. 1982 besuchte Papst Johannes Paul II. Großbritannien; er war der erste Papst seit 450 Jahren, der britisches Territorium betrat. Als Oberhaupt der Church of England empfing ihn die Königin im Buckingham-Palast.
71. Die erste Moschee besuchte die Königin im Juli 2002 in Scunthorpe, Lincolnshire.
72. Die Königin nahm bisher an 50 Messen zum Gründonnerstag in 39 unterschiedlichen Kathedralen teil. Die Königin hat nur vier Messen versäumt, zweimal war sie auf Weltreise, zweimal war sie schwanger – mit Andrew und Edward.
73. Bargeld oder gar eine Kreditkarte hat die Queen nie dabei. Wird in einer Kirche um eine Kollekte gebeten, dann reicht ihr eine Hofdame druckfrische und gebügelte Fünf-Pfund-Noten.
74. Während ihrer bisherigen Regentschaft besaß die Königin und Hundenärrin mehr als 30 Corgis. Ihre erste Corgi-Dame bekam sie zu ihrem 18. Geburtstag 1944 – die Hundedame hieß »Susan«. Viele ihrer 29 weiteren Corgis stammten in direkter Linie von der legendären Susan ab.

75. Wie Corgis und Dorgis züchtet die Königin auf Schloss Sandringham auch Labradorhunde und Cockerspaniels. Es gibt eine spezielle Sandringham-Zucht von schwarzen Labradoren, die bereits 1911 entstand.
76. Die Königin interessiert sich – was alle wissen – statt für ihre eigenen Kinder mehr für Pferde und Pferderennen. Das erste Pony bekam Elizabeth von ihrem Großvater König George V. zu ihrem vierten Geburtstag geschenkt. Es war ein Shetland-Pony, das Peggy genannt wurde. Bis heute reitet die Königin bei Sandringham, bei Balmoral und bei Windsor. Die Königin interessiert sich auch für das Züchten von Rennpferden. In den letzten 200 Jahren haben königliche Pferde praktisch jedes große Rennen gewonnen. Die Königin hat etwa 25 Pferde im Training pro Saison.
77. Die Farben des königlichen Rennstalles sind: Purpurroter Grund mit Goldflechte, Scarlethülsen und schwarzer Samtkappe mit Goldband.
78. Die Königin setzt auch die seit langem existierende Brieftaubenzucht fort; diese begann 1886, als König Leopold II. von Belgien der britischen Königsfamilie als Geschenk Zuchttauben gab. 1990 nahm eine der königlichen Tauben am berühmten »Pau-Rennen« teil und kam als erste in der so genannten »offenen Disziplin« an. Damit ging sie als der »Sandringham-Blitz« in die Annalen ein. In Anerkennung dieses seltsamen Sports ist die Königin Gönnerin einer Reihe von »Renn-Gesellschaften«, einschließlich der »Royal Pigeon Racing Association«.
79. Die Königin und der Herzog von Edinburgh heirateten am 20. November 1947 in Westminster Abbey. Das Hochzeitskleid der Königin wurde von Sir Norman Hartnell entworfen und stammt aus der schweizerischen

Winterhur-Seiden-Manufaktur von Dunfermline, wobei die chinesischen Seidenraupen von Schloss Lullingstone kamen.

80. Die Damenschneider und -schneiderinnen der Königin über die Jahre waren: Sir Hardy Amies, Sir Norman Hartnell, Karl-Ludwig Couture, Maureen Rose eingeschlossen. Die königlichen Milliners waren: Frederick Fuchs, Philip Somerville, Marie O'Regan.
81. Der Hochzeitsring der Königin wurde von einem Nugget aus Waliser Gold gebildet, der aus der St. David's Mine bei Dolgellau kam. Der offizielle Hochzeitskuchen wurde von McVitie und Price Ltd. gefertigt, wobei Zutaten verwendet wurden, die von den Australian Girl Guides stammen.
82. Die Königin hat eine gewaltige Schmucksammlung, das meiste davon sind allerdings Kronjuwelen, manche wurden von ihr privat übernommen oder waren Geschenke. Sie besitzt zum Beispiel den größten rosafarbenen Diamanten der Welt. Andere, weltweit bekannte Objekte sind: eine Diamantenbrosche, die einen Spray von Wattle bildet, ein Geschenk der australischen Regierung aus dem Jahr 1954. Eine Halskette der größten geschliffenen Aquamarinsteine. Ohrringe aus Diamanten, ein Geschenk des brasilianischen Botschafters in ihrem Krönungsjahr. Diese trug die Queen beim Staatsbesuch 2004 in Frankreich.
83. Die Königin besuchte die Dreharbeiten der bekannten Serie »Coronation Street«, »East Enders« und »Emmerdale«.
84. 1997 schaltete die Königin die erste offizielle Website des Buckingham-Palastes fürs Internet frei.

Starke Frauen führen die »Firma Windsor«:
Nach Victoria und »Queen Mum« heute Elizabeth II. –
hier bei der Militärparade »Trooping the Colour«.

85. 1998 führte die Königin so genannte »Themen-Tage« ein, um gewisse Aspekte der britischen Kultur besser zu fördern und bekannt zu machen. Bisher gab es Tage zu folgenden Themen: City (Schwerpunkt: Finanzwirtschaft), Verlagswesen, Radio, Tourismus, Energiepolitik, Meer, Musik, Junge Forscher, Britisches Design und Pioniere.
86. Im Juni 2002 lud die Königin zum ersten öffentlichen Konzert im Garten des Buckingham-Palastes, um ihr Goldenes Jubiläum zu feiern. Dabei wurde sowohl klassische wie Pop-Musik geboten. Das Pop-Konzert »Party at the Palace« war eine der meist gesehenen TV-Übertragungen aller Zeiten, mit über 200 Millionen Zuschauern weltweit.
87. Als erstes Mitglied der königlichen Familie gewann die Queen eine »Goldene CD« von der Unterhaltungsindustrie – für 100 000 verkaufte CDs der »Party at the Palace«, produziert von EMI, ausverkauft in nur einer Woche.
88. Die Königin war Gastgeberin des ersten »Women of Achievement«-Treffens im März 2004 im Buckingham-Palast – eine Veranstaltung ausschließlich für Frauen.
89. Im November 2004 lud die Königin die gesamte Musical-Truppe von »Les Misérables« ein, für den französischen Präsidenten Jacques Chirac auf Schloss Windsor zu spielen.
90. Als junges Mädchen spielte die spätere Königin selbst in mehreren Pantomime-Aufführungen mit. Während des Zweiten Weltkriegs war sie auch einmal Prinz Florizel in »Cinderella«. Diese Darbietungen fanden alle im so genannten »Waterloo-Zimmer« von Schloss Windsor statt.

91. Bei der letzten Zählung im Jahr 2005 waren 88 Schwäne auf der Themse. Der erste königliche Schwan-Bewacher war übrigens bereits im 12. Jahrhundert tätig.
92. Unglaublich, aber wahr. Rechtlich gesehen gehören der Königin ebenfalls alle Störe, Wale und Delphine, die sich im Wasser vor Großbritannien tummeln. Ein Gesetz aus dem Jahr 1324, aus der Herrschaft von König Edward II. Dieses Gesetz ist bis heute gültig – daher werden Störe, Tümmler, Wale und Delphine als »königliche Fische« bezeichnet. Wenn diese innerhalb der Drei-Meilen-Zone gefangen werden, gehören sie zur Hälfte der Krone. Wenn heute einer dieser Fische gefangen und wie üblich im Hafen verkauft wird, so gehört es sich für den Käufer, der Queen zu danken – für ihre Loyalität und dafür, dass man diesen Fisch überhaupt annehmen durfte.
93. Was trinkt die Queen gern? Champagner? Nein danke! Bei Staatsbesuchen stößt sie zwar mit einer Schale Champagner an – tut allerdings nur so, als würde sie diesen wirklich trinken. Ihr Lieblingsgetränk alkoholischer Art ist süßer Rheinwein aus den Lagen des Herzogs von Hessen – verdünnt mit glasklarem Wasser aus den Quellen vom River Dee, abgefüllt auf ihrem Sommersitz Balmoral in Schottland.
94. Ihre eigene Beisetzung hat Ihre Majestät die Königin des Vereinigten Königsreichs von England und Schottland bereits auf die Sekunde genau geplant. Der Codename für ihre Beisetzung lautet übrigens »London Bridge«.
95. Was sagt die Königin zu sich und ihrem Leben? »Verglichen mit Zeitgenossen, sagt man mir nach, bin ich ziemlich gut gealtert.«

Und hoffen wir alle, dass Elizabeth II. wie ihre Mutter mindestens 101 Jahre alt wird! Noch besser wäre 103!

Der Tagesablauf der englischen Königin

Da sich England streng an die Greenwich-Zeit hält, geschieht auf dem Inselstaat alles eine Stunde früher als bei uns auf dem Kontinent.

6.00 Uhr: Der königliche Milchmann liefert seine Kästen mit der Milch der Jersey-Kühe aus Windsor Great Park ab. Es ist Vollmilch in Flaschen mit breitem Hals und der blauen Aufschrift »Her Royal Duty, Windsor«, verpackt in grüngoldenen Kartons, die extra für die königliche Familie gefertigt werden.

7.00 Uhr: Die neun Corgis der Königin werden an neun Leinen von einem Lakai ausgeführt.

8.00 Uhr: Die Hunde und eine Tasse Tee sind der Weckruf für die Queen. Die Ankleidedame der Königin betritt das Schlafzimmer mit einer Porzellankanne mit Earl-Grey-Tee. Die Corgis dürfen dann in ihr Zimmer.

8.30 Uhr: Die Königin öffnet ihre Schlafzimmertür. Woraufhin ein Lakai jeden Hund wieder einzeln einfangen muss – um sie mit neun verschiedenen Leinen zu versorgen. Was nicht immer ganz leicht ist: Einmal wurde ein Butler von der Kraft der starken Corgis so mitgerissen, dass er mit dem Kopf auf die Treppe schlug und ohnmächtig wurde. Die Fütterung der Hunde überlässt die Königin niemand anderem: Mit Silberlöffel und -gabel bereitet sie Portionen von »Pedigree Chum«, garniert mit frischem Kaninchenfleisch, einem Trockenkeks und der Sauce aus der Pedigree-Packung, zu. Sparsam wie die Queen nun mal ist, reicht sie ihren Hunden auch Reste, die vom Abend zuvor übrig geblieben sind. Der jeweils zuständige Hunde-Lakai muss neun gelbe Plastikschüsseln auf die Matte stellen, während sie ihre Corgis per Namen zu sich ruft. Was die Briten zu dem zynischen Witz animiert: »Wen liebt die Queen wirklich? Erstens ihre Pferde, zweitens ihre Hunde, drittens ihren Mann – und dann kommen irgendwann ihre Kinder.«

9.00 Uhr: Es ist Tradition seit Jahren. Die Königin begibt sich durch ihr privates Wohnzimmer zum privaten Frühstücksraum. Dort wartet auf sie: eine Scheibe Vollkorntoast, ein bisschen Butter und eine sehr dünne Schicht von dunkler Orangenmarmelade. Die Königin lässt in einem kleinen elektrischen Kocher aus den 50er Jahren Wasser aufbrodeln, um sich selbst in einer Silberkanne nochmals Tee aufzubrühen – wenn sie Lust danach verspürt.

Dazu dudelt unentwegt BBC 2 aus einem uralten Radiogerät.

Als Lektüre werden der Queen von ihr ausgesuchte Zeitungen gebracht, die in einer klaren Reihenfolge zu legen sind: »The Times«, »Daily Telegraph«, »Daily Express«, »Daily Mail«, »Daily Mirror« plus die gefaltete Titelseite von »Sporting House«, dazu die Zeitschriften »Harpers & Queen«, »Tatler« und »Horse and Hound«. Alle Druckerzeugnisse liest die Königin nicht – außer »Sporting Life« mit den Pferderennen und den Ergebnissen vom Vortag. Was die anderen Zeitungen angeht, so hat ihre Pressestelle für sie alles in eine Kurzform gebracht. Angereichert mit den wichtigsten Berichten der englischen Geheimdienste.

Das Wichtigste aber ist für die Queen das tägliche Kreuzworträtsel im »Daily Telegraph«: Diese Zeitung muss mit dem Rätsel nach oben gefaltet sein. Wenn sie mehrere Tage im Rückstand mit den Rätseln ist, macht das nichts: die Rätsel werden dann als Stapel aufbewahrt und sogar auf königliche Reisen mitgenommen.

Nicht eine Sekunde indes vergeudet die Königin mit der Lektüre der »Sun« des australischen Inhabers Rupert Murdoch. Diese Gazette scheint für sie schlicht und einfach nicht zu existieren.

9.30 Uhr: Sie begibt sich in ihre Arbeitsräume, die von ihr und ihren Mitarbeitern schlicht als »Office« (Büro) bezeichnet werden. In die holzgetäfelte Wand hinter dem Arbeitsplatz der Queen ist eine moderne Telefonanlage eingebaut, die vierzehn direkte Anschlüsse zu den Büros ihrer Ministerpräsidenten in London und den bedeutendsten Commonwealth-Ländern enthält.

Sie stehen in dauerndem Kontakt zu den Privatsekretären der Premierminister der Commonwealth-Länder, zu den Chefs der königlichen Verwaltungen und zu den zahlreichen Organisationen der »Privilegierten«, die theoretisch Tag und Nacht das Recht haben, bei Hofe zu erscheinen und den Souverän zu sprechen.

10.00 Uhr: Ihre Majestät empfängt ihre wichtigsten Vertrauten, als ersten ihren Privatsekretär, der eine geschlagene Stunde neben dem Schreibtisch der Monarchin zu stehen hat und ihr die wichtigsten Briefe, Fragen, Anliegen vorlegt. Nebenbei erwähnt: Die Königin besitzt kein Kommunikationssystem wie die meisten Topmanager. Sie drückt noch auf eine Klingel, und dann fällt ein rundes Fensterchen entsprechend dem Zimmer, in dem sie sich gerade befindet, in eine Holzbox, die die Angestellten im Auge haben, damit sie immer wissen, wo sich die Queen gerade aufhält.

11.00 Uhr: Jetzt beginnen zwei Stunden, die sich die Queen für private Audienzen freihält. Jetzt empfängt sie im berühmten »Bow Room« Minister, Botschafter oder ähnlich wichtige Personen.

12.45 Uhr: Kurz vor 13 Uhr lässt sich die Königin – und das ist bis heute eher unbekannt – einen kleinen Drink servieren: ein winziges Glas, gefüllt mit Gin und Dubonnet, mit zwei Würfeln Eis und einer Zitronenscheibe.

13.00 Uhr: Der königliche Lunch wird serviert. Die Monarchin schätzt keine internationale Küche, sondern derbe Hausmannskost, besonders Fisch. Dazu trinkt sie aus ihren eigenen schottischen Quellen gezapftes Mineralwasser.

14.00 Uhr: Ihre Majestät führt ihre Corgis aus, macht einen Spaziergang. Bevor sie zu ihren Geschäften zurückkehrt, gibt sie oft die Weisung, dass man doch Pferderennen in Ascot, Epson, Goodwood oder York per Videorekorder aufnehmen solle. Erst dann widmet sie sich ihrer Arbeit und liest auch die berühmte »rote Mappe« mit vertraulichen Regierungsberichten.

16.00 Uhr: Mehrfach in der Woche empfängt sie den Premierminister oder Mitglieder des Kabinetts zu Gesprächen; den Premierminister, so es dessen Verpflichtungen erlauben, »traditionsgemäß« am Dienstag – so wie es während des Krieges zwischen ihrem Vater und Sir Winston Churchill eingeführt worden ist. Als Tony Blair sich nicht an diese »Ordnung« halten wollte, kam es zu einem klärenden Gespräch unter vier Augen – fortan tauchte Blair, wann immer er konnte und kann, am Dienstag auf.

Wenn das Tagesprogramm durcheinandergeraten ist, weil die Königin offiziellen Verpflichtungen nachkommen muss, verlängert sie die Arbeitszeit in den darauffolgenden Tagen oder auch Wochen mitunter bis spät in die Nacht hinein.

17.00 Uhr: Egal, wo die Queen ist, in Asien oder Amerika oder Australien – punkt 17.00 Uhr ist »Tea Time«. Das heißt: die berühmteste Königin der Welt trinkt ihren aus dem eigenen Wasser von Balmoral aufgebrühten Earl-Grey-Tee, dazu kommt ein Spritzer Milch von den Kühen von Great Windsor Park, dann ein Sandwich ohne Rinde und meist auch etwas Süßes. Die Fruchtkuchen, die der Hofkonditor Robert Pine täglich frisch macht, bekommen meist die Corgis; kein Wunder, dass die Corgis der Queen alle etwas zu einer leichten Dickbäuchigkeit neigen – was nicht nur eine Frage der Rasse ist.

18.00 Uhr: Nicht immer, aber ab und zu genehmigt sich die Queen einen Hauch von Gin Tonic, anders als ihre Mutter, deren Gin-Gläser meist gut gefüllt und nicht mit Tonic verwässert waren.

20.15 Uhr: Im privaten Kreis – mit Prinz Philip zum Beispiel – wird das zwanglose Dinner serviert. Nie schwere Kost, sondern stets leichte. Zumal Prinz Philip auf sich und seine Ernährung äußert penibel achtet, ebenso die Queen.

Nimmt die Königin allein ihr Nachtessen ein, dann kann es schon vorkommen, dass sie sich nebenbei die TV-Serie »Morecambe and Wise« ansieht.

21.00 Uhr: Fast täglich schaut sich die Queen die Neun-Uhr-Nachrichten von BBC an. Diesen dürfen durchaus ausgedehnte Poker- oder Rommé-Partien folgen. Wenn man den Hofberichten aus zweiter Hand trauen darf, pflegt sie um Geld zu spielen, wobei den Teilnehmern der Kartenrunde vorher aus der Privatschatulle eigens angefertigte Jetons überreicht werden. »Sie hört nicht eher auf, bis sie nicht alles wieder zurückgewonnen hat«, beklagte sich einmal eine Hofdame.

Des Weiteren wird Elizabeth angedichtet, sie soll für amerikanische Fernsehkrimis schwärmen, für die Stars aus Opas Kino, vor allem aber für Cary Grant und Gary Cooper.

Sie liest auch gern die Kurz-Krimis von Georges Simenon über den Pariser »Kommissar Maigret«. Früher war sie der wohl bedeutendste Fan der TV-Serie »Dallas«, während sie »Dynasty« nicht so schätzte.

Ihre wahre Liebe aber gehört allem, was mit Pferden zu tun hat. Selbst eine hervorragende Reiterin, lässt sie kein bedeutendes Rennen aus; angeblich gibt es bei Hof sogar ein geheimes Wettbüro. Die Queen unterstützte auch die entsprechenden Neigungen ihrer Tochter Anne, die als Mitglied des englischen Military-Teams an den Olympischen Spielen 1972 teilnahm.

An der Hochzeit ihres Sohnes und Thronfolgers Charles mit Camilla Parker Bowles auf dem Standesamt in Windsor nahm sie teil, obwohl die BBC gleichzeitig das »Grand National«, das berühmteste Pferderennen der Insel, übertrug. Wahre Mutterliebe!

21.30 Uhr: Nach dem frugalen Abendmahl – meist bestehend aus frischem Gemüse – sorgen die Lakaien für ungestörte Ruhe, wenn das Monarchenpaar den Abend gemeinsam verbringt. Sie stellen, wie uns Paul Burrell, der spätere Butler von Prinzessin Diana, berichtet, zwei Gläser zusammen mit einer Flasche Malvern-Wasser für die Königin und eine Flasche Glenfiddich-Whisky plus eine Flasche Double-Diamond-Bier für ihren Ehemann Prinz Philip auf ein Tablett.

Doch damit ist der Tag für die Königin keineswegs schon beendet.

Jeden Abend erfüllt die Queen eine Pflicht, die sie sich selbst auferlegt hat: Mit ihrer steilen, aber klaren Handschrift schreibt sie in ihr »Königliches Tagebuch«. Nicht etwa mit einem Füllfederhalter, nicht per Computer, auch diktiert sie nie.

Nein. Die Queen beendet ihren Tag, wie einst Königin Victoria dies tat: mit einer Tagebucheintragung per Bleistift. Für das königliche Archiv, das irgendwann einmal das Tagebuch von Königin Elizabeth II. veröffentlichen wird, was wir kaum noch erleben dürften, dafür aber unsere Kinder, Enkel und Urenkel …

Prinz Philip – der geheime Verführer

Philip kennt kein Pardon: Er beleidigt alle, wenn er dazu Lust hat. Auch seine eigene Ehefrau, die Königin. Mag sie die Queen sein, zu Hause hat er die Hosen an, das ist ein weit verbreiteter englischer Witz, der aber stimmen soll.

Am Ende dieses Kapitels werden wir noch genauer auf die »Fehltritte« des Prinzgemahls eingehen. Hier sei im Vorwege zitiert, wie er fast beiläufig die englischen Ehefrauen kränkte, indem er sie kurzerhand mit Mätressen und Huren verglich: »Ich finde eine Prostituierte nicht moralischer als eine Ehefrau, beide tun ein und dasselbe.«

Als ein Abgeordneter ihn einmal fragte, warum er denn weiterhin zur Jagd ginge, obwohl er Präsident des World Wildlife Fund sei, fauchte Philip: »Sind Sie Vegetarier?«

»Nein«, erwiderte Anthony Beaumont-Dark, der Parlamentarier.

»Also essen Sie Wildfleisch?«

»Ja, aber wenn einer arme Vögel vom Himmel runterknallt, ist das was anderes.«

Philip protestierte. »Genauso gut könnten Sie sagen, ein Ehebruch sei in Ordnung, wenn man ihn nicht genießt.«

Der gab lächelnd zurück: »Sicher wissen Sie das besser als ich, Sir.«

John Barrat, der langjährige Butler des Herzogs von Edinburgh, beschrieb seinen Dienstherrn einmal wie folgt: »Er geht unentwegt auf Reisen, um die Leere seines Daseins als Prinzgemahl auszufüllen. Wahrscheinlich hätte er eine reiche Amerikanerin heiraten, sich amüsieren und dann scheiden lassen sollen. Wenigstens besitzt er eine gewisse Autonomie. Aber jetzt entsteht der Eindruck, er würde sich aushalten lassen, und das ist für einen so stolzen Mann demütigend.«

Barrat war zuvor jahrelang Privatsekretär von Lord Louis Mountbatten gewesen, dem Onkel von Philip. Eben jenem Mountbatten, dem böse Zungen unterstellt haben, der wahre Vater von Prinz Charles zu sein, da er auch ein sehr enger Freund und Berater von Königin Elizabeth war. Wohl ein weiteres Gerücht, obwohl sich der Thronfolger Charles von Louis Mountbatten stärker als von seinem eigenen Vater verstanden fühlte. So war ursprünglich vorgesehen, dass Charles Mountbattens Enkelin Lady Amanda Knatchbull heiratete. Doch zu diesem Zeitpunkt war Charles bereits Camilla verfallen und hatte die Vorstellung, nur noch eine Jungfrau heiraten zu können, was die feine Lady wohl nach einigen Schäferstündchen mit Charles nicht mehr war.

Lord Dickie – der Ziehvater von Philip

Wie nonchalant es mit der Treue in diesen hohen Kreisen zugeht, hat John Barrat noch kurz vor seinem Tod 1993 erzählt. So hatte Louis Mountbatten eine langjährige Liaison mit der Herzogin von Abercorn, seinem 40 Jahre jüngeren Patenkind. Glaubt man dem treuen Sekretär, trat Mountbatten seine Geliebte dann an Philip ab.

Überhaupt war Mountbatten, von allen »Dickie« genannt, immer ein Vorbild für Philip und auch für Charles. Mountbatten hatte alles, was Philip nicht hatte: eine reiche Frau, die ihren Mann das Geld mit beiden Händen ausgeben

Charles mit »Vätern«: Sein geliebter Großonkel Louis Mountbatten (Mi.) und Vater Philip (re.) bei einem Polospiel in Windsor Great Park 1975.

ließ, Freiheit, da Edwina von der Treue auch nicht viel hielt, und einen Lebensstil, der von Luxus und Eleganz geprägt war.

Louis Mountbatten war ein armer Schlucker, als er Edwina, die Tochter des immens reichen Bankiers Ernst Cassel, am 18. Juni 1922 in London heiratete. Ja, Sie erinnern sich richtig: Sie ist die Tochter des Bankiers, der schon König George VI. und dessen Geliebte Alice Keppel (die Urgroßmutter von Camilla) enorm reich machte. Zur Hochzeit bekam Louis dann auch einen Rolls-Royce Silver Ghost geschenkt. Beide besuchten Charlie Chaplin in Hollywood und drehten auf eigene Kosten den Stummfilm »Nice and Friendly«, in dem Dickie und Edwina ein Liebespaar spielten.

Die Rastlosigkeit von Edwina konnte auch die Geburt von Tochter Patricia 1924 nicht bändigen: Bereits drei Jahre nach der Hochzeit flüchtet sich Edwina in Affären mit Männern, gehört aber auch dem geheimen Club um Gloria Vanderbilt und Lady Milford Haven an.

Und Dickie? Er kümmerte sich liebevoll um seine beiden Töchter Patricia und Pamela und seinen Neffen. Der aus Griechenland stammende Prinz Philip war wie ein Sohn für ihn. Dickie ist es auch zu verdanken, dass Philip vor der Hochzeit mit Elizabeth den Namen »Mountbatten« annahm. Und somit doch etwas »britischer« erschien, als er wirklich war.

Als Edwina am 18. Februar 1960 in einem Spital in Burma tot aufgefunden wird, bricht für Dickie eine Welt zusammen. Ihre sterblichen Überreste werden an Bord der »HMS Wakeful« gebracht, da sich die exzentrische Edwina eine Bestattung auf hoher See gewünscht hatte.

Fortan kümmerte sich Dickie besonders um Charles: »Der ist durch und durch ein Mountbatten«, sagte er, was vielleicht doch wieder auf »spezielle Familienbande« hinweist. »Die Intelligenz kam durch meine Eltern in die königliche Familie«, lautet jedenfalls die bescheidene Meinung Dickies.

Am Morgen des 27. August 1979 um 11.45 Uhr reißt eine gewaltige Explosion Dickies Jacht, die »Shadow V«, bei der Ausfahrt aus dem irischen Hafen Mullaghmore in tausend Stücke. Von der Uferstraße aus hatten zwei Terroristen der irischen Untergrundorganisation IRA über die Entfernung hinweg eine Bombe gezündet. Dickie ist sofort tot. Prinz Philip ist vor Schock gelähmt, und auch Charles trauert: »Er war ein großer Mann. Ich habe ihn geliebt – und vermisse ihn sehr.«

Liebe nein – Sex ja

Von seinem Onkel Dickie Mountbatten hat Prinz Philip alles gelernt, auch den Umgang mit Frauen, die ihn nicht mit allzu viel »Liebe« belästigen sollten, sondern eher mit Sex erfreuen. Wie sich Prinz Philip den Unterschied zwischen Mann und Frau genau vorstellt, hat er uns selbst erklärt – anhand der weiblichen Stick- und Strickkünste: »Ich glaube, die Mädchen können alles, was sie mit ihren Händen machen, von ihren Gedanken trennen«, erklärte er dem walisischen Schriftsteller Glenys Roberts (nicht zu verwechseln mit Glenys Roberts von der »Daily Mail«).

Dass Prinz Philip kein Ehe-Engel war, haben wir ja schon immer geahnt. Das britische Gesellschaftsmagazin »Tatler« war so freundlich, die Namen der Damen aufzuzählen, die im Bett des heute 85-jährigen Prinzgemahls gelandet sein sollen.

Der »Fan-Club« von Prinz Philip

Keine Frage: Prinz Philip tummelte sich gern und oft in fremden Betten. Und er hatte wohl mindestens ein uneheliches Kind. Was der brillante Reporter Nicholas Davies in seinem Buch »Queen Elizabeth II – eine Frau ist nicht erfreut« liebevoll enthüllt. Er nennt nicht nur Schauspielerin Merle Oberon (»Scarlet Pimpernel«), gestorben 1979; Katie Boyle, einen blonden TV-Star, und Prinzessin Alexandra von Kent, die Cousine der Queen.

Nach den Recherchen von Davis hat die in Marseille geborene und 1996 in der Schweiz verstorbene Schauspielerin Hélène Cordet zwei Kinder, deren Vater sie nie bekannt gab: Max und Louise. Viele, die das Paar damals kannten, sind überzeugt: Philip ist der Vater der beiden. Max Boisot (benannt nach dem von Hélène 1946 geschiedenen Mann Marcel Boisot) wurde wie Charles nach Gordonstown zur Erziehung geschickt, von seinem »Paten« Prinz Philip.

Zum »Fan-Club« des smarten Philip gehörten auch laut »Tatler«, »Vanity Fair« und anderen Magazinen: Lady Kathleen Agnes Kennedy-Cavendish, Marquise von Hartington, die am 13. Mai 1948 gestorbene zweitälteste Tochter von Joseph P. Kennedy und Rose Kennedy, also die Schwester des US-Präsidenten John F. Kennedy. Sie soll Philip kurz erhört haben – einige Wochen vor seiner Hochzeit mit Elizabeth. Oder Lesley Leyland Fields, eine amerikanische Journalistin für Umweltthemen. Oder Baronin von Tollemache, eine Sportreiterin aus dem uralten Geschlecht der Helmingham und Tollemache. Weltberühmt wegen ihrer Rosenzucht. Oder Philippa de Pass, eine Hofdame der Queen.

Auch Lady Butter, die Frau des größten britischen Milchproduzenten, soll zu den »Fans« von Philip gehört haben. Wie auch Lady Anne Wallop-Neville. Sie war die Tochter des 9. Lords von Portsmouth, des Vizepräsidenten des Pressehauses Daily Mail Trust.

»Die Liste war eine gute Aufstellung, aber unvollständig«, sagt der Gesellschaftskolumnist Taki Theodoracopulos. »Wie jedermann weiß, ist Sasha (die Herzogin von Abercorn) Philips Geliebte. Sie schaffte es am längsten – sechs bis acht Jahre. Einmal fuhr er mit der »Britannia« in die Karibik, um eine Eröffnungsfeier in St. Kitts zu besuchen, weil sie dort sein würde.« Den Zeitungen wurde laut Taki ein Privatfoto von einer Karibik-Reise verkauft: Es zeigte Philip, nur ein Handtuch um die Taille geschlungen, einen Arm um die

Der schöne Philip Mountbatten: Am 20. November 1947 heiratete der Deutsch-Grieche seine Cousine dritten Grades: Elizabeth, zukünftige Königin Englands.

Herzogin gelegt, die einen Badeanzug trug. Ihr Ehemann James, der wenige Schritte hinter ihr stand, wurde aus dem Foto herausgeschnitten.

»James ist der netteste Mann der Welt«, sagte Taki Theodoracopulos, »aber er musste sich mit Philip abfinden.«

Auch der Ehemann einer weiteren Geliebten musste sich, glauben wir den Reportern und Butlern, mit Prinz Philip abfinden. So erinnert sich Philips ehemaliger Privatsekretär Barrat an Prinzessin Alexandra von Kent, die Tochter der 1868 gestorbenen Prinzessin Marina von Griechenland. Sekretär Barrat zu Biografin Kelley über Alexandra: »Sie ist eine Kusine ersten Grades der Königin – eine große blonde Schönheit, die Sir Angus Ogilvy geheiratet hat. Im Aussehen gleicht sie Prinzessin Anne, Philips Lieblingskind. Wie Sie vielleicht bemerken werden, sehen viele seiner Geliebten wie seine Tochter aus, groß und schmal gebaut, mit Pferdegebiss, gewelltem Haar und schlanken Knightsbridge-Beinen.«

Auch mit der weltberühmten Schriftstellerin Daphne du Maurier (»Rebecca«) wurde Prinz Philip mehr als nur Freundschaft unterstellt. Die beiden kannten sich, keine Frage. Daphnes Mann Gerald arbeitete im Buckingham-Palast. Doch in du Mauriers autobiografischen Aufzeichnungen finden sich keine Hinweise auf mehr als »Freundschaft«.

Anders sieht dies bei der britischen Schauspielerin Pat Kirkwood aus. Philip und Pat trafen sich im »Milroy Nachtclub«, tanzten eng umschlungen: »Wäre er nicht verheiratet gewesen, ich hätte ihn vernascht«, erinnert sich später Pat. »Aber ehrlich: Wir hatten keine Affäre.« Na, wer's glaubt …

Überhaupt ging im so genannten »Thursday-Club« die Post ab, der wohl hochkarätigste Männer-Club, den die Welt jemals hatte: mit den beiden wichtigsten »Helden«,

Prinz Philip und seinem besten Freund Prinz Bernhard der Niederlande, beide wahrlich keine »Kostverächter«.

»Hier kannst du Affären haben, und niemand wird es je wissen«, zitiert John Parker den Prinzen in seiner kritischen Philip-Biografie. Alles blieb diskret, bis die Schauspielerin Eva Bartok, eine spätere Ehefrau von Curd Jürgens, auspackte: »Die sexuellen Wünsche passten mir ganz und gar nicht!«

Die englischen Biografen schweigen sich aus über das Verhältnis zwischen Philip und der 1937 geborenen TV-Schauspielerin Anna Massey (»The Edwardian Country House«, »Sweet William«) und der italienischen Countess Bonnie Frescobaldi aus dem weltberühmten Wein-Geschlecht Frescobaldi. Dem smarten Philip widerstehen konnten jedenfalls wenige. So gehören zu seinem »Fan-Club« auch einige Hollywood-Stars wie »Busen-Wunder« Jane Russell, die ungarische Schönheit Zsa Zsa Gabor und »Irma la Douce« Shirley MacLaine. Allerdings wagte jahrelang niemand, sie im Zusammenhang mit Prinz Philip zu nennen.

Prinz Philip – die geheime Sphinx

Die einzige Journalistin, der Prinz Philip je ein Interview gab, ist Fiametta Rocco. Eine mit dem »Booker-Preis« geehrte britische Journalistin, die besonders mit ihren Büchern über Malaria weltweit für Aufsehen sorgte. Sie traf Philip 1995, nachdem sein Büro ihm zuvor fünfzig Personen genannt hatte, die ihr über ihn Auskunft geben könnten.

Was uns heute interessiert, ist die Frage von Fiametta Rocco über seine außerehelichen Affären. Seine Reaktion kam sofort: »Haben Sie jemals auch nur einen Gedanken daran verschwendet, dass ich mich seit vierzig Jahren niemals irgendwohin bewegen konnte, ohne dass mich ein Polizist begleitet? Wie zum Teufel hätte ich das hinkriegen können?«

Gut gebrüllt, Löwe. Keine Frage, wie er dies alles hingekriegt hätte. Gehört doch zu den Aufgaben der königlichen Sicherheitsbeamten, was einer von ihnen so umschreibt: »Unsere Pflicht ist es, die Person zu schützen, nicht ihre Moral. Wenn er sich in der Wohnung einer Frau aufhält, stehen wir draußen. Was er da drinnen macht, kümmert uns nicht, solange er unversehrt wieder auftaucht. Also kann er tun, was er will.«

50 Fakten über Prinz Philip

Nützliches und unterhaltsames Wissen über den Prinzgemahl aus den Archiven des Buckingham-Palastes.

1. Der Herzog von Edinburgh wurde am 10. Juni 1921 in der Villa »Mon Repos«, dem Sommersitz der griechischen Königsfamilie, auf der Insel Korfu geboren.
2. Er ist das jüngste Kind und (offiziell) der einzige Sohn von Prinz Andreas von Griechenland und Prinzessin Alice von Battenberg. Sein Großvater war ein Prinz von Dänemark, der König von Griechenland wurde. Der Herzog ist auch mit preußischen Königen und russischen Zaren verwandt. Er verzichtete 1947 auf seinen griechischen königlichen Titel und wurde nach seinem Dienst bei der Royal Navy als britischer Staatsangehöriger eingebürgert.
3. Der Herzog von Edinburgh und die Queen sind beide Ururenkel von Königin Victoria. Der Herzog ist direkter Nachkomme von Prinzessin Alice, dem dritten Kind von Königin Victoria. Queen Elizabeth II. stammt in gerader Linie von Königin Victorias ältestem Sohn Prinz Albert Edward (dem späteren König Edward VII.) ab.
4. Der Herzog war während des gesamten Zweiten Weltkriegs im aktiven Dienst der Royal Navy. Sein erster Posten bei der Marine im Alter von 18 Jahren war als Midshipman (unterster Seeoffiziersrang) auf der »HMS Ramillies«, die Geleitschutz für die ersten Kontingente

der alliierten Streitkräfte auf dem Weg von Australien nach Ägypten gab.

5. Der Herzog von Edinburgh wurde während des Zweiten Weltkriegs für seinen Einsatz belobigt. Seine Königliche Hoheit war auch an Gefechten beteiligt, wie der Seeschlacht bei Kap Matapan am 21. März 1941 gegen die italienische Flotte. Später wurde ihm das griechische Tapferkeitskreuz verliehen.
6. Gegen Ende des Zweiten Weltkriegs wurde Prinz Philip auf dem Zerstörer »HMS Whelp« im Pazifischen Ozean eingesetzt; die Kapitulation Japans am 2. September 1945 erlebte er in der Bucht von Tokio.
7. Von Juli 1951 an leistete der Herzog von Edinburgh wegen der zunehmenden offiziellen Verpflichtungen von Prinzessin Elizabeth keinen aktiven Dienst mehr bei der Marine. Am 15. Januar 1953 wurde er zum Flottenadmiral ernannt. Darüber hinaus führt er die militärischen Titel Feldmarschall des Heeres und Marschall der Royal Air Force. Insgesamt führt Seine Königliche Hoheit 42 militärische Titel, auch bei Streitkräften von Commonwealth-Staaten.
8. Neben dem Titel Herzog von Edinburgh führt Seine Königliche Hoheit auch die Titel Graf von Merioneth und Baron Greenwich. Alle drei Titel wurden ihm 1947 von König Georg VI. verliehen. Die Königin ernannte ihren Ehemann 1957 zu einem Prinzen des Vereinigten Königreichs.
9. Als Ehemann des Staatsoberhaupts wurde der Herzog von Edinburgh bei der Krönungszeremonie 1953 nicht gekrönt oder gesalbt.
10. Der Herzog lernte alle Arten von Flugzeugen zu fliegen. Sein RAF-Pilotenabzeichen erwarb er 1953, das Hub-

schrauberabzeichen 1956 und seine Lizenz für Privatflugzeuge 1959. Prinz Philip absolvierte 5986 Flugstunden in 59 verschiedenen Flugzeugtypen. Zum letzten Mal flog der Herzog am 11. August 1997, und zwar von Carlisle nach Islay.

11. Die Preise »Duke of Edinburgh's Award« und »International Award« wurden vom Herzog gestiftet, um junge Menschen zu ermuntern, neue Erfahrungen – auch sportlicher Art – zu sammeln, neue Kenntnisse zu erwerben und sich der Gemeinschaft nützlich zu machen. Seit 1956 haben über vier Millionen junge Menschen aus über 90 Ländern daran teilgenommen.
12. Der Herzog von Edinburgh ist Autor zahlreicher Bücher zu Themen wie Umwelt, Technologie, Pferde und Tiere. Sein Buch »Down to Earth« (1988) wurde sogar ins Japanische übersetzt.
13. Prinz Philip hat die Königin auf all ihren 251 offiziellen Auslandsreisen begleitet. Die erste war die Krönungsreise durch das Commonwealth von November 1953 bis Mai 1954, die durch die Karibik, Australasien, Ceylon, Afrika und Europa führte. Hierbei wurde eine Strecke von 70 181 km zurückgelegt.
14. Der Herzog von Edinburgh hat bisher mindestens 18 567 offizielle Verpflichtungen wahrgenommen – zusätzlich zu denen, bei denen er die Königin begleitete –, also durchschnittlich 371 pro Jahr. 2001 nahm er 363 eigene Termine im In- und Ausland wahr.
15. Der Herzog von Edinburgh ist Privy Counsellor (Mitglied im Geheimen Staatsrat). Bis 1999 war Prinz Philip Mitglied des Oberhauses, meldete sich aber wegen seiner Nähe zur Königin, die politisch neutral bleibt, nie zu Wort.

16. In den Organisationen, die der Herzog von Edinburgh vertritt, führte er den Vorsitz bei über 1454 Sitzungen.
17. Prinz Philip ist seit 1952 Schirmherr der Industrial Society. Er hat Forschungsstationen und Labors besichtigt und die verschiedensten Formen von Arbeitsplätzen in ganz Großbritannien gesehen. 1976 war er Initiator der Fellowship of Engineering, jetzt Royal Academy of Engineering, einer Institution zur Förderung der Ingenieurwissenschaften.
18. Der Herzog von Edinburgh ist erst der fünfte Gemahl einer regierenden Königin in der britischen Geschichte. Philipp II. von Spanien war der Gemahl von Maria I.; Wilhelm III. regierte gleichzeitig mit Maria II. (obwohl sie als Tochter von Jakob II. dem Thron näher stand). Der Gemahl von Königin Anne erhielt nicht den Königstitel, sondern blieb Prinz Georg von Dänemark. Prinz Albert wurde 1857 von Königin Victoria zum Prinzgemahl ernannt.
19. Dem Thema Umwelt widmet sich der Herzog von Edinburgh seit langem mit besonderem Interesse. Er war der erste Präsident des World Wildlife Fund (UK) von seiner Gründung 1961 bis 1982 und von 1981 bis 1996 Internationaler Präsident des WWF (jetzt World Wide Fund for Nature) und ist jetzt Präsident Emeritus. Er hat WWF-Projekte in über 40 Ländern auf allen Kontinenten besucht.
20. Die offizielle Livreefarbe des Herzogs von Edinburgh ist ein dunkles Grün, bekannt als »Edinburgh Green«. In dieser Farbe sind seine Dienstlivreen und Privatautos gehalten. Der Page des Herzogs von Edinburgh trug bei der Krönung Dunkelgrün und Silber.
21. Ein weiteres Hobby des Herzogs von Edinburgh ist die

Geschichte der Seefahrt. Seine Königliche Hoheit wurde 1948 zum Treuhänder des National Maritime Museum ernannt. Er engagierte sich sehr für die Erhaltung des Teeschiffs »Cutty Sark« – es liegt jetzt als Museumsschiff in Greenwich vor Anker – und spielte eine maßgebliche Rolle bei der Gründung des Maritime Trust.

22. Prinz Philip setzte sich sehr für die Restaurierung von Windsor Castle ein, nachdem es 1992 durch ein Feuer beschädigt worden war. Er war Vorsitzender des Restaurierungsausschusses für den Wiederaufbau.
23. Der Herzog von Edinburgh gab im Mai 1961 als erstes Mitglied der königlichen Familie ein Interview im Fernsehen. Der Herzog hat auch Fernsehsendungen präsentiert, zum Beispiel im Mai 1957 eine BBC-Sendung über seine viermonatige Commonwealth-Reise.
24. Auch prosaische Aspekte des Lebens, zum Beispiel Gebäude, spielen für Prinz Philip eine Rolle. Von 1975 bis 1980 war er Präsident des Nationalen Verbandes der Wohnungsbaugenossenschaften; von 1973 bis 1997 war er Vorsitzender des Restaurierungsausschusses von Westminster Abbey, der für die Reinigung der Fassaden und die Renovierung des Kircheninneren verantwortlich war.
25. Der Herzog hat auch ohne die Königin weitläufige Reisen unternommen, sowohl im Rahmen seines Dienstes bei der Marine wie auch in Wahrnehmung seiner öffentlichen Ämter. Er machte zwei Weltreisen in der Royal Jacht »Britannia«, die ihn im Auftrag der Königin – auf einer Strecke von 116 540 Meilen – in die entlegensten Gebiete des Commonwealth führten. Eine viermonatige Reise in den Südatlantik führte ihn 1956–57 zu den Falkland-Inseln, Süd-Georgien, Tristan da Cunha, Ascension Island und St. Helena.

26. Der Herzog ist Gründer der Commonwealth Study Conferences. Thema der seit 1956 alle sechs Jahre veranstalteten Konferenzen sind die menschlichen Aspekte industrieller Fragen in den Commonwealth-Staaten im Hinblick auf die Heranbildung hoch qualifizierter Führungspersönlichkeiten für Industrie und Wirtschaft.
27. Der Herzog von Edinburgh ist Oberst der Grenadier Guards. Bei der Fahnenparade begleitet er die Königin stets zu Pferde und trägt die entsprechende Uniform.
28. Prinz Philip hat als Kind sieben Jahre in Frankreich gelebt; er spricht noch immer gut Französisch.
29. Der Herzog von Edinburgh war beziehungsweise ist auch Chancellor (ehrenamtlicher Rektor) der Universitäten Cambridge (seit 1976), Edinburgh (seit 1952), Salford (1967–91) und Wales (1948–76). Er ist auch Mitglied auf Lebenszeit im Hochschulbeirat des King's College, London.
30. 1963 stiftete der Herzog von Edinburgh eine Dudelsack-Trophäe für die pakistanische Armee. Die Idee für diesen Wanderpokal kam ihm, nachdem er 1961 bei einem offiziellen Besuch in Pakistan zusammen mit der Königin einer Darbietung der Musikkorps der pakistanischen Armee beigewohnt hatte.
31. Der Herzog von Edinburgh ist ein geübter Redner. Seine Königliche Hoheit hat 4632 Reden bei Sitzungen, Konferenzen und Empfängen gehalten – das sind durchschnittlich acht Reden pro Monat über 50 Jahre hinweg.
32. Der Herzog von Edinburgh interessiert sich besonders für die Möglichkeiten, die englische Sprache zur Förderung der Kommunikation zwischen verschiedenen Nationen zu nutzen. Seit 1952 ist er Präsident der English Speaking Union, einer Gesellschaft, die Stipendien ver-

gibt, Austauschprogramme durchführt und öffentliche Redeveranstaltungen in aller Welt organisiert.

33. Seit 1959 wird der Prince Philip Designer's Prize vergeben. Jedes Jahr wird ein britischer Designer oder Leiter eines Designer-Teams ausgezeichnet, dessen vorbildliche Arbeit sich positiv auf das Ansehen des Designs in der Öffentlichkeit und auf den Status der Designer in der Gesellschaft ausgewirkt hat.
34. Prinz Philip hat sich immer sehr für die »Queen's Awards for Export & Technology« bzw. »The Queen's Awards for Industry«, wie sie ursprünglich hießen, engagiert. Dieser Preis wurde erstmals 1965 vergeben und dient der Würdigung bedeutender Verdienste um die britische Industrie und die technologische Entwicklung.
35. Die Queen's Gallery am Buckingham-Palast, in der Kunstausstellungen aus der Königlichen Sammlung gezeigt werden, wurde auf Vorschlag des Herzogs von Edinburgh gebaut. Die Galerie entstand durch Umbau der von Bomben beschädigten Privatkapelle und wurde im Juli 1962 der Öffentlichkeit zugänglich gemacht.
36. 1958 beauftragte der Herzog von Edinburgh den angesehenen britischen Komponisten Benjamin Britten, für den St. George's Chapel Choir in Windsor neue Chorsätze für das Jubilate und das Tedeum zu schreiben. Die modernen Chorsätze bedeuten einen Neuanfang für die bislang traditionelle Chormusik der Kapelle.
37. Prinz Philip ist Schirmherr oder Präsident von 814 Organisationen. Am längsten steht er mit dem Bund Londoner Jugendclubs in Verbindung, für den Seine Königliche Hoheit 1947 die Schirmherrschaft übernahm. Seit 1948 ist er Präsident des Nationalen Verbandes zur Erhaltung von Sportplätzen.

38. Zusammen mit Kronprinz Hassan von Jordanien und Sir Evelyn Rothschild initiierte der Herzog von Edinburgh vor ein paar Jahren den Interkonfessionellen Dialog zwischen Christen, Muslimen und Juden. Das Forum trifft weiterhin regelmäßig zu Gesprächen über Fragen von gemeinsamem Interesse zusammen.
39. Der Herzog von Edinburgh hat ohne die Königin 223 Reisen in 67 Commonwealth-Staaten und 385 Reisen in 74 andere Länder unternommen, das ist ein Jahresdurchschnitt von 12 Ländern über 50 Jahre hinweg.
40. Von 1952 bis 1999 war der Herzog von Edinburgh Präsident des Beratungsausschusses der Königlichen Münze für die Gestaltung von Münzen, Siegeln und Medaillen.
41. Als Präsident der Internationalen Reiterlichen Vereinigung von 1964 bis 1986 wurden unter Prinz Philips Ägide internationale Regeln u. a. für Distanzreiten und Springen aufgestellt, außerdem wurden Veterinärausschüsse und tierärztliche Bestimmungen eingeführt.
42. Der Herzog beteiligte sich an der Innengestaltung der Royal Jacht »Britannia«, die bei vielen Reisen ins Commonwealth und andere Staaten als schwimmende königliche Residenz diente.
43. 75 Preise und Medaillen sind mit dem Herzog von Edinburgh in Verbindung zu bringen. Die ungewöhnlichste Trophäe ist der so genannte »Silver Wink«. Studenten der Universität Cambridge hatten Prinz Philip 1958 zu einer Partie Flohhüpfen aufgefordert, und der »Silver Wink« wird seit 1961 dem Gewinner der »Interuniversitären Flohspiel-Meisterschaften« verliehen.
44. Der Herzog benutzt eine mit Flüssiggas betriebene Taxi-Limousine, um zu seinen Terminen innerhalb Londons zu gelangen – häufig ohne erkannt zu werden.

45. Das Wohl früherer Soldaten und Soldatinnen liegt dem Herzog sehr am Herzen. Seit 1974 ist er Groß-Präsident der British Commonwealth Ex-Services League, einer Fürsorgeeinrichtung für Ehemalige.
46. Der Herzog ist seit 1952 Präsident der Königlichen Gesellschaft zur Förderung von Kunst, Handwerk und Handel (RSA). Die Organisation dient dem Gedankenaustausch, fördert aber auch praktische Projekte und vergibt Preise in den Bereichen Design, Kunst, Bildung, Umwelt und Wirtschaft.
47. Der Herzog von Edinburgh hat seine eigene persönliche Standarte. Die ersten drei Viertel symbolisieren Prinz Philips Abstammung: Dänemark (Löwen und Herzen); Griechenland (weißes Kreuz auf blauem Grund); Mountbatten (zwei schwarze Pfähle auf weißem Grund). Das vierte Viertel zeigt das Wappen der Stadt Edinburgh und steht für seinen Titel.
48. Prinz Philip ist Ehrenbürger der Städte Acapulco, Belfast, Bridgetown (Barbados), Cardiff, Daressalam (Tansania), Edinburgh, Glasgow, Guadalajara, London, Los Angeles, Melbourne und Nairobi.
49. Der Herzog von Edinburgh ist Ritter des Hosenbandordens und Ritter des Distelordens. Seine Königliche Hoheit ist außerdem Großmeister und Erster Ritter des Ordens des Britischen Reiches, der im 20. Jahrhundert gestiftet wurde, um die Verdienste von Mitgliedern der allgemeinen Öffentlichkeit zu würdigen.
50. Die Bewohner der Insel Tanna, die zu Vanuatu im Südwestpazifik gehört, verehren den Herzog von Edinburgh als Gott. Vanuatu war früher das britisch-französische Kondominium der Neuen Hebriden. Prinz Philip stattete ihnen 1971 dort einen Besuch ab.

Prinz Philips Fehltritte

Zweifellos verfügt der Herzog von Edinburgh über große Routine in Sachen Staatsbesuche und Diplomatie. Umso erfrischender, dass er bisweilen kein Blatt vor den Mund nimmt, selbst auf die Gefahr, sein Gegenüber zu düpieren. Hier eine Auswahl seiner bekanntesten Fehltritte:

Der Holland-Fehltritt

1958 entfuhr es dem Prinzgemahl beim Staatsbesuch in Den Haag, wohl mit Blick auf Königin Juliane I. und deren Tochter Beatrix: »Schaut euch diese Holländer an! Gesichter wie Hintern!«

Der China-Fehltritt

Als die Queen und der Herzog am 16. Oktober 1986 auf Staatsbesuch in China weilten, traf Prinz Philip eine Gruppe junger Briten, die an der North West University in Xian studierten. Sie interessierten den Herzog besonders, weil sie von der Universität Edinburgh kamen. Der Herzog plauderte ungezwungen und zeigte sich erstaunt darüber, dass die Studenten ein ganzes Jahr in China blieben – lange genug, um »wie die Einheimischen zu leben und mit Schlitzaugen heimzukommen«.

Der Kanada-Fehltritt

1987 in Vancouver (Kanada) vor dem Rathaus verkündete er: »Hiermit erkläre ich dieses Ding – was immer es auch ist – für eröffnet.«

Der Deutschland-Fehltritt

1992 begrüßte er den damaligen Bundeskanzler Helmut Kohl höflich auf Deutsch, jedoch mit den Worten: »Willkommen, Herr Reichskanzler!«

Der Budapest-Fehltritt

1993 traf er einen britischen Landsmann in Budapest, den er mit der Feststellung verblüffte: »Sie können aber noch nicht lang in Ungarn leben – Sie haben ja gar keine Wampe.«

Der Schottland-Fehltritt

1995 fragte der Herzog einen Fahrlehrer in Oban, Schottland: »Wie schaffen Sie das nur, die Einheimischen lange genug vom Trinken abzuhalten, dass sie die Prüfung bestehen?«

Der Indien-Fehltritt

1997 wurde er gefragt, was er mit seinem Kommentar über einen Sicherungskasten in Schottland gemeint habe, von dem so viele Drähte heraushingen, als hätte ihn »ein Inder« zusammengebaut. Er antwortete: »Waren Sie mal in Indien und haben sich die Sicherungskästen dort angesehen?«

Der Papua-Neuguinea-Fehltritt

1998 meinte er launig zu Studenten, die gerade durch Papua-Neuguinea gewandert waren: »Wie haben Sie es geschafft, nicht gefressen zu werden?«

Der Australien-Fehltritt

2002 erkundigte er sich in Australien anlässlich einer kulturellen Darbietung von Aborigines, den Ureinwohnern Australiens, bei seinem Gastgeber: »Bewerft ihr euch immer noch mit Speeren?«

Das geheime Liebes-Quartett – Anne, Charles, Camilla und Andrew

Wir schreiben das Jahr 1965, genauer gesagt, den 19. Mai. Camilla Shand, die Tochter von Rosalind und dem Immobilien- und Weinhändler Major Bruce Shand, gehört zu den 311 »Jungfrauen«, die als Debütantinnen in die Gesellschaft eingeführt werden. Dieser »Heiratsmarkt« findet im noblen Hotel Grosvenor House in Mayfair statt und wird unter der Hand als »Curtsy to the Cake«, als Knicks vor dem Kuchen, bezeichnet, wie uns Camilla-Biografin Tatjana Gräfin Dönhoff erklärt, ein dreistöckiger Kuchen, vor dem alle einen Knicks machen – nun gut: früher saß an dieser Stelle die Königin. Bei ihrem Debüt lernt die Sekretärin Camilla Shand aus dem Inneneinrichtungsgeschäft Colefax & Fowler den reichen Sohn Kevin Burke aus der Dynastie der Flugzeugfirma Hawker-Siddekey kennen – doch es erwächst keine tiefer gehende Beziehung.

Viel gelernt hatte die am 17. Juli 1947 im Londoner King's College Hospital geborene Camilla nicht auf der Queen's Gate School. Sie weiß aber, wie man Schecks ausstellt und Bridge spielt – und vor allem, wie man reitet.

Wir befinden uns mitten im »Swinging London«, die Kleider sind Twiggy-kurz, die Pille ist auf dem Markt, und man treibt's eben kunterbunt.

»Camilla wollte Spaß haben, aber auch einen reichen Mann. Denn das war für sie der größte Spaß«, erinnert sich die Schauspielerin Lynn Redgrave an ihre Mitschülerin Camilla. Damals wie heute neigt diese zu einer gewissen Schlampigkeit.

»Sie hat eine starke Abneigung gegen alle Sorten von Reinigungsmittel«, meint Virginia, die Tochter von Ex-Außenminister Lord Carrington, über ihre Mitbewohnerin in der Zwei-Zimmer-Wohnung an der Ebury Street in Chelsea.

Bereits im Herbst 1966 ist Camilla wieder auf Männerfang. Diesmal fällt ihr geschultes Auge auf einen groß gewachsenen, schneidigen Leutnant namens Andrew Parker Bowles, acht Jahre älter als sie. Ihren Begleiter Rupert Hambro lässt sie stehen, widmet sich jetzt ganz ihrem neuen »Opfer«.

Andrew Parker Bowles – der Sex-Athlet

Dieser ist ein stadtbekannter Frauenheld. Oder wie eine seiner Freundinnen sagt: »Sein größtes Geschenk an die Damen war, ihnen beizubringen, dass Sexualität gesund ist und etwas, das eine Frau entdecken sollte. Camilla war ja fast noch unschuldig, als sie Andrew traf, doch zusammen verbrachten sie viele, viele Nächte. Er lehrte sie alles, im besten Sinne des Wortes.«

Camilla-Biografin Caroline Graham zitiert auch einen Freund, der vom lustbetonten Leben der beiden in Andrews Wohnung an der Portobello Road in Notting Hill beredt Zeugnis ablegt: »Wenn ich an einem Samstagmorgen zu ihm ging, war Andrew meistens auf und machte Frühstück und kochte Kaffee. So gegen elf stolperte dann Camilla die Treppe herunter, mit verschlafenen Augen. Meistens hatte sie sich nur ein Hemd von Andrew übergezogen. Dann setzte sie sich auf Andrews Schoß, streichelte sein Haar und seinen Nacken. Sehr oft verschwanden sie mitten am Tag wieder im Schlafzimmer, und wir hörten nur noch Gekicher und Gestöhne. Sie hatten ganz klar ein lustbetontes, gesundes Sexleben.«

Doch Andrew konnte nicht treu sein! Als Camilla ihn mit einer anderen erwischte, fauchte sie ihn an: »Ziemlich durchschnittlich, mein Alter.«

Als sie Andrew mit einer seiner Geliebten, Lady Caroline Percy, der Schwester des Duke of Northcumberland, sieht, rächt sie sich auf ihre Weise und beginnt eine Liebelei mit ihrem Ex-Freund Rupert Hambro.

Doch dann öffnen sich ihr ab 1970 höhere Kreise …

Prinzessin Anne – die »heiße« Reiterin

Lange Zeit war Prinzessin Anne das am wenigsten populäre Mitglied der königlichen Familie. Kühl und distanziert wirke sie, hieß es. Sogar Hochmut wurde ihr attestiert. Dem konnten aber ihre Männer und Liebhaber keineswegs zustimmen: »Prinzessin Anne hat eine Libido«, schreibt der britische Autor Christopher Wilson, »die der von Andrew ebenbürtig ist. Sie hatten eine heiße Affäre, die beiden sehr viel Befriedigung verschaffte.«

Charme hatte Anne vielleicht nicht (Zitat: »Nur ein toter Reporter ist ein guter Reporter«), aber »sie hat einen Körper, der wunderbar ist, den sie leider immer unter ihren tantenhaften Kleidern verbirgt«, so ein Freund.

Anne Elizabeth Alice Louise, Prinzessin von Großbritannien und Nordirland, wurde am 15. August 1950 in Clarence

House in London geboren. Sie ist das zweite Kind der damaligen britischen Thronfolgerin und heutigen Königin Elizabeth II. und des Prinzen Philip, Herzog von Edinburgh. 1959 wurde sie Pfadfinderin, 1968 beendete sie die Schule auf dem Mädcheninternat Benenden School in Kent.

Sie ist eine der besten Military-Reiterinnen, die England jemals hatte. Ihre Tochter Zara (geb. 1981) gewann im August 2006 in Aachen die Weltmeisterschaft in derselben Disziplin. 1971, im Jahr ihrer heißen Affäre mit Andrew Parker Bowles, wurde sie in Burgley Europameisterin im Military-Reiten, der vielseitigsten, gefährlichsten und auch umstrittensten Disziplin des Pferdesports. Im selben Jahr ernannte sie die BBC zur britischen »Sportlerin des Jahres«.

Ende 1971 zieht sich der katholische Andrew von der Anglikanerin Anne zurück; statt Andrew darf jetzt sein Offiziersfreund Mark Phillips Anne »betreuen«.

Charles – die geschundene Seele

Wir müssen Charles gerecht werden. Er ist eine geschundene Seele. Erinnern wir uns doch kurz an seine freudlose Kindheit.

Was für eine Kindheit? Im Kindergartenalter wird Charles zusammen mit seiner kleineren Schwester Anne zweimal am Tag zu einer kurzen Audienz zu seiner Mutter vorgelassen. Morgens um 9.00 Uhr bringen Gouvernanten die beiden Kinder zu ihrer Mutter. Punkt 9.30 Uhr werden sie wieder abgeholt. Wenn Charles sich verabschiedet, macht er einen Diener.

Gegen Abend darf er noch einmal seine Mutter sehen. Aber nur, wenn es ihr gerade passt.

Nachdem Charles im Fach Mathematik scheitert, in Geschichte seinen schwachen Vorfahren König George III. als »wundervollen Exzentriker« verteidigt, geht es ab in Papas alte Zuchtanstalt, die Drillschule Gordonstown, bekannt für eiskalte Duschen, körperliche Züchtigung. »Es war die Hölle«, erinnert sich Charles. Nein, ein »ganz normaler junger Mann« durfte Charles nie sein. Zur selben Zeit, als Cambridge-Studenten gegen den Vietnamkrieg protestieren, quält er sich auf Pferde, um Polo zu »lieben« – und drischt seinen Schläger fast öfter gegen die eigenen Beine und die Fesseln seines Pferdes als den kleinen Ball.

Jeder Bodenhaftung längst enthoben, nennt er Hippies »Freaks« und Feministinnen »idiotische Männerfeinde« (ganz der Papa). Damals schlüpfte Charles in sein bis heute brüchiges Psychogerüst: »Ich bin eben ein Mann von gestern.« Er preist die Freuden sexueller Unerfahrenheit, die Heiligkeit der Ehe. Zumal er von Philip und dessen außerehelichen Eskapaden mehr weiß, als er bis heute zugibt. Wobei seine Verehrung gegenüber dem einst geliebten Vater in zynische Missachtung umgeschlagen ist.

Tatsächlich ist das Verhältnis zwischen Sohn und Vater heute von gegenseitigem Misstrauen, wenn nicht von offener Feindschaft geprägt. Öffentlich wurde das Zerwürfnis spätestens, als Prinz Philip zu seinem 80. Geburtstag lakonisch erklärte, Charles müsse »noch viel an sich arbeiten, wenn er einmal ein guter König werden will«.

Bei anderer Gelegenheit erklärte der eigene Vater seinen Sohn für »affektiert« und »extravagant«. Von Seiten der Mutter erfolgte übrigens keinerlei Dementi. Von Prinz Philip hält Charles wenig bis nichts. Seinen Brüdern Andrew und Edward geht er aus dem Weg. Vor der Spitzzüngigkeit seiner Schwester Anne hat er Angst.

Die ersten Worte, die Camilla Rosemary Shand und Prinz Charles Philip Arthur George miteinander wechselten, sind nicht bekannt.

Laut dem Haus-Biografen von Charles, Jonathan Dimbleby, trafen sich Camilla und Charles erstmals in der chilenischen Botschaft dank einer seiner ersten Sex-Partnerinnen, Lucia Santa Cruz. Mollie Butler, die Frau des einstigen Tory-Ministers, schreibt in ihren Memoiren: »Lucia war ein glückliches Beispiel für eine Frau, an der sich Charles sicher seine ersten Zähne ausbeißen durfte.«

Eine andere Version des ersten Treffens erzählt uns Camilla-Biografin Caroline Graham: Es war ein typisch englischer Sommertag, das heißt, es regnete in Strömen, und Windböen pfiffen über das Polofeld im Windsor Great Park. Prinz Charles stand mit nassem Haar neben einem seiner geliebten Poloponys und streichelte die feuchte Mähne des Tieres. Plötzlich tauchte eine Person in grünen Gummistiefeln, braunen Cordhosen und einer tropfnassen Barbour-Jacke neben ihm auf.

»Das ist ein schönes Tier, Sir«, sagte eine Frauenstimme.

Charles drehte sich um und blickte die Frau an, die das nächste Vierteljahrhundert seines Lebens bestimmen sollte.

Sie lächelte entspannt und sagte: »Ich heiße Camilla Shand und freue mich, Ihre Bekanntschaft zu machen.«

Ein angeblicher Zeuge erinnert sich an den Wortwechsel im Juni 1970: »Camilla sah, wie wir alle an diesem Tag, fürchterlich aus. Es goss, und die meisten waren enttäuscht, weil das Polospiel witterungsbedingt verschoben wurde. Camilla sah den Prinzen allein am anderen Ende des Feldes stehen. Ohne eine Spur von Nervosität ging sie zu ihm hinüber und begann mit ihm zu reden. Um ehrlich zu sein: Niemand fand das überraschend oder seltsam. Sie gehörte schließlich seiner Gesellschaftsschicht an.«

Wieder eine andere Geschichte erzählt uns Tatjana Gräfin Dönhoff. Demnach wurden sich die beiden an einem Wochenende auf Broadlands, dem Sitz seines Großonkels »Dickie« Mountbatten, vorgestellt. »Dickie« versuchte ja immer, Charles von den Sinnenfreuden zu überzeugen, ohne dass Charles gleich in einen Skandal verwickelt würde. Dafür hat Onkel »Dickie« auf den Bahamas sogar einen Fonds eingerichtet, um bei Bedarf Schweigegelder auszahlen zu können.

Tatjana Gräfin Dönhoff schreibt: »Es heißt, zwischen 1974 und 1979 wäre das zwei- bis dreimal passiert.«

Auf einer Party von »Dickie« soll Lucia Santa Cruz Charles gesagt haben: »Ich habe das ideale Mädchen für dich gefunden.« Es war Camilla Shand.

Camilla soll Charles mit dem mittlerweile berühmten Ausspruch Mut gemacht haben: »Meine Urgroßmutter war die Geliebte Ihres Urgroßvaters. Wie wäre es mit uns?«

Und auf Worte folgten bald schon Taten. Nach einem gemeinsamen Abend mit seiner Schwester Anne und deren neuem Flirt Gerald Ward im Nachtclub »Annabell's« verschwinden Charles und Camilla in die Ebury Street, wo Charles wohl erstmals in seinem Leben echten, guten Sex hat. Sex, den er nie vergessen wird.

Charles ist von Camilla besessen: Er nennt sie »Gladys« (nach der »Spike Mulligan Show«), sie ihn »Fred« – nach der TV-Blödelei »Goon Show«. Camilla ist, wie ein Freund ausplauderte, »allgemein bekannt dafür, im Bett sehr gut, ja hervorragend zu sein.« Und Charles mit seinen Segelohren,

Das Liebesquartett (ohne Anne) im London der wilden Siebziger: Charles (Vordergrund), Camilla (li.) und ihr gehörnter Ehemann Andrew (Mi.).

seinen Hängeschultern, seinem nervösen Mundzucken und seiner negativen Lebenshaltung ist entzückt, verzaubert. »Sie gibt ihm das Gefühl, etwas Besonders zu sein«, schreibt Mountbatten-Biograf Philip Ziegler. Sie ist im besten Sinne »excellent mistress material«.

Zwischenbilanz bei Anne, Andrew, Camilla und Charles

Wir haben also folgende Konstellation: Prinzessin Anne geht mit Andrew Parker Bowles, dem Geliebten von Camilla Shand, eine Liaison ein. Camilla wiederum geht mit Prinz Charles, dem Bruder von Prinzessin Anne, ins Bett. Ob das gut geht?

Andrew ist Katholik, kommt als Ehemann für Anne nie in Frage. Camilla ist keine Jungfrau mehr, kommt als Ehefrau von Prinz Charles nicht in Frage.

Was tun? Man arrangiert sich – typisch englisch. Das heißt:

- Andrew Parker Bowles tritt seine Geliebte Anne an einen Militärkumpel namens Mark Phillips ab.
- Andrew wiederum benimmt sich ganz so, wie es sich für einen königlichen Steigbügelhalter gehört: Er heiratet Camilla Shand.
- Und Charles? Der vergnügt sich vorerst à la carte mit diversen Damen der Gesellschaft. Angeblich.

Die geheimen Geliebten von Prinz Charles

Wie Charles seine Tage damals ausfüllte, bleibt uns bis heute ein Rätsel. Die banalste, aber häufigste Frage, die Prinz Charles dem gemeinen Volk gern stellt, ist: »Und? Was machen Sie beruflich?«

Stefan Klein, wortgewaltiger Korrespondent der »Süddeutschen Zeitung«, fragt sich unerschrocken: Ob wohl schon mal jemand die Frage zurückgegeben hat?

Tatsächlich wird Charles in den Jahren zwischen 1973 und 1979 mit vielen Damen gesehen, die er kurzfristig in sein Bett verfrachtet haben soll. Seine Mutter Elizabeth war in diesen Dingen sehr tolerant und forderte keinerlei Rechenschaft von ihrem Sohn ein.

Bevorzugt beglückt Charles Schwestern wie Victoria und Caroline Percy, Bettina Lindsay, Henrietta FitzRoy, Cecil Kerr, Charlotte Manners und ihre Cousine Libby, Angela Nevil, Louise Astor oder Camilla Fane.

Charles auf Brautschau: Brauerei-Erbin Sabrina Guinness (ob.) und adelige Gespielin Henrietta FitzRoy (li.) schafften es nicht zum Altar (um 1979).

Aber auch andere haben in der Camilla-freien Zeit bei ihm Chancen: seine Cousine Amanda Knatchbull, Polo-Managerin Jane Ward, Sabrina Guinness, die Brauerei-Erbin, die Immobilien-Tochter Anna Wallace oder andere, kürzere Affären. Wohl auch mit Lady Sarah Spencer, die Schwester einer gewissen Diana, die Charles 1979 kurz erhört haben soll.

Camilla – sie überlebt alle Geliebten von Charles

Unsinn zu glauben, dass Charles Camilla nicht mehr sieht, der Kontakt besteht. Zwar erscheint er nicht auf ihrer Hochzeit am 4. Juli 1973, bei der Camilla im traumhaften weißen Organzakleid mit einem vier Meter langen Seidenschleier Andrew Parker Bowles »ewige Treue« schwört, dafür aber Andrews Ex-Geliebte, Charles' Schwester Anne.

Camilla und Charles aber treffen sich am 14. November 1973 wieder. Anlass ist die Hochzeit von Anne mit Mark Phillips in der Westminster Abbey. Und wer sitzt in den ersten Reihen? Charles, Camilla und Andrew – die drei anderen Akteure des bewährten Liebesquartetts.

Ob Camilla für Charles »sexuell nicht zu haben ist«, wie Biografin Tatjana Gräfin Dönhoff schreibt, darf zumindest angezweifelt werden. Eine Sex-Affäre mit dem Thronfolger und künftigen König zu haben lässt jeden britischen Ehemann mal kurz wegblicken, wenn seine Frau verschwindet. Und so sind bis heute nicht alle Zweifel ausgeräumt, ob nicht doch Camillas erster Sohn Thomas Henry Charles (geb. 1975) der Sohn seines Patenonkels ist: und dieser heißt natürlich Prinz Charles!

Der jedenfalls ist längst bei den Parker Bowles Hausgast. Sehr zur Freude von Andrew, so heißt es, der weiterhin mit anderen Frauen seiner Wahl ins Bett steigt. Weiß er doch, dass seine Frau auch »gut versorgt« ist, mit dem Thronfolger. Oder ist es völlig normal, dass eine Ehefrau einen Ex-Liebhaber zu Hause mit einem offenen Hosenstall begrüßt, der nur von einer Sicherheitsnadel gehalten wird?

Auch die Geburt von Camillas Tochter Laura 1978 wirft Fragen nach dem wirklichen Vater auf. Doch wer würde bei Charles und Camilla schon an Böses denken?

Nun, ich habe Laura in Los Angeles kennen gelernt, bevor sie das Calvin-Klein-Unterwäschemodel Harry Lopes 2006 geheiratet hat. Über meine Begegnung mit Laura habe ich bisher nie geschrieben. Sie ist ein bezauberndes Wesen, arbeitete unter dem Mädchennamen ihrer Mutter Shand in der Mode-Redaktion der »Vogue« und glich Charles wirk-

Charles trifft Camilla beim Polospiel.
Mitte: Tom Parker Bowles heißt mit drittem Vornamen Charles.
Angeblich aus besonderem Grund …

lich nicht: Sie war dafür – mit Verlaub – einfach ein zu schönes Mädchen. Aber wer weiß, vielleicht irre ich mich ja, und Charles hat mehr als nur zwei Söhne.

Was uns zu einem anderen Gerücht aus dem Jahr 1979 führt, dem Jahr, in dem Charles und Camilla definitiv ihre intime Beziehung wieder aufnahmen. Und das soll sogar zu Nachwuchs geführt haben. So berichtet das US-Magazin

»National Examiner« im Oktober 2004, dass Charles und Camilla eine gemeinsame Tochter hätten.

Laut diesem Bericht, der weltweit auch von den seriösesten Zeitungen gedruckt wurde, soll die gemeinsame Tochter inzwischen 23 Jahre alt sein. Angeblich studiert sie in London – und hat ihre leiblichen Eltern noch nie gesehen. Denn Camilla soll ihre Tochter zur Adoption freigegeben haben. Sie war immer noch mit Andrew Parker Bowles verheiratet. Charles stand kurz vor der Hochzeit mit Lady Diana. Camilla soll das Mädchen unbemerkt zur Welt gebracht haben und angeblich hätten erst vor drei Jahren die Adoptiveltern ihr Schweigen gebrochen. Der Informant zum »Examiner«: »Als sie über den ersten Schock hinweg war, versuchte sie zu beweisen, dass sie mit der Situation umgehen kann.« Kontakt zu Charles und Camilla hat sie nie gesucht.

Laut anderen Berichten soll sogar die Königin frühzeitig über das Enkelkind informiert gewesen sein. Und wie immer in England hüllt sich das Königshaus in Schweigen. Wahrheit oder Erfindung? Wir wissen es nicht, aber bei den Windsors ist nichts unmöglich!

Andrew tröstet Anne, Camilla ihren Charles

Es ist eine »amour fou«, sowohl die von Charles mit Camilla als auch die von Andrew Parker Bowles und Anne. Als die Ehe von Charles mit Diana vor den Augen der Weltpresse mit Getöse zusammenbricht, fährt der Kronprinz mit Camilla nach Italien, sie sehen sich dreimal pro Woche, und es stört den Vegetarier und militanten Nichtraucher nicht, dass seine Geliebte Kette raucht und als »Queen of the Darkness« vom Personal tituliert wird. Auch dass sie den frühen Abend mit einem Glas Alkohol beginnt, stört den notorischen Abstinenzler Charles nicht.

Während Camilla Charles über seine verpfuschte Ehe mit Diana hinwegtröstet, hilft ihr Ehemann Andrew Parker Bowles seiner Ex-Geliebten Prinzessin Anne. Fast zwanzig Jahre nach ihrem ersten Kuss, ihrem ersten Sex, treffen sich die beiden jetzt wieder häufiger. Sie haben ja auch viel zu besprechen: Beider Ehen stehen vor dem absoluten Aus, ihre Liebe zueinander ist nie richtig abgekühlt, beide vertrauen sich. Und so kommt, was kommen muss: Beide finden sich wieder.

Womit wir neunzehn Jahre später bei der Konstellation von 1970 sind: Charles liebt Camilla, Anne ist bei Camillas gehörntem Ehemann bestens aufgehoben.

Das könnte doch kein Drehbuchautor besser erfinden, oder? Aber die Realität schlägt jede Fiktion, und häufig erzählt das Leben eben die besten Geschichten!

Das berühmte Sex-Telefonat von Charles mit Camilla – ungekürzt

Es ist zwei Uhr morgens in der Nacht vom 17. auf den 18. Dezember 1989. Prinz Charles liegt im frisch bezogenen Doppelbett im Gästezimmer seiner alten Freundin Anne, der Herzogin of Westminster, auf deren Landsitz in Cheshire. Charles hatte Hunger – aß, obwohl eigentlich ja Vegetarier, mit Genuss drei Scheiben frisches Roastbeef, trank zwei Glas kalten Chablis.

Seine Bodyguards sind ebenfalls untergebracht: zwei im Haus von Anne, zwei in dem nur zehn Meter entfernten

»Guest-House«. Die Hunde, zwei Rottweiler und drei deutsche Schäferhunde aus schottischer Zucht, bewachen das Grundstück.

Anne – sie taucht im Gespräch als »Nancy« auf – sagt »good night« auf Französisch mit zwei Küsschen auf die rotgeränderten Wangen von Charles.

Falsch ist demnach, wie einige Autoren schreiben, dass Charles im Haus seiner Schwester Anne abgehört wurde. Es war zwar eine Anne, aber eben nicht »The Royal Princess«, sondern die Herzogin von Westminster. Die auch leichter abzuhören ist!

Camilla Parker Bowles liegt ebenfalls im Bett. Nicht mit Charles, nicht mit ihrem Ehemann Andrew Parker Bowles, sondern allein in ihrem Haus in Wiltshire. Im ersten Stock. Ungeschminkt wie immer, die Haare noch vom Wind zerzaust: sie war nachmittags auf einem Reitausflug mit ihren Hunden gewesen.

Wir haben also zwei Menschen, die im Bett liegen – und die es am liebsten miteinander tun würden – es aber nicht, zumindest heute Abend, nicht können.

Also sagen sie sich das, was alle Verliebte auch tun: sie säuseln sich die Ohren voll mit Liebesgeflüster und haben, im besten Fall, eine Art von Telefonsex!

Ich habe mir die Mühe gemacht und das gesamte »Sex-Geflüster« von Charles mit Camilla aufgetrieben, das später weltweit für Wirbel sorgen sollte – praktisch ungekürzt!

Das Gespräch läuft schon einige Minuten, als das Tonband von einem »Unbekannten« eingeschaltet wurde. Wobei dieser Unbekannte im britischen Geheimdienst ungefähr so bekannt ist wie der Name Udo Jürgens in deutschen Sangeskreisen …

Charles: Er war eigentlich ein wenig ängstlich.

Camilla: Tatsächlich?

Charles: Er dachte, er sei vielleicht ein bisschen zu weit gegangen.

Camilla: Ach so.

Charles: Jedenfalls muss man sich über solche Dinge einfach im Klaren sein und sich irgendwie vorantasten, wenn du weißt, was ich meine.

Camilla: Hmm ... im Tasten bist du unschlagbar.

Charles: Oh, hör auf! Ich möchte dich betasten, über dir sein und auf und nieder, rein und raus ...

Camilla: Oh!

Charles: Besonders rein und raus ...

Camilla: Oh, genau das brauche ich jetzt.

Charles: Ja?

Camilla: Das würde mich wieder zum Leben erwecken. Ich halte keinen Sonntagabend ohne dich aus.

Charles: O Gott!

Camilla: Es ist wie die Fernsehsendung »Start in die Woche«. Ich kann die Woche nicht ohne dich anfangen.

Charles: Ich fülle deinen Tank!

Camilla: Allerdings.

Charles: Dann schaffst du es.

Camilla: Dann geht es mir gut.

Charles: Und was ist mit mir? Das Problem ist, dass ich dich mehr als einmal in der Woche brauche.

Camilla: Hmmm. Ich dich auch. Ich brauche dich die ganze Woche über, immer.

Charles: Mein Gott, ich möchte einfach in deiner Hose leben oder so. Das wäre viel einfacher.

Camilla (lacht): Du willst dich verwandeln? Vielleicht in einen Schlüpfer? (Beide lachen.) Oh, du wirst als Schlüpfer wieder auf die Erde kommen.

Charles: Da sei Gott vor, als Tampon vielleicht, wie schön! (lacht).

Camilla lacht: Du Idiot! Was für eine herrliche Idee.

Charles: Es wird mein Schicksal sein, hinuntergespült zu werden und immer an der Oberfläche zu schwimmen, nie unterzugehen!

Camilla (lachend): Ach, Liebster!

Charles: Bis der Nächste kommt.

Camilla: Oh, vielleicht könntest du ja als ganze Schachtel kommen.

Charles (begreift nicht): Was für eine Schachtel?

Camilla: Na, eine Schachtel Tampons, dann könntest du immer wieder kommen.

Charles: Stimmt.

Camilla (lachend): Du würdest dich wiederholen. Ach, Liebster, ich will dich jetzt.

Charles: Ja?

Camilla (lüstern): Hmm.

Charles: Ich dich auch.

Camilla: Ich will, ich will, ich will. Ach, in Yaraby (Ferienort von Camilla und ihrer Familie – Anm. d. Autors) habe ich so oft an dich gedacht.

Charles: Ehrlich?

Camilla: Einfach gemein, dass wir nicht zusammen dort sein konnten.

Charles: Es ist zum Verzweifeln. Wenn du doch nur hier sein könntest – manchmal möchte ich gern Nancy bitten.

Camilla: Warum tust du es nicht?

Charles: Ich trau mich nicht.

Camilla: Weil sie dich nämlich liebt, glaube ich.

Charles: Hmm.

Camilla: Sie würde alles für dich tun.

Charles: Sie würde es aller Welt erzählen.

Camilla: Nein, weil sie viel zu viel Angst davor hätte, was du ihr sagen könntest. Ich glaube, diese Leute, schrecklich, wenn ich das so sagen muss, aber ich denke, du weißt es auch, dass solche Leute sich stark zu dir hingezogen fühlen, und sie haben sich fest im Griff.

Charles: Meinst du?

Camilla: Und du ... du unterschätzt dich meiner Meinung nach wie üblich.

Charles: Aber vielleicht wird sie furchtbar eifersüchtig.

Camilla (lacht): Oh! Das ist ein Argument! Vielleicht, ja, vielleicht wäre sie eifersüchtig.

Charles: Man kann nie wissen, oder?

Camilla: Nein, das kleine grünäugige Monster lauert vielleicht in ihr. Nein, aber ich glaube, dass du so gut bist und sich die Leute so viel darauf einbilden, von dir ins Vertrauen gezogen zu werden. Aber ich weiß nicht, ob sie dich hintergehen würden. Ich meine, wenn es echte Freunde sind.

Charles (müde): Stimmt.

Camilla: Ich ... (Pause) ... Bist du eingeschlafen?

Charles: Nein, ich bin noch da.

Camilla: Liebling, hör zu. Heute habe ich wieder mit David (Lord Willoughby de Broke, Freund von beiden, besitzt eine Farm nicht weit von Highgrove, wo Charles wohnt, und Corsham, Wilshire, wo die Parker Bowles leben) gesprochen. Es ist vielleicht nicht so günstig.

Charles: O nein!

Camilla: Ich sage dir auch, warum. Er hat die Kinder eines dieser Crawley-Mädchen mit ihrer Kinderfrau zu Besuch. Entweder ruft er mich morgen an oder ich ihn. Er will versuchen, sie bis Freitag loszuwerden. Aber ich habe auch schon daran gedacht, als Alternativlösung Charlie (ihren gemeinsamen Freund Earl of Shelbourne) anzurufen.

Charles: Ja?

Camilla: Und sehen, ob wir es dort machen können. Ich weiß, dass er Donnerstag wieder da ist.

Charles: Das ist ein ganzes Stück weiter entfernt.

Camilla: O ja?

Charles: Ich überlege gerade. Wenn ich aus Newmarket komme.

Camilla: Wenn du um diese Zeit abends aus Newmarket zu mir kommst, müsstest du es in zweidreiviertel Stunden bis zu mir schaffen. Ich brauche bestimmt drei.

Charles: Wofür? Um nach Bowood (Familienbesitz des Earl of Shelbourne) zu gelangen?

Camilla: Nach Northmore. (Gestüt von Hugh van Cutsem, Freund von Charles)

Charles: Und nach Bowood?

Camilla: Nach Bowood ist doch dasselbe, oder?

Charles: Ich wollte sagen, du hast doch vorgeschlagen, nach Bowood zu fahren, oder?

Charles: Nein, überhaupt nicht. (Verwirrt) Welchen Charlie meinst du denn?

Camilla: Was dachtest du denn, von welchem Charlie ich gesprochen habe?

Charles: Ich weiß nicht, weil ich dachte, du meinst …

Camilla: Ich habe viele!

Charles: Einen anderen.

Camilla: Ich habe viele Freunde, die Charlie heißen.

Charles: Den anderen. Den von Patty. (Patty und Charles Palmer-Tomkinson, der 1988 bei einem Lawinenunglück in Klosters schwere Verletzungen erlitt).

Camilla: O ach, dahin! Das liegt noch weiter weg. Sind sie nicht …

Charles: Sie sind weggezogen.

Camilla: Ich weiß nicht. Ich dachte einfach nur, es war nur so eine Idee, falls es mit dem anderen Ort nicht klappen sollte.

Charles: Ach so. Wie fährst du, zuerst auf der M25, dann auf die N4, stimmt's?

Camilla: Ja, und du fährst, ähm, so spätabends irgendwie Royston oder M11.

Charles: Ja, das ist dann direkt danach, jedenfalls gleich nach der Jagd.

Camilla: Genau, dir würde der dickste Verkehr erspart bleiben, weil ich, das Problem ist nämlich, dass ich morgen Abend in London sein muss.

Charles: Ja?

Camilla: Und am Dienstagabend kommt A (ist ihr Ehemann Andrew Parker Bowles) zurück.

Charles: Nein!

Camilla: Ob du es glaubst oder nicht! Ich weiß auch nicht, was er hier macht, jagen oder so. Aber Liebling, du kannst mich doch sowieso nicht anrufen, oder …

Charles: Ich möchte aber. Zumindest morgen Abend könnte ich dich anrufen.

Camilla: Liebster, ich halte es nicht aus. Wie willst du das morgen anstellen?

Charles (gähnt): Weil ich an meiner nächsten Rede arbeiten werde.

Camilla: O nein, worum geht's denn?

Charles: Über Geschäfte in der Gemeinschaft Wiederaufbau von Gemeinwesen.

Camilla: O nein! Und für wann ist das?

Charles: Eine ziemlich wichtige Rede für Mittwoch.

Camilla: Nun ja, zumindest werde ich hinter dir stehen.

Charles: Ich weiß.

Camilla: Kann ich von der Rede, die du gerade gehalten hast, eine Kopie haben?

Charles: Ja.

Camilla: Ja? Die hätte ich gern.

Charles: Gut, ich werde versuchen, es zu regeln.

Camilla: Liebling …

Charles: Aber, mein Gott, wann werde ich mit dir reden?

Camilla: Ich halte es nicht aus, ähm …

Charles: Mittwochabend?

Camilla: Ja, sicher Mittwochabend. Ich bin allein, Mittwoch, weißt du, abends. Oder Dienstag. Während du durch die Lande saust, um etwas zu erledigen, bin ich allein, weißt du, bis er wieder auftaucht. Und am Mittwoch frühmorgens, glaube ich, wird er vermutlich so um Viertel nach acht, halb neun weggehen. Gott sei Dank ist er am Donnerstag wahrscheinlich nicht hier: Dieser Krankenwagenstreik, so schlimm das auch ist, wenn ich das sagen muss, ich vermute ja doch, dass er nicht vor Donnerstag beendet sein wird?

Charles: Doch.

Camilla: Na ja, für alle anderen ist es gut, wenn er vorbei ist; aber ich hoffe für uns, dass er noch länger dauert.

Charles: Warum?

Camilla: Tja, weil er am Donnerstagabend wieder hier ist, wenn der Streik beendet ist.

Charles: O nein!

Camilla: Ja, aber ich glaube nicht, dass er (der Streik) zu Ende geht, oder?

Charles: Ich auch nicht. Zum Glück für uns.

Camilla: Es wäre unser Glück, das weiß ich.
Charles: Dann darf er nicht.
Camilla: Nein, das nicht. So darfst du nicht denken. Du musst positiv denken.
Charles: Das kann ich nicht so gut.
Camilla: Na, dann werde ich es tun. Weil ich verzweifle, wenn ich es nicht tue. (Pause) Hmm. Schläfst du schon?
Charles: Wahnsinn, das alles.
Camilla: Ich weiß. Auf jeden Fall wird er alles versuchen, etwas zu ändern, David, meine ich, aber ich dachte nur, weißt du, ich könnte ja Charlie fragen.
Charles (müde): Hast du etwas gesagt?
Camilla: Nein, ich habe noch nicht mit ihm gesprochen.
Charles: Noch nicht?
Camilla: Nun ja, ich habe kurz mit ihm gesprochen, aber weißt du, ich dachte, ich ... Ich weiß einfach nicht, ob er Kinder im Haus hat – das ist das Problem.
Charles: Richtig.
Camilla: Liebling, ich glaube, ich werde ...
Charles: Beten, nur beten.
Camilla: Es wäre doch zu schön, wenn wir nur für eine Nacht tun und lassen könnten, was wir wollten, oder?
Charles: Ja. Nur um dir frohe Weihnachten zu wünschen.
Camilla dreht sich wohl um. (Glücklich): Ach, lass uns nicht über Weihnachten nachdenken. Ich halte es nicht aus (Pause) ... Schläfst du schon? Ich glaube, es ist Zeit für dich, oder, Liebling?
Charles (schlaftrunken): Ja, mein Schatz.
Camilla: Ich glaube, du bist erschöpft nach der vielen harten Arbeit. Du musst jetzt schlafen, Liebster.
Charles (schlaftrunken): Ja, Liebling.
Camilla: Rufst du mich an, wenn du wach wirst?

Charles: Ja.
Camilla: Bevor diese Rasselbande von Kindern wieder hier rumtobt. Morgen hat Tom (Sohn von Camilla, Charles ist sein Taufpate) Geburtstag. (Pause) Bist du noch da?
Charles: Ja, alles in Ordnung.
Camilla: Hoffentlich kann ich mit dir reden, bevor die Rasselbande …
Charles: Wann kommen die denn?
Camilla: Na ja, normalerweise wacht Tom überhaupt nicht auf, aber weil er morgen Geburtstag hat, torkelt er wahrscheinlich aus dem Bett. Allerdings nicht vor halb neun. (Pause) Gute Nacht, mein Schatz.
Charles: Liebling ...
Camilla: Ich liebe dich doch so.
Charles sackt langsam weg: Vor …
Camilla: Vor halb neun.
Charles: Soll ich versuchen anzurufen?
Camilla: Ja, wenn du kannst. Ich liebe dich, mein Schatz.
Charles: Schlaf schön, Liebes.
Camilla: Ich liebe dich.
Charles: Ich dich auch. Ich will noch nicht auflegen.
Camilla: Gut gemacht. Bist ein kluges Bürschchen. Ein furchtbar gescheites Hirn lauert da, oder? O Liebling, ich glaube, du solltest deinem Gehirn jetzt ein wenig Ruhe gönnen. Schlaf gut.
Charles: Gute Nacht, Liebling. Gott sei mit dir.
Camilla: Ich liebe dich sehr und bin sehr stolz auf dich.
Charles: Und ich bin stolz auf dich.
Camilla: Sei nicht albern, ich habe noch nie etwas geleistet.
Charles: Natürlich.
Camilla: Nein.
Charles: Deine größte Leistung ist, mich zu lieben.

Camilla: Ach, Liebster, das ist leichter, als von einem Stuhl zu fallen.

Charles: Du musst dir all diese Beleidigungen und Quälereien und Verleumdungen gefallen lassen.

Camilla: Ach, Schatz, sei nicht albern. Für dich würde ich mir alles gefallen lassen. So ist die Liebe eben. Die Kraft der Liebe. Gute Nacht.

Charles: Gute Nacht, mein Liebling. Es hört sich an, als würdest du eine lange Kordel hinter dir herziehen mit Hunderten von Blecheimern und Kanistern daran. Muss an deinem Telefon liegen. (Camilla ruft von einem Festnetzanschluss, Charles von seinem Mobiltelefon an.) Nun schlaf schön, bevor der Akku zur Neige geht. (Küsst ins Telefon): Gute Nacht.

Camilla: Ich liebe dich.

Charles: Ich will noch nicht auflegen.

Camilla: Ich auch nicht, aber du brauchst den Schlaf. Tschüss.

Charles: Bye, Darling.

Camilla: Ich liebe dich.

Charles: Bye.

Camilla: Hoffentlich sprechen wir uns morgen früh.

Charles (immer müder): Wie … wie bitte?

Camilla: Bye, I love you.

Charles: Gute Nacht.

Camilla: Gute Nacht.

Charles: Nacht.

Camilla: Ich werde dich immer lieben.

Charles: Gute Nacht.

Camilla: Gute Nacht, Liebster.

Charles. Gute Nacht.

Camilla: Schlaf schön.

Charles: Nacht.

Camilla: Bye, bye…
Charles: Ich lege jetzt auf.
Camilla: Bye.
Charles: Ich lege jetzt auf.
Camilla: Vorbei.
Charles: Gute Nacht.
Camilla: Drück auf den Knopf.
Charles: Ich werde das Knöpfchen drücken.
Camilla: Oh, Liebster, ich wollte, du würdest meine Knöpfchen drücken.
Charles: Gott, wie gerne würde ich. Immer fester.
Camilla: O Liebling.
Charles: Gute Nacht.
Camilla: Gute Nacht.
Charles: Ich liebe dich.
Camilla (gähnt): Ich liebe dich, drück das Knöpfchen.
Charles: Ich bete dich an. Gute Nacht.
Camilla: Gute Nacht.
Charles: Gute Nacht.
Camilla küsst ins Telefon.
Charles: Gute Nacht, mein Schatz. Ich liebe dich …
Dann legt Charles auf.

Ob sich das Paar damals hätte träumen lassen, dass es sechzehn Jahre später miteinander verheiratet sein würde? Nun, damals standen die Vorzeichen definitiv anders.

Diana und Charles – Borderline im Königshaus

Zwei höchstpersönliche Eindrücke: Ich sitze vor dem Digital-Bildschirm im Schneideraum des Fernsehstudios, in dem ich regelmäßig auftrete. Und ich sehe per Zufall eine Einspielung von Prinz Charles, wie er das 30-jährige Jubiläum seines »Prince's Trust« feiert: Stargast ist Ozzy Osbourne, kein geistreicher, aber ein rockender Höhepunkt der Show.

Und was sehe ich noch? Einen Charles, der auf lustig getrimmt die Hände ringt wie ein Catcher vor dem Kampf, um ja nichts außer sich selbst zu fühlen. Der qualvoll versucht, ein begeistertes Lachen aufzubringen, was zu einer Fratze gerät, zu einem beängstigenden und traurigen Bild mit der Botschaft: da will einer – und kann doch nicht!

Ein Bild von Diana drängte sich mir auf: Als Charles sein ehrliches, aber für die heutige Mediengesellschaft ungeschicktes Ego-Interview (Ja, ich war untreu!) in der BBC gab, stahl ihm Diana die mediale Aufmerksamkeit und damit die Show: Sie erschien, keineswegs angemeldet, bei einer eher unwichtigen Galerie-Eröffnung; die Prinzessin ließ sich vorfahren, entstieg braungebrannt in einem knappen schwarzen Versace-Kleid dem Dienstwagen, um von »Denver-Biest« Joan Collins begrüßt zu werden.

Aber es ist ein anderes Bild, das mich nicht mehr loslässt, nämlich Dianas Gesicht, bevor sie den Schritt aus dem Wageninneren in die Öffentlichkeit trat: Ein von Angst,

Frust und Lustlosigkeit gekennzeichnetes, eigentlich unjunges Gesicht, das in der Sekunde von Leben erhellt wird, als das erste Blitzlicht einer Kamera sie traf.

Charles und Diana – zwei Persönlichkeiten auf der Suche nach sich selbst. Zwei Menschen auf der gesellschaftlichen Jagd, um der biederen Öde des eigenen Ichs zu entkommen. Zwei, die sich das Leben ersehnen, das nicht ständig fremdbestimmt in Szene gesetzt wird, sondern jenseits der Verlogenheit medialer Hyänen überhaupt noch ein eigenes sein kann.

Charles und Diana – zwei Menschen mit sekündlich wechselnden Stimmungen, mit protokolliertem Lächeln, Grinsen, Lachen, dabei mit meist unbeobachteten, aggressiven, ja für Sekundenbruchteile unkontrollierten Affekten.

Charles und Diana – zwei Kinder, die nie erwachsen werden durften, es nicht konnten. Zwei veröffentlichte Lebenslügen. Garniert mit einem zutiefst zerrütteten Selbstbildnis. Wobei auch hier die Storys um Männer, Medien und Mätressen zwei Leben erst ins göttlich Erhabene, dann ins Absurde zerrten:

Wurde nicht Prinz Charles als »Prince Charming« einer staunenden Öffentlichkeit präsentiert – um am Ende als völlig banaler Ehebrecher enttarnt zu werden?

Wurde nicht Diana kurz vor dem Ende ihres Lebens als »Party-Prinzessin«, als »Geliebte eines Playboys« gejagt?

Und als sie gestorben war, vergossen auch diejenigen bittere Tränen, die noch kurz vorher Häme und Spott über sie ausgeschüttet haben. »Erlegt« wurden beide von ihren Häschern innerhalb und außerhalb des Königshauses.

Diana wurde zu Tode gejagt, weil ein ägyptischer Muslim nie als Stiefvater des künftigen Königs von England in Frage gekommen wäre. Es galt also nicht, Diana auszuschalten, sondern, wenn man der Theorie glaubt, den neuen Mann an ihrer Seite.

Charles hingegen durfte in zweiter Ehe die Frau heiraten, die genau wusste, auf was es ankommt: Ab ins Bett – und Mund halten!

Dass zwei unreif Gehaltene durch eine Ehe dem familiären Minus der eigenen Familien entkommen wollten, konnte nicht gut gehen. Zumal beide bereits am Anfang ihrer Zwangsehe dringend therapeutische Hilfe benötigt hätten: Er wollte nicht, was er musste; sie wollte, aber konnte ihn nie zur Liebe bewegen, ja zwingen.

Kein Wunder, dass dies bei beiden zu Autoaggression, extremer Sensibilität führte und durch ein extremes Emotionsgedächtnis zur täglichen Seelentortur werden musste. Kurz: Keiner vergisst, nichts wird dem anderen vergeben; und das zu den jeweils denkbar ungünstigsten Zeitpunkten in einer Zweierbeziehung. Kein Wunder also, dass diese Borderline-Beziehung in endlosen und quälenden Wiederholungsschleifen mündete.

»Versagen, Beharrlichkeit und geringes Selbstwertgefühl – das war ihr Reich, noch bevor sie je das Land verlassen oder eine Krone getragen hatte«, schreibt Julie Burchill über Diana in ihrer Gesellschaftskritik der britischen Upperclass. Die britische Autorin wird noch konkreter: »Sie war ein hübsches, lieb blickendes Mädchen, auch lieb zu Kindern und dabei mit Beinen wie Schnellstraßen ins Delirium.«

Und Charles? »Ein drittklassiger Kerl, geboren unter einem unglücklichen Stern, um eine Rolle auszufüllen, für die er weder Neigung noch Eignung verspürte«, analysiert Burchill weiter. »Wobei er sich immer gerade so schlecht benimmt, wie man ihm gestattet.«

Charles und Diana – da prallten zwei Borderliner aufeinander. Eine Fallstudie geradezu, die weltweit in nur einem Punkt einzigartig ist: Wir alle wurden Zeugen von zwei »Grenz-Persönlichkeiten«, die sich nichts schenkten, nichts verziehen, die sich gegenseitig und auch sich selbst geradezu zwanghaft zerstören wollten.

Dabei wusste das Publikum zunächst nichts von den seelischen Abgründen, bis das Leiden immer offensichtlicher wurde und Diana und Charles die damit verbundenen Belastungserscheinungen nicht mehr verbergen konnten.

Borderline – was ist das eigentlich? Erlebt der Begriff nicht eine geradezu gefährliche Inflation? Zumal der Begriff heute leider missbraucht wird, um abweichende Verhaltens-

Liebe mit Schlagseite: Bei dem Staatsbesuch 1991 in Kanada sind die Anzeichen der Krise zwischen Charles und Diana nicht zu übersehen.

weisen und Auffälligkeiten zu pathologisieren oder einfach mit einem neuen »wissenschaftlichen Etikett« zu versehen.

Borderline ist eine ernst zu nehmende Krankheit, die die betroffenen Menschen zutiefst in ihrer »Ich-Wahrnehmung« verstört und ein soziales Kommunikationsgefüge mit anderen irgendwann unmöglich macht.

Der Name Borderline stammt aus dem Englischen und heißt nichts weiter als »Grenze«, »Grenzland«, »Grenzlinie«. Bei Borderline-Persönlichkeiten handelt es sich um Menschen, die unter anderem innerhalb von Sekunden eine »feindliche« Haltung einnehmen – sobald das Gegenüber oder gar der Therapeut nicht den Erwartungen entspricht.

Diese Haltung richten sie nach außen, können sie aber auch als Waffe gegen sich selbst richten.

Wer ist Opfer? Wer ist Täter?

Klar, dass wir keinen Anspruch auf eine umfassende Darlegung des Krankheitsbildes erheben. Doch im »Fall Charles und Diana« wird die Widersprüchlichkeit des jeweiligen Selbstbildes offensichtlich. Beide suchten nach ihrer Identität, beide projizierten Fehler jeweils auf den anderen, um das eigene Fehlverhalten konsequent zu verleugnen. Und dazu bedienten sie sich, ihrem Umfeld entsprechend, eigener »Abwehr-Truppen«: bei Diana war es die stets gierige Boulevard-Presse, die von ihr mit »Info-Häppchen« versorgt wurde, bei Charles die stets vorhandenen royalen Speichellecker, die nicht selten genug Inhaber bestimmter Zeitungen waren und sind.

Beide lebten, das dürfen wir nicht vergessen, auf einer menschlich kaum nachzuvollziehenden »Überholspur«; also abseits realer Probleme (wie Kinderversorgung, Mietezahlen, Autoleasing statt Autokauf, Ferienbudget etc.).

Der Mann (Charles) hat nur ein Ziel: den Tod seiner Mutter zu erleben, um endlich König zu werden.

Die Frau (Diana) hatte nur ein Ziel: die Liebe, die sie doch selbst angeblich so grenzenlos verschenkt hat, auf Penny und Pfund zurückzubekommen.

Glück ist in dieser Mixtur aus Angst, verletzendem und selbstzerstörerischem Verhalten nicht vorgesehen, dafür Ess-Brech-Störungen, Egotrips und ein Hang zur Selbstverstümmelung. Nachhaltig getrübt von einem »Narzissmus«, einer Ich-Verliebtheit, die auf einen männlich typischen Autismus trifft. Der Thronfolger repräsentiert in diesem Gefüge einen von Ritualen gesperrten Menschen, die Prinzessin ein hilfloses »Seelchen«.

Menschen, die unter Borderline leiden, erkennen dies oft nicht als Symptom einer Störung ihrer Persönlichkeit: Sie halten sich – im Gegenteil – für gesund, kreativ oder für karitativ. Indem sie stark auf äußere Einflüsse reagieren, erinnern sie sich besser als andere an Erlittenes und definieren sich so als »echte Gefühlsmenschen«, ja unter Umständen sogar als »Gutmenschen« im eigenen moralischen, politischen, gesellschaftlichen Nirwana.

Prinz Charles hat sich in der von ihm autorisierten Biografie von Anthony Holden und in seinem legendären BBC-Interview nie als »Täter« geoutet, sondern immer als »Opfer«. Stets waren und sind andere an seinem Leid schuld – er selbst nie. Erst war es seine lieblose Mutter Elizabeth, dann sein verknöcherter Vater Philip, dann seine seelenlose Erziehung, dann sein Trauma, letztlich den Tod seiner eigenen Mutter herbeizusehnen, um das zu werden, weshalb er gezeugt und geboren wurde: König!

Immer fühlt er sich als Opfer, nie als Täter. Was zu keiner Erlösung führt, sondern exakt den Grund für seine oft an den Tag gelegte Doppelmoral erklärt.

Legendär ist sein Satz: »Meine Eltern wissen nicht, wer ich wirklich bin« – immerhin gesprochen im Alter von 50 Jahren! Er sah sich als »Candle in the Wind«, als »Kerze im Wind«, wie die Ballade von Sir Elton John heißt, die der britische Pop-Sir ausgerechnet beim Gottesdienst für die tote Diana sang.

»Wir alle machten es ihm nicht leicht. Er hatte es schwer mit uns. Denn wir wollten ihn nicht als Freund oder Kollegen ärgern, sondern als künftigen König. Warum? Wir wussten alle: Jetzt geht's noch – später ist das unmöglich«, erinnert sich Ross Benson, ein Schulfreund von Charles aus dem Internat von Gordonstown, bei einem Gespräch mit dem Autor.

Selbst ein aller materiellen Sorgen enthobener Thronfolger schafft es nicht, den Spagat zwischen zwei völlig unterschiedlichen Lebensentwürfen durchzustehen, nämlich seiner verträumten Veranlagung und eines durchsetzungskräftigen Thronfolgers und künftigen Königs. Charles musste bereits als Kind in einem »Grenzland« leben, das einerseits keine Liebe, andererseits keine Annerkennung brachte und wohl die Psyche eines jeden Kindes zwischen diesen Brocken zermalmt hätte. Hinzu kam, dass Tränen natürlich grundsätzlich nicht im Hause Windsor akzeptiert wurden.

Und Diana?

Ihr erging es kaum besser. Die Spencers sind von der Herkunft gesehen eine weitaus edlere Sippe als die Windsors und waren auch einmal reicher. Diana wurde zu einer eleganten Fee erzogen, die in den höchsten Schichten der Gesellschaft umhertänzelte, auf deren eigene Interessen aber natürlich null Rücksicht genommen wurde. Der selbst verschuldete Abstieg der Spencers barg für die Spencer-Töchter Sarah, Jane und Diana nur eine Lösung: gewinnbringende Heiraten.

Die politische Kraft der Spencers war längst verbraucht, die Kraft der gesunden Gene aber sollte genutzt werden, und das, ohne auf die wirklichen Bedürfnisse eines träumerischen Mädchens einzugehen. Lieber das Kind wegschicken und es zur höheren Tochter ausbilden, als auch nur eine Sekunde über andere Förderungsmöglichkeiten nachzudenken, die ihrem Intellekt besser zu Gesicht gestanden hätten.

Da wären also einerseits Charles, eine leicht tollpatschig wirkende Erscheinung mit dem »schlechten« Blut der Battenbergs, ein Angehöriger des Hauses Hannover und Sachsen-Coburg und Gotha, historisch belegt ein schlichter deutscher Adeliger aus dem biederen Geschlecht der »Wettiner« – ein ausweglos in einem royal-zeremoniellen Spinnennetz Verfangener, der ein Leben lang »Sohn« bleibt, bis seine Mutter stirbt.

Und andererseits Diana, eine verzogene Aktrice, ohne ein bisschen Nestwärme rausgeschubst in das Leben einer typischen britischen Upperclass-Lady. Mit einer Erziehung, deren Ideale längst überkommen sind, immer auf der Suche nach etwas Liebe, gepaart mit Verlustängsten, die aus kindlichen Erfahrungen mit Trennung herrühren.

Was Wunder, dass dies zu Verwirrungen auf allen Seiten führt, zu Enttäuschungen, Verletzungen und dem Gefühl, brüskiert und frustriert zu werden.

Von Charles hält sich bis heute hartnäckig das Gerücht, er könne nicht einmal seine Maßschuhe mit den genau abgemessenen Senkeln von 35 Zentimetern binden. Angeblich sei er völlig aufgeschmissen, wenn ihm sein Kammerdiener nicht die Garderobe für den Tag herauslegt, weil er es seit seiner Kindheit nicht anders kennt. Von Geld hat er keine Ahnung, von Menschen und Tieren auch nicht. So tritt er einerseits für den Artenschutz von Elefanten in Indien ein, lässt andererseits in seiner Heimat zur Jagd auf Hasen blasen.

Diana hingegen hat zwar Bettenmachen, Sticken, Tischkarten-Arrangieren und selbst kalorienbewusstes Kochen gelernt, von der »großen Welt« bekam sie als Kindergärtnerin aber wenig mit. Sie lebte lieber mit ihren Freundinnen einer exklusiven Wohngemeinschaft am Coleherne Court

Nr. 60 in London, gleich um die Ecke des Kaufhauses »Harrod's«, putzte, machte die Wäsche, saugte Staub. Die Drei-Zimmer-Wohnung, die gehörte Diana, angezahlt mit rund 150 000 Euro aus der Erbschaft ihrer Urgroßmutter. Von ihren adeligen Untermieterinnen verlangte sie übrigens Miete, normal in einer WG, die für sie mehr als das gewesen sein dürfte.

Borderline-Störungen entstehen, so Psychologie-Professor Dr. Ulrich Sachse, »wenn Bewältigungsstrategien für die jeweilige Lebensaufgabe nicht verfügbar sind«.

Liebe, was immer das heißen mag

Als Charles beim berühmten Verlobungsfoto gefragt wurde, ob er Diana liebe, konnte er sich erst nach dreimaliger Aufforderung der Fotografen (»Come on! It's Love!«) vom anderen Ufer des Dee River her dazu durchringen, einer erstaunten Mitwelt mit: »Love, whatever this means!« (Liebe, was immer das bedeuten mag) zu antworten.

Als Diana erfuhr, dass Charles die letzte Nacht vor seiner Heirat mit seiner Dauergeliebten Camilla Parker Bowles verbrachte, stellte sie Charles nicht zur Rede, sondern kreischte wütend auf und schmiss hilflos eine Vase gegen die Wand, als er nur kühl meinte: »Ich habe doch dich geheiratet – oder erinnerst du dich nicht mehr?«

Charles & Diana: intellektuelle Laien

Diana war Charles intellektuell absolut ebenbürtig! Was kaum einer ahnt, der der bis heute vom Buckingham-Palast gesteuerten britischen Boulevard-Presse glaubt. Es ist eine der großartigsten Leistungen der Presseabteilungen des Buckingham- und des St.-James-Palastes, aus Charles einen »Intellektuellen« geklont zu haben! Da wurde nicht an Geld und Geistern gespart! Da durften sich Professoren ein feines Zubrot verdienen, da wurde der alte Abenteuer-Poet Laurens van der Post dem suchenden Charles als Sinngeber beigesteuert. Und der alte Sir Hugh Casson von der königlichen Kunstakademie wurde als Aquarell-Experte ins schottische Hochland geschickt, um dort für Charles die feinsinnigen Illustrationen zu Charles' Kinderbuch »Der alte Mann von Lonchnagar« zu malen – wobei der alte Herr sich die Nennung seines Namens auf der Titelseite erstreiten musste. Charles wollte anfangs sowohl als Poet wie auch als Maler auftreten.

Wenn alles nichts half, dann wurde Richard Burton (genau der!) als legendärer Shakespeare-Mime aufgeboten, um Charles die richtige Intonation beim Reden zumindest so nahezubringen, dass Charles nicht mehr als »langweiligster Redner Englands« galt. Eine Dauerehrung, die praktisch seit den späten 70er Jahren erfolgte.

Nach 25 Jahren intensiver Auseinandersetzung mit dem englischen Königshaus neige ich zu folgender, sehr einfacher Meinung: Die Intelligenzquotienten von Charles und Diana waren absolut kompatibel.

Was auch ihre außerehelichen Gefährten perfekt dokumentieren: Camilla Parker Bowles, die langjährige Bettgeliebte und heutige Ehefrau von Charles, ist absolut unverdächtig gegenüber jeder Art und Form von intellektuellen Spielereien in Wort, Bild und Bühne. Und die Herren im Bett von Diana kannten wohl den Unterschied zwischen Alaska- und Norwegen-Lachs, zwischen »Variety« und »Vanity Fair« besser als zwischen Charles Dickens, H. D. Auden, Thomas Mann und Franz Kafka.

Szenen von »Borderline« im Königshaus

Auf vermeintlichen »Liebesentzug« reagieren Borderliner vehement.

Szene I: Bei einem Ehe-Duell wirft Charles einen Stiefelknecht nach Diana und brüllt: »Weißt du eigentlich, wer ich bin?« Später beklagt Dianas Vater einen »Riesenkrach«, dabei sollen ein Spiegel, eine Fensterscheibe und ein unbezahlbar alter Sessel in Brüche gegangen sein.

Szene II: Als Junggeselle und »Prince Charming« wurde Charles in Australien gefeiert. Als er zusammen mit Diana den fünften Kontinent besuchte, jubelten alle Diana zu – und Charles stand im Schatten. Was er nicht verkraften konnte. Was? Diese, seine Frau stiehlt ihm die Show? Es kam zu einem gewaltigen Krach!

Szene III: Charles und Diana fliegen zum Filmfestival nach Cannes. Bevor das Glamourpaar in die königliche Maschine steigt, raunt Charles seiner Frau kühl zu: »Ach übrigens, der arme Barry Mannakee kam gestern ums Leben. Bei einem Motorradunfall!«

Diana soll später im Flugzeug nach Cannes versucht haben, sich mit Schmuck die Pulsadern aufzuschneiden.

Szene IV: Diana hatte für ihren Mann ein ganz besonderes Weihnachtsgeschenk einstudiert: Sie (1,77 Meter groß)

Weihnachtsüberraschung mit Nachspiel: 1985 tanzte Diana mit Weltstar Wayne Sleep im Royal Opera House – für Charles ein Akt von »Ungezogenheit«.

tanzte mit dem weltberühmten Balletttänzer Wayne Sleep (1,57 Meter) zu Gunsten des Londoner Royal Opera House vor 2116 Zuschauern zu »Uptwon Girl«, der herrlichen Ballade von Billy Joel. Als Sleep Diana von der Bühne trug, brandete tosender Beifall auf. Nur Charles erstarrte: ein Donnerwetter folgte! Er fühlte sich gedemütigt. Warum? Nicht er, sondern Diana stand im Mittelpunkt!

Charles und Diana haben wohl beide geahnt, dass sie psychisch nicht gerade »Rambos« sind. Sie bemühen sich, ihre Störungen anzugehen, die sie – natürlich! – nicht als Ansatz einer seelischen Krankheit sehen. Doch suchen sie Hilfe, wenn auch bei völlig ungeeigneten Personen.

Charles sucht Hilfe bei Laurens van der Post. Ein skurriler Mann, den ich Ende Juni 1995 zu einem seiner wohl letzten Interviews in Zürich traf. Der Biograf des Schweizer Psychoanalytikers Carl Jung war damals schon 89 Jahre alt, ging an Stöcken, aber erzählte wie ein junger Jäger, Abenteurer und Weltenbummler. Er machte Charles mit dem kollektiven Unterbewusstsein, mit Mythen und der Traumerkennung bekannt. Van der Post nahm ihn mit zu den Geisterheilern in die westafrikanische Wüste. Bald schon suchte Charles Wahrsager und Hellseher auf – um mit seinem verstorbenen Onkel Mountbatten in Kontakt zu treten.

Und Diana? Sie las Bücher von »New Age«-Priesterinnen wie Chris Griscom, ließ sich von »Esoterikerinnen« wie Shirley MacLaine beeinflussen, setzte sich unter das »Energie-Zelt« einer Madame Vasso oder suchte Hilfe bei Kartenlegerinnen.

Ein typisches Merkmal von Borderline ist »selbstverletzendes Verhalten«. Klassische Beispiele dafür sind unbewusstes oder ungewolltes Kratzen oder Reiben über das Zufügen von Biss- oder Schnittwunden bis hin zu Selbstmordversuchen.

Wir alle haben ihre Grenzen gesehen

Haben Sie je TV-Bilder mit Charles gesehen, bei denen er sich nicht neurotisch an die Manschetten seines frisch gebügelten, maßgeschneiderten Hemds fasst? Um sich sofort an der Nase zu reiben – bevor er zurück zu seinen Manschetten findet? Wohl kaum.

Die Finger finden bei Charles keine Ruhe: Sie kratzen,

zupfen, zerren, greifen, drücken – als wollten sie ihn schützen. Vor wem? Vor was?

Diana hingegen wandelte sich innerhalb weniger Jahre von einem schüchternen Teenager zu einer gertenschlanken, verletzten, wütenden Frau. Sie setzte die Medien als tödliche Waffe ein und präsentierte Details ihrer zerbrochenen Ehe einer staunenden Weltöffentlichkeit.

Sie verletzte sich selbst – bewusst, mit Messern und Scheren, stürzte sich schwanger eine Treppe hinab, litt unter Ess-Fress-Brechsucht, also Bulimie, und verhöhnte ihren geliebten Mann aus Mangel an der Leidenschaft, die sie sich erträumt hatte und die nie Wirklichkeit wurde.

Ach, hätten sich beide doch ausgetauscht! Hätten sie geredet, kommuniziert, statt sich zu streiten, einfach geredet!

Szenen königlichen Alltags

Prinzessin Diana ließ einmal verlauten: »Nach drei Jahren war es völlig vorbei mit dem königlichen Sex.«

»Der Gestank von Erbrochenem, vermischt mit Mundwasser und Parfum, war sexuell nicht sehr stimulierend.« Und: »Diese endlosen Nörgeleien hatte ich einfach satt.« So weit Prinz Charles.

»Charles heiratete eine Gebärmutter«, meint Prinzessin Marie-Christine von Kent.

»Diana war eine Frau, die nicht ohne Beziehung leben wollte. Sie war nicht gern allein, denn sie musste ständig hören, dass sie geliebt wird. Das war ihre größte Sehnsucht: den idealen Ehemann zu finden, noch ein paar Kinder bekommen und ein ruhiges Leben führen. Sie suchte einfach nach dem Desaster mit Prinz Charles den Richtigen«, bringt Dianas Personaltrainer Carolan Brown Dianas Leben auf den Punkt.

Natürlich war sie bei ihrer Hochzeit Jungfrau. Was mehrfach von königlichen Leibärzten bestätigt wurde – zumal auch ihre Gebärfreudigkeit zumindest medizinisch für »einwandfrei« erklärt wurde. Auch Charles musste sich untersuchen lassen, ob er wollte oder nicht. Man musste feststellen, ob nicht doch gewisse Werte auf gewisse Krankheiten in seiner Familie hinwiesen und wie es um seine Potenz bestellt war. Zumindest gibt es offiziell keinen Nachweis, dass Charles bereits vor Diana mit einer anderen Frau ein Kind gezeugt hat. Zweimal allerdings musste der von Großonkel

»Dickie« Mountbatten eingerichtete »Schweigefonds« von den Bahamas aus »Gelder« zahlen. Für was? Wir wissen es nicht. Wir haben auch keine DNS-Analyse, ob Camillas Kinder alle von ihrem Ex-Mann Andrew Parker Bowles stammen.

Was Diana allerdings kein Arzt sagte: Liebe war im Drehbuch nicht vorgesehen! Wie auch! Ihr künftiger Mann – Prinz Charles – war mit 32 Jahren ein ziel- und richtungsloses Mitglied einer Familie, die sich selbst als »Firma« bezeichnet. Seine Zeit vertrödelte der Thronfolger mit Ausritten, Fliegenfischen, Aquarellübungen im schottischen Hochmoor, in Klosters beim Skifahren, mit langen Ferien im Ausland, Polospielen, bei denen er häufig vom Pony geworfen wurde, und Philosophieren über Ackerbau und Architektur und Biokultur. Die simple Wahrheit ist: Charles wohnte noch immer zu Hause bei seiner Mutter im Buckingham-Palast. Er hatte keinerlei wirkliche Ausbildung und keinerlei wirkliche Interessen. Von echter, harter Arbeit konnte keine Rede sein.

Die Prinzessin von Wales hatte immer von einer Ehe geträumt, die von Dauer war. Niemals wollte sie sich scheiden lassen, stattdessen für die Liebe kämpfen: Prinz Charles blieb bis zu ihrem gewaltsamen Tod ihre große Liebe, von der sie sagte: »Was wären wir für ein gutes Team gewesen!«

Doch leider entwickelte es sich anders. Ihr Mann überließ seine Finger und andere Körperteile seiner Dauer-Geliebten Camilla.

Im ersten Ehejahr waren Diana und Charles gerade mal 64 Tage zusammen – von den Nächten wollen wir hier gar nicht sprechen. Im zweiten Jahr waren es nur mehr 38 Tage. Und Sex mit Charles war für Diana wie »ein Blitz, der einen trifft«. Und die Chance, vom Blitz erschlagen zu werden, ist

Britischen Zeitungslesern ist das Foto bestens bekannt: »Rottweiler« Camilla erschlich sich schon 1980 das Vertrauen der scheuen Diana.

zumindest größer als im Euro-Lotto eine Million zu gewinnen. Wie auch bei einem Ehemann, der die ehelichen Pflichten bei seiner Geliebten absolviert, nicht aber zu Hause bei seiner Frau.

Diana aber sehnte sich nach Liebe – auch nach Sex. Was hat sie schon für Abenteuer erlebt? Keine! Eingesperrt im goldenen Käfig führt sie ihrem Leibwächter Barry Mannakee ihre neuen Bikinis vor. Sie kichert, sie flirtet.

Oder wie Freundin Penny Thornton weiß: »Diana war eine erotische, eine sexuelle, eine sensitive und eine sinnliche Frau.« Dann musste passieren, was völlig normal ist: Ihr Leibwächter Barry Mannakee kann seine männliche Lust, sie ihre weibliche nicht mehr im Zaum halten: die beiden werden wohl ein Paar. Was bei den Windsors kein Vergehen, sondern völlig normal ist, wenn die Fronten gegenseitig geklärt sind, was bei Charles und Diana nicht der Fall war.

Doch auch Prinzessin Margaret griff in frustrierenden Zeiten aufs Hauspersonal zurück, ebenfalls Prinzessin Anne, die bei der Geburt ihrer Tochter Zara erst ihren Bodyguard Peter Cross und erst dann erst ihren Ehemann Captain Mark Phillips informiert haben soll. Was der These von Autor Nicholas Davis Rückhalt gibt, dass Annes schöne Tochter Zara nicht von Mark Philipps stammt, sondern von Peter Cross. Der dazu öffentlich schwieg – und am Leben blieb.

Barry Mannakee – ihr Leibwächter

Diana ist attraktiv, begehrenswert, jung, lustig, witzig und vor allem völlig ausgehungert. Ihre Hormone begehrten auf, sie wollte sich einfach als »geliebte Frau« fühlen, nicht als Anhängsel eines Thronfolgers, der sich anderweitig verlustierte. Als sie an einem Wochenende zufällig die Replay-Taste des Mobiltelefons von Charles drückte, wusste sie: Camilla! Zumal sie auch in seinem Terminkalender den Buchstaben »C« für einige »Abendtermine« fand. »Er ist ein Narr«, soll Mannakee geantwortet haben. »Ein verdammter Narr.«

Als aber ruchbar wurde, dass der flotte Barry Mannakee mehr als nur ein wachsames Auge auf Diana geworfen hatte, wurde er sofort gefeuert. Natürlich von Charles. Acht Monate nach seiner Zwangsversetzung stirbt er bei einem Verkehrsunfall mit seinem Motorrad. Die Fahrerin des Ford Fiesta, Nicola Chopp, gerade 17 Jahre jung, ist namentlich bekannt. Nur wurde sie nie zur Verantwortung gezogen, tauchte stattdessen, versorgt mit anderer Identität, in Amerika ab. Wie Diana später ihrem Vertrauten, Butler Paul Burrell, erzählte und auch auf Videoband beim Sprachtraining aussagte, glaubte sie an »Mord«. Was Diana auch ihrem Freund Joseph Sanders erzählte: »Die bringen alle um, die die Monarchie auch nur irgendwie gefährden.«

20 geheime Bänder – konfisziert von Scotland Yard

Der Mann weiß, was er kann, und preist sich auch so an: »Brauchen Sie Hilfe, wenn Sie öffentliche Reden halten müssen? Haben Sie Probleme mit Ihrer Kommunikation? Brauchen Sie einen Medientrainer? Wollen Sie in Reden wirklich überzeugen? Geben Sie ein wichtiges Interview im TV?« Genau diese Fragen kann in London einer beantworten: Peter Settelen mit seiner Firma in der 181 Jersey Road Osterley in London.

Nun wäre dieser ehemalige Schauspieler nicht weiter wichtig, hätte er nicht zwischen 1992 und 1993 der Prinzessin von Wales Sprachunterricht erteilt. Diana wusste, dass sie eine hohe, fast zwitschernde Stimme hatte und dass sie sich bei Live-Interviews oft verbal verrannte und zu Themen vorstieß, die sie nicht ansprechen wollte.

Und so ließ sie Kommunikationstrainer Peter Settelen zu sich kommen. Und Diana wusste, dass Settelen jedes Gespräch aufnahm, um – wie es in dieser Branche eben so üblich ist – nach jeder Sitzung neue Strategien für eine bessere Sprache, Stimme und Kommunikation zu orten.

Diana stellte allerdings eine Bedingung: Die Aufnahmen dürfen erst nach ihrem Tod veröffentlicht werden. Wobei die lebenslustige Prinzessin wohl keineswegs daran dachte, dass ihr Leben bereits wenige Jahre später ein tragisches Ende nehmen sollte. Auch Peter Settelen hielt sich an diese Weisung. Angeblich waren die Tonbandaufnahmen verschwunden, als der britische Geheimdienst und Scotland Yard nach dem Tod von Diana recherchierten, wo denn diese Bänder nun lagern. Wo – das ist ein Geheimnis von Peter Settelen.

Natürlich tauchten diese Bänder auf. Natürlich nicht in England. Da es in England verboten ist, auch nur das kleinste Detail über die Königsfamilie zu veröffentlichen, wenn man mit ihnen privat zusammenkommt oder gar für den königlichen Haushalt arbeitet.

Die Bänder konnten – wenn überhaupt – nur in einem freien Land wie Amerika ausgestrahlt werden. Was prompt geschah. Peter Settelen soll sie für einen angeblich sechsstelligen Betrag an den US-Fernsehsender NBC verkauft haben. Der sich natürlich diese Chance nicht entgehen ließ und die Bänder – in stark gekürzter Form – in zwei Teilen Ende November 2002 ausstrahlte.

Tatsächlich enthüllen diese Bänder Hochbrisantes, statt allgemeinem Blablabla, wie man nach Ansicht der britischen Presse glauben könnte.

Diese geheimen Bänder waren sogar die Grundlage für die weltweit Aufsehen erregende Biografie »Diana, ihre wahre Geschichte«, die der britische Autor Andrew Morton 1992 veröffentlichte. Da spricht die Prinzessin über:

- ihre quälende Eifersucht,
- ihre mehr als fünf Selbstmordversuche,
- ihren Kampf gegen Bulimie.

Das sind eher bekannte Tatsachen. Unbekannt ist aber, wie Diana das Buch von Andrew Morton über ihren Vater, Lord Spencer, und ihren engen Freund James Colthurst steuerte. Alle denken bis heute, dass Diana alles ihrer Freundin Carolyn Bartholomew erzählt habe, die dies dann ihrem Vater Lord Spencer weiterleitete, der dann alles an den Diana-Biografen Andrew Morton weitergab.

Unsinn, wie wir spätestens seit einem Gespräch mit James Colthurst wissen. Zum einen entstanden die geheimen Tonbandaufnahmen erst mit Hilfe von James Colthurst, einem Freund Dianas. Er fungierte als unverdächtiger Mittelsmann, schmuggelte Mortons Fragen und ein kleines Aufnahmegerät in den Kensington-Palast und schnitt auf rund fünf Stunden Tonbandmaterial ihre Gespräche mit.

Sodann berichtet Colthurst, dass er Diana später die 320 getippten Manuskriptseiten brachte, die sie dann redigierte.

Von den Settelen-Aufnahmen wissen wir, dass Autor Morton und Zwischenträger Colthurst verschlüsselte Namen am Telefon wählten und sich in abgelegenen Restaurants trafen, um ihre Verschwörung geheim zu halten. Als die Bombe platzte und das Buch herauskam, hatte Diana einen großen

Sieg errungen: Charles, der mal wieder seinen Kopf in den Sand steckte, wurde von seiner Mutter ultimativ aufgefordert, sich von Diana zu trennen – und scheiden zu lassen.

Die geheimen »Settelen-Bänder« zeigen auch eine Diana, die sich während eines Sprachtrainings sympathisch locker und gelöst gibt. Eine Diana, die mit der Sprache und ihrem Sprachtrainer flirtet und sich so gibt, als müsste man sich sofort in sie verlieben. Was sie aber Settelen anvertraut, ist alles andere als lustig. So erzählt sie, dass sie bereits bei der Hochzeit Zweifel gehabt habe. Zumal sie unter den geladenen Gästen genau die Frau erblickte, die ihr das Leben und das Lieben unmöglich machen sollte: Camilla Parker Bowles. Das offizielle Hochzeitsfoto der königlichen Braut

Die Schöne ist auch das Biest: Niemand verstand es besser, sich in Szene zu setzen, als Exkindergärtnerin Diana. Auch im »Rosenkrieg« gegen Charles.

kann eine gewisse Traurigkeit nicht verbergen. Auch der offizielle Kuss ging – typisch Charles – mal wieder daneben. Da er diese Frau, seine Frau, eigentlich nicht zu küssen gedachte.

Diana auf der Pirsch

Dass Diana liebend gern flirtete, ist bekannt. Da ihr Mann auf ihre Augen, ihre Körpersprache nicht ansprach, versuchte sie ihre Wirkung bei anderen Herren. Zum Beispiel einem Finanzier, den wir hier aus rechtlichen Gründen nicht nennen dürfen. Er war ein enger Freund von Major Ronald Ferguson, dem Vater von Fergie, und Diana betörte ihn einen ganzen Abend lang sehr öffentlich bei einem abendlichen Fest des Guards Polo Club.

Doch was da wirklich in Dianas Lieblingsrestaurant »San Lorenzo« in Knightsbridge geturtelt und geflirtet wurde, bleibt ein Geheimnis von Mara Berni, der das Restaurant gehört und die eine der engsten Vertrauten von Diana war und bis heute verschwiegen geblieben ist.

James Gilbey – Petting per Telefon

Gern, so scheint es, verkaufen uns die vom Königshaus gesteuerten Presseoffiziere für dumm. Bestes Beispiel ist die Telefonsex-Affäre von James Gilbey mit Diana. Gilbey, ein Erbe der Gin-Dynastie Gilbey, soll erst 1989 mit Diana eine Art »Sex-Petting« per Telefon gemacht haben.

Sorry? Diana und James kannten sich seit dem Jahr 1978.

Also wurde die Geschichte erst 1989 »intern« veröffentlicht, um dann 1992 von der Zeitung »Sun« publiziert zu werden. Das Gespräch wurde also weitaus früher aufgezeichnet, gehortet, auch geschnitten, um es zu einem Zeitpunkt an die Presse weiterzugeben, an dem es Diana am meisten schaden könnte.

Wer aber ist dieser James Gilbey? In den britischen Boulevard-Blättern firmierte er als Geschäftsführer in der Automobilbranche, wurde auch mal kurz als »Autoverkäufer des Jahres« ausgelobt. Unsinn! Gilbey ist ein Spross der Gin-Brenner-Dynastie Gilbey und wurde wie Andrew Parker Bowles (schau, schau!) in der katholischen Public School in Ampleforth erzogen. Sein Vater war – wie der Vater von Camilla, Major Bruce Shand – ein schlichter Weinhändler. Die Gilbeys wohnen in einem kleinen Bauernhaus – in der Grafschaft Somerset.

James Gilbey beteiligte sich mit 31 Jahren an einer Firma namens Plusquick, die er dann aus Werbegründen zur feineren »Holbein Motor Company« umtaufte. Ziel des Unternehmens war, belgische Saab-Autos billig in Battersea einzukaufen, um sie dann zu tollen Preisen in der Londoner High Society zu verkaufen. Ein Minusgeschäft: In den ersten 18 Monaten machte Gilbeys Holbein Motor Company 128 138 Pfund Verlust. Als die Firma nach zwei Jahren liquidiert wurde, hatte sie eine halbe Million Pfund Schulden.

Den armen Gilbey aber traf das weniger als der Bann der katholischen Kirche. Sein Großonkel war Monsignore Alfred Gilbey, und dieser sagte sich aus »moralischen Gründen« sofort von seinem Neffen los, als das »Sex-Telefonat« zwischen James und Diana veröffentlicht wurde.

»Ich kenne ihn nicht«, äußerte er sich dem bekannten Kolumnisten Ross Benson vom »Daily Express« gegenüber.

Telefonsex mit Autohändler James Gilbey:
Es dauerte Jahre, bis die Tonbänder mit »Tintenfischlein«
Diana an die Öffentlichkeit kamen.

Der smarte James Gilbey traf Prinzessin Diana – über gemeinsame Bekannte auf einer Party. Die Frau des legendären TV-Moderators David Frost stellte ihn Diana vor. Und beide fanden offensichtlich sofort Gefallen aneinander.

Immerhin konnte er sich ein Einzimmerapartment in Lennox Gardens in Knightsbridge leisten, das auch Diana schnell kennen lernte. Später hieß es erst aus dem Buckingham-Palast, dass Diana überhaupt nicht bei Gilbey gewesen sei – bevor man sich plötzlich auf die offizielle Version verständigte: »Die Prinzessin hat mit Mister Gilbey lediglich Bridge gespielt!«

Blödsinn! Diana hasste Karten- und Brettspiele, schätzte als junge Frau aber durchaus amüsante Bettspiele. Und die beiden mochten sich wirklich. Heimlich schafften sie es, sich in Ballettaufführungen und ins Royal Opera House (natürlich getrennt) zu schmuggeln. Und trafen sich zu Stelldicheins bei Dianas Lieblings-Italiener, eben jenem »San Lorenzo« am Beauchamp Place nicht weit von Knightsbridge.

Hier – in dem In-Lokal der Prominenz – stand Diana unter dem Schutz der Wirtin Mara Berni, die Diana auch gern mal die Tarotkarten legte.

Die ganze Affäre zwischen Diana und Gilbey wäre nie öffentlich geworden, gäbe es da nicht höfische Kreise, die einen perfekten Draht zum britischen Geheimdienst haben. Und so wurde das berühmte »Sex-Telefonat« zwischen Diana und James Gilbey vom britischen Inlandsdienst MI5 gerade so lange unter Verschluss gehalten, bis der Wink aus dem Buckingham-Palast kam: jetzt wäre ein idealer Zeitpunkt. Prinz Charles hatte in allen Umfragen wieder einmal absolute Minuswerte. Diana sollte als »sexbesessen« bloßgestellt werden – auf Kosten von Gilbey und ohne Rücksicht auf dessen Verlobte. So wurden die Bänder – natürlich längst geprüft, gesäubert und trotzdem »rau original« – der Boulevard-Zeitung »Sun« zugespielt, die diese dann im August 1992 veröffentlichte.

Diana liegt in ihrem Schlafzimmer auf Schloss Sandringham, wo sie mit ihrem ungeliebten Mann und ihren beiden kleinen Kindern Ferien machen muss! Längst ist dort Camilla die »Dame des Hauses«, was den Angestellten klar war, nur Diana eben nicht.

Und doch ist Diana eine junge Frau mit höchst intakten sexuellen Wünschen. Sie erreicht schließlich ihren alten »Wäsche-Freund« James Gilbey in seinem Auto.

Die fast 30-minütige Aufzeichnung beginnt mit Gilbeys Frage: Und, du bist so lieb, was hast du so gemacht, mein Liebling, hattest du heute wieder neue Tiefs?

Diana: So war es. Ich fühlte mich heute schon schlecht beim Mittagessen. Ich war nahe dran loszuheulen. Ich fühlte mich elend und leer und dachte mir nur: Verdammt noch mal, und das, nach alldem, was ich für diese Scheiß-Familie getan habe.

Gilbey: Das musst du doch nicht! Es gibt doch noch andere Menschen, die deine Leere ausfüllen. Mit allem, was du dir nur vorstellen kannst.

Diana: Ich brauche keine Horoskope, um zu sehen, dass alles so hoffnungslos, so aussichtslos ist. Immer diese versteckten Andeutungen, diese Sticheleien, dass ich vorhabe, etwas Dramatisches zu tun. Ich halte einfach diese Enge, die Beschränktheit, diese Grenzen dieser Ehe nicht mehr aus!

Gilbey: Ja. Ich weiß. Ich verstehe dich.

Diana: Aber ich weiß so viel mehr, so viel mehr als sie, weil ...

Gilbey: Ich verstehe, es gibt eben genug Sachen bei diesen Menschen, bei jedem von ihnen.

Diana: Nein, so ist's nicht.

Gilbey: Also, würde ich mir nicht um all das Sorgen machen. Ich denke, dass es viel gemeinsames Wissen gibt, mein Liebling – unter den meisten, aber das wollen sie offensichtlich nicht zugeben.

Diana: Du meinst eine Beziehung?

Gilbey: Ja, ich denke, dass das laut und deutlich durchkommt, mein Liebling. Aber vergiss das doch mal kurz: Wie ist das mit Mara?

Diana: Mara ist in Ordnung. Besser: Sie ist gut. Sie kann es kaum erwarten, zurückzukommen.

Gilbey: Wann kommt sie zurück?

Diana: Samstag!

Gilbey: Ist sie …

Diana murmelt wohlig: Mmmmm, Mmmmm.

Gilbey: Ich dachte, dass sie erst nächsten Samstag kommt.

Diana: Nein, diesen Samstag.

Gilbey: Hatte sie eine schöne Zeit?

Diana: Ich denke, sie ist raus aus London. Das gibt ihr ein bisschen Ruhe und Pause.

Gilbey: Das kann ich mir vorstellen. So ein Restaurant ist doch immer ein Teil ihres Lebens – oder?

Diana: Ich weiß – immer das ganze Volk um sie, die ganze Zeit.

Gilbey: Verstehe. Immer der Boss sein, immer alle Bestellungen aufnehmen und sich eigentlich nie aufregen. Ich denkc, sie hat ihren Ring um den Finger gedreht und sich gefragt: Was ist da eigentlich los? Was ist da immer zu tun?

Diana lüstern schläfrig: Mmmm. Mmmmm.

Gilbey: Und dann noch jeden Tag in die Kirche gehen!

Diana gähnt: Ich weiß.

Gilbey: Liebling, warst du heute in der Kirche?

Diana: Ja.

Gilbey: Mein geliebtes Tintenfischlein – und, hast du es getan?

Diana: Ja.

Gilbey: Und – hast du ein paar Gebete gen Himmel geschickt, mein Tintenfischlein?

Diana: Oh, Natürlich.

Gilbey: Hast du das wirklich getan? Ach, küss mich, mein Liebling. (Und er schickt Diana per Telefon mehrere Küsse.)

Diana lacht – und schickt ihrerseits Küsse durchs Telefon an Gilbey.

Gilbey (ganz beglückt): Ich kann dir gar nicht sagen, was für ein Lächeln du auf mein Gesicht gezaubert hast. (Er räuspert sich.) Ich kann es dir gar nicht sagen. Ich war gerade noch so eine Art eingesperrte Ratte und Tony (sein Geschäftspartner) sagte zu mir: Ich sehe, du bist in schrecklicher Eile. Und ich sagte nur: Ich warte auf schöne Dinge, die auf mich zukommen, wunderschöne Dinge. (Gilbey seufzt.) O Gott. Ich werde das Telefon nie mehr aus dem Auto nehmen, mein Liebling.

Diana: Nein, bitte tu das nicht!

Gibey: Nein, mein Liebling, das werde ich nicht. Und wenn es läutet und jemand anders als du ruft an, sag ich: Sie haben sich verwählt, eine falsche Nummer oder so was.

Diana: Das ist aber nicht gut. Wenn zum Beispiel deine Mutter anruft, um dir zu sagen, dass etwas passiert ist.

Gilbey: Okay, mein Liebling. Also halte ich mich morgen

ganz nah am Telefon auf – weil mein Vater Telefonate eh nicht mag.

Diana: Sind sie morgen nicht zu Hause? Aber du kannst doch anrufen?

Gilbey: Ja. Und ich werde morgen Nacht, mein Liebling, zurück in London sein.

Diana: Gut so.

Gilbey: Ist das in Ordnung, mein Liebling?

Diana erleichtert: Ja.

Gilbey: Bitte stürze dich nicht mehr in all das, was bei dir passiert. Und lass uns keine so langen Pausen mehr erleben.

Diana: Nein.

Gilbey: Ich weiß nicht, wie ich reagieren würde. Du musst wissen, mein Liebling, dass ich kaum mehr Gesichter und Gedanken sortieren kann, weil ich ja jeden Moment mit dir sprechen will. Das ist ja schon komisch, oder nicht?

Diana zart: Das beruht auf Gegenseitigkeit.

Gilbey: Ist es so, Liebling? Ich hasse die Vorstellung, weißt du. Es macht mir Angst, jagt mir Schrecken ein.

Jetzt kommt eine besondere Stelle im Gespräch. Diana besuchte während ihrer Ferien in Sandringham ihre alte Heimat. Dort steht auch das Park House, das jetzt Leonard-Cheshire-Heim heißt und Behinderte betreut.

Diana: Gestern – Liebling, das muss ich dir erzählen – gab es wirklich etwas sehr Merkwürdiges für mich. Ich schaute über den Zaun von Park House und dachte: Was soll ich nur machen? Und ich dachte, nun, mein Freund würde sagen, geh rein und tu es. Ich dachte, nein, ich bin zu schüchtern. Und da waren ja Hunderte von Menschen drin. Also dachte ich: Scheiß drauf! Dann bin ich ums Haus herum zur Eingangstür und geradewegs hinein.

Gilbey: Echt?

Diana: Ja. Es war so aufregend.

Gilbey. Wie lange warst du drin?

Diana: Eineinhalb Stunden.

Gilbey: Echt?

Diana: Hmm. Und sie waren so süß. Sie wollten mit mir zusammen fotografiert werden, und sie hörten nicht auf, mich zu liebkosen. Einige von ihnen waren sehr krank. Ohne Bein und so.

Experten haben mir erklärt, wie geschickt die Bänder bearbeitet wurden, um einerseits Dianas Liebe zu hilflosen Menschen zu dokumentieren, andererseits ihre Fähigkeit, sich sofort durch Gefühle ablenken zu lassen.

Gilbey: Aber, Liebling, du hast doch jetzt keine Schuldgefühle …

Diana: Nein, überhaupt nicht.

Gilbey: Und Reue?

Diana: Warum? Ich hab keine Reue. Es geht doch allen gut.

Gilbey: Ich bewundere mein Tintenfischlein. Ich finde es furchtbar, was für eine schreckliche Zeit du gehabt hast. Die versuchen, dir einfach viel Ärger zu machen, so wie Freitagnacht. Und du weißt das auch genau!

Diana: Ja, ich weiß es. Aber du musst wissen, das war wirklich ziemlich … ja ziemlich … ich finde gerade das Wort nicht, also: seine Großmutter (Queen Mum) sieht mich immer mit so einem fremden Blick an. Es ist nicht gerade Hass. Es ist eine Art von Interesse, vermischt mit Mitleid. Ich verstehe es ja auch nicht – jedes Mal, wenn ich hochsehe, sieht sie mich an, dann sieht sie weg. Und lächelt.

Gilbey: Macht sie das?

Diana: Ja. Ich weiß auch nicht, was los ist!

Gilbey: Dann sag ihr doch irgendwann mal: Ich kann nicht ... Sie ... Sie sehen mich immer so an. Was ist los? Was denken Sie? Das musst du sagen, Liebling! Du bist doch heute auch mutig aufgestanden, bist für dich geradegestanden.

Diana murmelt: Ja.

Gilbey: Mmm, Mmm. Wir wissen aber auch, dass die in diesem alten herrischen Boot sehr fähig sind. (Er meint: zu allem fähig sind!)

Diana: Ich weiß. Ja.

Gilbey bringt das Gespräch auf leichtere Themen: Und – was hat mein Liebling heute getragen?

Diana: Ein Paar schwarze Hosen. Und einen rosa Rollkragenpullover.

Gilbey: Du siehst sicher hinreißend aus.

Diana kichert: Ja.

Gilbey: Bist du jetzt dabei?

Diana flüsternd: Ja.

Gilbey: Zu unserem gemeinsamen Wohl?

Diana: Ich denke, dass es so schon gut ist.

Gilbey: Machst du es?

Diana: Ja, O ja.

Gilbey: Und was hast du an den Füßen?

Diana: Ein paar schwarze Pumps.

Gilbey: Oh, sehr schick.

Das Band hat an dieser Stelle eine kurze Pause. Warum? Das können nur die Agenten Ihrer königlichen Majestät wissen. Es geht mit folgender Einspielung weiter:

Diana: Der Rotschopf (gemeint ist Fergie) ist wirklich ziemlich ätzend.

Gilbey: Echt? Ist sie?

Diana: Ja, sie hat … ach, ich weiß auch nicht, warum.

Gilbey zart: Bleib gelassen. Da ist zu viel durcheinander.

Diana (ganz Freundin): Ich rede gerade über einige Seiten dieser Dinge.

Gilbey: Du machst das? Das ist genau meine Sorge. Sie (Fergie) versucht doch gerade verzweifelt, zurückzukommen.

Diana: Na, sie wird mir eh alles erzählen.

Gilbey: Sie versucht, dich ins Boot zu ziehen. Sie setzt alles auf ihre gute PR.

Diana: Jimmy Saville (ein Freund von Diana und Fergie) rief mich gestern oben in meinem Zimmer an und er sagte: Ich bin's, der dich nur anruft, um dir, mein Mädchen, zu sagen: Lass den Rotschopf, mach, was du willst, hilf ihr nicht mehr aus. Und ich sagte: Jimmy, sie tut doch immer, was sie mag.

Gilbey: Was meinst du mit helfen?

Diana: Lösen muss ich mich. Er sagte: Eine lahme Ente kannst du nicht retten. Aber ich muss mit ihr reden. Dann meinte er noch, dass ich sein Nummer-eins-Mädchen bin …

Gilbey: Oh, lieb, das ist nicht fair, du bist mein Nummer-eins-Mädchen!«

Diana spricht jetzt mit ihrem Sohn, nimmt das Telefon vom Ohr, ruft: Harry, bist du im Badezimmer?, dann kehrt sie zurück zu Gilbey: Okay, jetzt können wir wieder in Ruhe miteinander sprechen.

Diana lacht: Und – machst du es?

Gilbey: Ja. Und du, mein Liebling? Machst du es auch?

Diana: Ja.

Gilbey, leicht eifersüchtelnd auf Jimmy Saville: Liebling, wenn er dich anruft und von der »einen Hälfte« spricht, wer ist dann die andere Hälfte?

Diana: Eh? Meine andere Hälfte?

Gilbey: Deine andere Hälfte. (Er meint Prinz Charles.)

Diana: Ja.

Gilbey: Versteht er sich gut mit ihm?

Diana: Er ist so 'ne Art Mentor. Redet ihm nach dem Mund.

Gilbey: Sorry, Liebes. (Er wechselt wohl das Autotelefon von einem Ohr zum anderen.) Oh, ich bin ganz besessen von dir, wenn ich all die Bilder von dir sehe. Ich sehe die Bilder an und denke mir nur: O Gott, wenn nur ...

Diana: Es gibt doch nicht so viele Bilder heute?

Gilbey: Vier oder fünf heute!

Diana: Oh!

Gilbey: In verschiedenen Zeitschriften ...

Diana: Und ich lächle doch immer, oder nicht?

Gilbey: Immer!

Diana: Auch heute?

Gilbey: Ich sagte es dir doch schon. Du bist einfach wunderbar. Du kannst eine Kamera auf tausend Yards wahrnehmen.

Diana: Ja.

Gilbey: Und dein Lächeln, da kommt dein ganzer Zauber raus, das bleibt, das ist wunderbar ... aber sag mir doch, wie war es bei der Tee-Party?

Diana: Es war schon ganz gut. Nicholas war dort und seine Freundin Charlotte Hambro. Kennst du Charlotte? (Diana spricht von Nicholas Soames, dem Bruder von Charlotte Hambro. Wohl in der allgemeinen Erregung ein Freud'scher Versprecher.) Es war okay, aber ich war in furchtbarer Form. Er ist auch ein schwieriger Mann.

Gilbey: Sehr schwieriger Mann. Ich sah ihn neulich. Haben alle mal wieder so richtig ...

Diana: O ja.

Gilbey: Wie ist sie? Seine Frau sieht ziemlich zäh aus.

Diana: Suzanne? Ich denke, dass es für sie eine ziemlich harte Zeit geworden ist.

Gilbey: Mit Charlotte und Willy Peel? (Willy Peel ist ein Graf in Yorkshire, er ist Charlottes Mann.) Ich kenne ihn überhaupt nicht.

Diana: Sie ist eine sehr sexy Nummer.

Gilbey: Ist sie nicht recht bekannt?

Diana lacht ins Telefon. Und Gilbey fährt fort: Ich meine etwas abgetragen! (Dabei bezieht sich Gilbey wohl darauf, dass Charlotte dadurch bekannt wurde, dass sie Andrew Parker Bowles heiraten wollte. Doch dann bringt Gilbey das Gespräch wieder auf das Wesentliche:) Liebling, ich würde mir so wünschen, dass wir heute zusammen den Abend verbringen.

Diana: Ich weiß. Ich will, dass du an Mitternacht an mich denkst. Bleib auf, um mit mir in das neue Jahr zu sehen!

Gilbey: Ich denke doch seit drei Monaten nur an dich!

Diana: Debbie sagt, dass sie vorhat, mit mir bald eine Seelenwanderung zu wagen. (Debbie ist Debbie Frank, die damals aktuelle Astrologin und Esoterikerin im Leben von Diana.)

Gilbey: Und wer bin ich?

Diana: Sie sagt, dass sie vorhat, Stück für Stück mit mir durchzugehen.

Gilbey: Ach, mein Tintenfischchen. Lach doch! Ich liebe es, wenn du lachst. Ich bin nur glücklich, wenn du glücklich bist.

Diana: Ich weiß, dass du das bist.

Gilbey: Ich weine, wenn du weinst.

Diana: Ich weiß, das ist so süß von dir. Um unser Tempo

einzuhalten, brauchen wir am Dienstag kein Abendessen.

Gilbey: Nein, ich brauche kein Abendessen mit dir. Das Einzige, was ich brauche, ist, dich zu sehen. Das ist alles, was ich brauche. Ich kann kaum erwarten, dass Ken anruft. (Ken Wharfe ist Dianas Bodyguard und Vertrauter.) Ich denke auch nach Mitternacht an dich.

Es folgt die Schilderung einer Party. Dann:

Ich will alles, was dir Spaß macht.

Diana: Ich weiß.

Gilbey, langsam genervt: Was ist dieser Lärm?

Diana: Der Fernseher, der mein Gespräch ertränkt.

Gilbey: Kannst du ihn nicht abstellen?

Diana: Nein. Sonst würde ja mein Gespräch mit dir entdeckt ...

Gilbey: Meine Güte ... (Dann reden sie noch über den Hofberichterstatter James Whittaker, der vermutet, dass Diana mit James schläft, aber nicht weiß, dass sie sich auch in Maras Haus treffen könnten.) Ich lasse jetzt nur mein Herz sprechen. Letzte Nacht hatte ich den erstaunlichsten Traum meines Lebens. Der hat nichts mit unseren Körpern zu tun, damit nichts.

Diana schmunzelnd: Das ist ja was ganz Neues, eine ganz andere Wendung ...

Gilbey: Wir waren lieb miteinander, wir aßen mit einigen Menschen zu Abend. Es war ein sehr lebhafter Traum. Ich habe mich an alles noch am Morgen erinnert. Ich weiß genau, was du anhattest, was du gesagt hast. Es war irgendwie fremd, aber auch wunderschön.

Diana kichert. Und wieder kommt ein Schnitt, den nur Profis vorgenommen haben können. Dann folgt der Satz, der weltweit gedruckt wurde.

Diana: Ich will nicht schwanger werden.

Gilbey. Darling, das wird nicht passieren. Okay!

Diana: Jaaa.

Gilbey: Du darfst so nicht denken. Es passiert nicht, Liebling. Du wirst nicht schwanger.

Diana: Aber ich habe heute Fast Enders (eine TV-Serie) gesehen. Eine der Hauptdarstellerinnen hatte ein Baby. Sie dachten, es sei von ihrem Mann. Es war von einem anderen.

Gilbey: Mein Tintenfischchen, küss mich. O Gott. Ist dieses Gefühl nicht wundervoll? Magst du es auch?

Diana: Ja. Sehr.

Gilbey: Es ist einfach wunderbar. Ich fühle mich wieder wie 21.

Diana: Aber du bist es nicht. Du bist 33.

Gilbey seufzt: Oh, mein Tintenfischlein, küss mich. (Er küsst sie durchs Telefon.) Oh, es ist wunderbar, sich so mit dir zusammen zu fühlen. Magst du das auch?

Diana: Ich liebe ... es ...!

Gilbey stöhnt: Ummmmm.

Diana flüstert fast: Es ist so wunderbar. Ich liebe es ...

Gilbey: »Ist es nicht absolut wunderbar? Dann wechselt er plötzlich das Thema: Es war gestern ein qualvoller Tee mit, äh, du kennst doch auch Simon Prior-Palmer?

Diana: Ich weiß, wen du meinst.

Gilbey: Und seine Ehefrau, seine Julia Lloyd-Jordan, an die erinnerst du dich doch?

Diana stöhnend: Ja, ich er-inn-er-e mich.

Gilbey: Machst du es?

Diana: O Gott, ja. Wer ist noch Eddie und sie?

Es interessiert beide nicht mehr, über wen sie reden. Beide sind mit sich beschäftigt. Und dann beginnen beide heftig, sich in Gedanken an den jeweils anderen selbst zu befriedigen.

Gilbey: Liebling, ahhh. Es ist gerade, oh, ich mag das so sehr …

Diana: Spielst du mit dir?

Gilbey. Was? Ich bin eigentlich …

Diana: Ich meinte nur … es ist gerade, was ich eben so mag …

Gilbey: An sich selbst zu spielen.

Diana: Ja.

Gilbey: Ich hab nicht mit mir gespielt. Volle 48 Stunden nicht. Umm, und sag mir jetzt was …

Diana: Oh, jetzt ist alles gut, alles gut, alles ruhig.

Gilbey: Küss mich. (Man hört Küsse, die durch die Leitung gehaucht werden.) Und weißt du, was ich heute um Mitternacht tue?

Dann kommt das Gespräch plötzlich auf Mode, auf neue Jeans und James Hewitt.

Diana: Ich hab einige Menschen richtig rausgeputzt.

Gilbey: Wen? Ich hoffe, nicht allzu viele.

Diana: James Hewitt. Den habe ich von Kopf bis Fuß bezahlt. Was ziemlich teuer war.

Gilbey: Ich wette, dass er das zurückbezahlt hat.

Diana: Ja.

Dann gibt es wieder eine Unterbrechung im Band, bevor es weitergeht mit der Frage:

Gilbey: Kann ich dich morgen früh anrufen?

Diana: Ja, nicht zwischen 9.30 und 11 Uhr. Da gehe ich mit Fergie schwimmen. Ich fühle mich jetzt schuldig.

Gilbey: Liebling, das musst du nicht.

Wieder kommt eine Unterbrechung, bevor es weitergeht.

Gilbey: Bis Dienstag.

Diana: Okay.
Gilbey: Lass dich ja nicht unterkriegen.
Diana: Das werde ich nicht. Das lass ich nicht zu.

Natürlich folge auch ich den unglaublichen Richtersprüchen: Diana hatte nie Sex mit James Gilbey, sie haben eben nur »nett miteinander telefoniert«.

Aber wenn es je eines Beweises bedurft hätte, dass Diana und James Gilbey neben »Telefonsex« auch richtigen Sex gehabt haben, dann sollten wir Journalisten alle langsam verzweifeln. Obwohl genau das die britische Presse, das Königshaus und die einschlägig bekannten Anwälte fertiggebracht haben.

Selbstvermarktung à la Fergie

Sich selbst zu vermarkten – keine hat das Spiel besser gelernt als Sarah, die Herzogin von York, besser bekannt als »Fergie«. Für Exklusivinterviews verlangte sie schon mal 20 000 Euro, um am Tag des Erscheinens des Blattes der BBC zu verraten, dass sie ein zweites Kind erwarte. Die Zeitung wollte nur mehr die Hälfte zahlen, doch Fergie ließ klagen – bis die Queen intervenierte.

Für satte 400 000 Euro soll sie der Zeitschrift »Hello« ihr neues Haus »Dallas Sunninghill Park« geöffnet haben; nichts ließ Fergie ungenutzt – alles verkaufte sie zu Höchstpreisen. Um Geld, Geld, Geld in ihre Kasse zu spülen, schrieb sie in wenigen Tagen ein Kinderbuch über einen kleinen Helikopter namens »Budgie«, der von einem größeren Flugzeug verachtet wird. Ein mäßiges Buch, mit dem sie aber prompt verdiente! Zumal sie das Buch als Serie ans Privatfernsehen verkaufte. Dazu hat sie sich alle Rechte an

Budgie-Produkten sichern lassen wie Schwimmflügel, Badeanzüge, Handtücher, Ansichtskarten, Geschenkpapier, Nachttischlampen, Sonnenschirme, Luftballons. Satte drei Millionen wollte Fergie damit verdienen – bis die Queen die Reißleine zog. Und alles versteckt im Sande verlief.

Was Fergie von anderen finanziellen Abenteuern nicht abschreckte: Auch ihre diskreten Hinweise, dass sich ihr Mann Andrew nur für Golf und Science-Fiction-Videos interessiere, fand sofort Abnehmer.

Seit sie in dem eigenartigen »Finanzberater« John Bryan einen Mann ihres Gemüts und Geblüts fand, werden die Medien regelrecht bombardiert: In seinem »Bauchladen« hatte er alles von, über, mit und für Fergie zu bieten: Exklusivfotos ab 20 000 Euro, Exklusivinterviews ab 50 000 Euro. Was sich heute mehr oder weniger erledigt hat.

»Fergie« hat viel versucht, ihren ramponierten Ruf wiederherzustellen. So war sie kurz die Ikone der »Weight Watchers«, dann kurzfristig TV-Interviewerin, auch als »Groupie« des Tennisspielers Thomas Muster trat sie in Erscheinung. Nur fruchtete alles so recht nicht. Auch ihre Beziehung zu einem italienischen Werbe-Grafen scheiterte.

So griff sie auf ihren teuren Ex-Mann Andrew zurück, der erotisch lange Zeit Angie Everhart auf seiner »lover's list« hatte, das Model, das sich einst für Ex-Freund Sylvester »Rambo« Stallone den Busen vergrößern, später wieder für den »Otto-Katalog« verkleinern ließ. Dass Angie schon mal als »Neue« von Albert II., Fürst von Monaco, gehandelt wurde, spielt in diesen royalen Kreisen keine große Rolle.

Fergie ist heute, wie andere »Royals«, zu einem stummen Dasein verdammt. Wieder ein Beweis für den langen, sehr langen Arm der Windsors im geheimen Geschäft um Macht und Medien.

Diana – die perfekte Medien-Inszenierung

Am 29. Juli 1981 heiratete die gerade 20 Jahre alt gewordene Kindergärtnerin Diana den künftigen britischen König in der Londoner St. Paul's Cathedral, vor einer Milliarde Menschen, die das Schauspiel am Fernsehen verfolgen. Auch ein junger ägyptischer Playboy namens Dodi Al-Fayed guckt sich das Spektakel an, in einer Suite im dritten Stock des Hôtel de Paris in Monte Carlo. Womit bereits das letzte Glied der langen Kette von Instrumentalisierungen erwähnt ist, die bis zum Ende von Dianas Tagen reichen wird. Ist es doch eben dieser von seinem Vater, dem milliardenschweren Ägypter Mohammed Al-Fayed, ausgehaltene Dodi Al-Fayed, der 15 Jahre später mit Diana zusammen sein wird.

Der Ehe von Charles und Diana geht ein Geschäft zwischen der Queen und Dianas Vater voraus. Königin Elizabeth hat sich durch ihre Ärzte von der Jungfräulichkeit Dianas überzeugen lassen. Im Gegenzug hat Dianas Vater, der hochverschuldete achte Earl of Spencer, die Möglichkeit, als »Mitglied der königlichen Familie« und dank Bürgschaft der Königin seine horrenden Schulden zu reduzieren. Der bis heute stets vertuschte Sachverhalt: Diana wusste auch dies – und ging die Ehe trotzdem ein. Sie wird bei ihrer Scheidung daran anknüpfen und ihre eigene Rechnung präsentieren: 38 Millionen Euro als Abfindung.

Diana ist längst nicht mehr Opfer. Sie hat gelernt, im Hintergrund Fäden zu spinnen, selber zu intrigieren. Ihre Waffe sind die Medien, ist die Öffentlichkeit. Dort lässt sie ihr Selbstbild für ihre eigenen Zwecke projizieren: »Ich bin eine gute Mutter!« – »Ich wurde betrogen!« – »Ich liebe die Armen, die Beladenen, die vom Schicksal ebenso Betrogenen wie ich!« Mit solchen Appellen schafft sie das Unmögliche –

Sie sehen sich verblüffend ähnlich:
Prinz Harry und Dianas Ex-Reitlehrer James Hewitt.
DNA-Analysen im Königshaus? We are not amused!

und niemand war am Ende besser im Metier des Instrumentalisierens als sie, das Opfer, sie, die Täterin.

Diana spielt anfangs mit, soweit sie das Drehbuch kennt – nicht aber die Rollen, die ihr laufend von Politik und Massenmedien vorgegeben werden. Bis sie schließlich ausbricht, sich in einen beliebigen Rittmeister namens James Hewitt verliebt und schamlos von ihm ausgenutzt wird. Das ist sie von ihrem Ehemann gewohnt.

Als Prinz Harry 1988 am Blinddarm operiert wurde, ein Notfall, blieb Charles mit seiner Geliebten Camilla in der Toskana bei den »Malferien«: »Ich liebe meine Kinder sehr, aber auch ich brauche mal meinen Frieden«, ließ er seiner Diana ausrichten. Ob Charles nur sauer war, dass ihm seine ungeliebte Frau einen Sohn und keine Tochter schenkte, oder ob es einen tieferen Grund für seinen Groll gibt, das sei dahingestellt. Bis heute verstummen die Gerüchte nicht, dass der rotblonde, sommersprossige Harry nicht der eheliche Sohn von Charles sei, sondern aus der Liaison seiner verstorbenen Frau Diana zum strammen, rothaarigen – und sommersprossigen – Rittmeister James Hewitt stammt.

Doch als Dianas Leben aus den Fugen gerät, sie vom Ehemann ihrer eigenen Schwester lächerlich gemacht wird, und als ihr gar das Sorgerecht für ihre Kinder William und Harry aberkannt werden soll, da versucht sie, ihr Seelenheil in einem öffentlichen Bekenntnis zurückzugewinnen – einem Fernsehinterview, das sie für alle zur Königin der Herzen macht.

Diana – die politische Dimension

Diana wehrt sich, früh! Sie bringt am 21. Juni 1982 im privaten Lindo-Flügel des St. Mary's Hospital in Paddington, London, ihren Sohn William zur Welt. Sie wird den lieblosen Kommentar ihres Ehemannes: »Es ist wieder mal alles gut gegangen«, und den ihrer ungeliebten königlichen Schwiegermutter: »Gott sei Dank hat er nicht die Ohren seines Vaters«, der Presse weitergeben.

Auch die Geburt ihres zweiten Sohnes am 15. September 1984, im selben Spital, wird sie in ihrem Streit mit den Windsors nutzen, als politische Waffe. Sie verrät den angeblichen Kommentar ihres Gatten: »Ach, ein Junge! Und auch noch mit roten Haaren!« Und dann flüstert sie ihrem Leibjournalisten zu: »Dann verabschiedete er sich zum Polospielen, mit Camilla als Fan am Spielfeldrand.«

Des Weiteren gibt sie bekannt: »Zur Geburt bekam ich von Charles – nichts. Seiner Geliebten schenkte er stattdessen einen Armreif vom königlichen Hofjuwelier Asprey, mit der Gravour: ›Gladys‹, Camillas Spitznamen.«

Ein Jahrzehnt danach hat sie sich politisch, als öffentliche Figur längst emanzipiert. Durch die Modellhaftigkeit ihres Schicksals macht sie klar: Werden nicht täglich Millionen von Frauen von ihren Männern betrogen? Versuchen nicht Millionen von Frauen, ihr Leben mit denselben Therapien wie sie in den Griff zu bekommen? Und ihr Mann? Verkörpert er nicht das Urbild des unbelehrbaren Mannes, der Frauen nur als minderwertig wahrnehmen kann?

Was niemand bisher wusste: Diana stellte ihre Rivalin Camilla zur Rede. Sie hatte da mehr Mut als ihr Mann, mehr Mut als Camilla. Auf den Tonbändern erklärt sie, wie das 1989 auf einer Party abgelaufen ist: »Dann sagte ich zu Camilla: Es tut mir leid, dass ich im Weg bin, und es muss die Hölle für euch beide sein. Aber ich weiß, was los ist, also behandelt mich nicht wie eine Idiotin.«

Was antwortete Camilla? Auch das wissen wir erst seit den geheimen Tonbandaufnahmen, die Diana im Kensington-Palast mit ihrem Sprachtrainer Peter Settelen machte. So soll Camilla in Dianas Worten gesagt haben: »Du hast alles, was man haben kann. Du hast alle Männer der Welt, die sich in dich verlieben, und zwei wunderschöne Kinder, was willst du mehr?«

Dianas Antwort laut ihren Erinnerungen auf dem Tonband: »Ich will meinen Mann.«

Der Tod von Prinzessin Diana wird zur machtpolitischen Scharade!

In dieser Sommernacht des 31. August 1997 aber stirbt

zuerst der ägyptische Playboy, dann der französische Chauffeur; die schwerverletzte englische Prinzessin wird von sich streitenden Rettungsmannschaften so langsam durch das nächtliche Paris ins Spital getrödelt, dass schon 20 Minuten nach ihrer Einlieferung nur noch der Tod festgestellt werden kann. Die ganze Welt erfährt via Medien in Windeseile die Nachricht. Die Medien verzeichnen wahnwitzige Auflagen und Einschaltquoten. Sie nutzen und benutzen Leid, Trauer, Mitleid für die Verstorbene für ihre Zwecke. Sie schaffen eine Massenhysterie. Ein absurdes Szenario?

Die nächste Generation – Prinz William, Hoffnung der Windsors

Der Junge ist ein Mann. Er hat in seinem jungen Leben mehr Entscheidungen getroffen als sein Vater Charles. Er war der engste Vertraute seiner Mutter Diana. Er kennt die Medien, deren Macht, er kennt die machtlosen Manager, die feigen Verleger, die devoten Hofschranzen; er kennt viele Geheimnisse um seinen Vater, seine Stiefmutter Camilla und die ungelösten Rätsel um den Tod seiner Mutter. Er schreibt links und denkt liberal.

Und er ist intelligenter als die meisten seiner Familie. Als Thronfolger William, die Nummer zwei in der Thronfolge nach seinem Vater Charles, in der Offiziersschule Sandhurst zum Intelligenztest antreten musste, schockte er die Instruktoren: »Wir hatten nicht erwartet, dass er ein so gutes Ergebnis erzielen würde«, berichtete ein Sandhurst-Insider.

William beantwortete im Schnitt sieben von zehn Fragen korrekt. Insgesamt kam der Thronfolger dem besten bisher in Sandhurst registrierten Intelligenzquotienten nahe. »Zudem zeigte er gute Führungsqualitäten«, lobt ein hoher Offizier der Schule. Damit setzte sich William klar vom Ergebnis seines Bruders Harry ab: Harry konnte gerade mal vier von zehn Fragen richtig beantworten.

Auch sonst übertrifft William, dank der gesunden Gene seiner Mutter Diana, die Windsors: Er neigt nicht zu Asthma wie sein Vater, er muss keine Stützschuhe wegen ausgeprägtem Plattfuß tragen, seine Finger können die vier Saiten eines Cellos umgreifen – und er weiß, wie man benutztes Geschirr per Hand abwaschen und Freunde zum Kaffee einladen kann, ohne einen Leibwächter dabeizuhaben, der gleich eine schwarze American-Express-Karte zückt. William lernte in nur sieben Lektionen Autofahren, während sein Vater gewisse Koordinationsprobleme hatte und sich schon als Teen meist fahren ließ und das Steuer nur dann ergriff, um mit seinem Aston Martin die wenigen Kilometer von seinem Landsitz Highgrove zum Haus seiner Freundin Camilla zu bewältigen.

Thronfolger William kann sich auch ohne fremde Hilfe ankleiden; er lässt sich nicht wie sein Vater Schuhe und Anzüge per Over-Night-Express nachschicken. William ist auch in der Lage, ein Essen in einem Lokal selbst zu bezahlen, was sein Vater bis heute nicht beherrscht.

Charles – kein Vater für Kinder

»Charles ist ein schlechter Vater«, sagte Prinzessin Diana. »Warum? Weil er ein völliger Egoist ist, nur an sich denkt und selbstsüchtig ist. Nie kann er etwas ändern, nie kann er etwas spontan machen.«

Wobei sie auf das Versagen von Charles als Vater bei der Operation von Prinz William anspielt. Während Diana dabei war und zu Gott betete, dass ihrem Sohn nicht wirklich etwas Schlimmes widerfahren ist, nachdem er von einem Golfschläger eines Freundes getroffen wurde, saß Charles gemütlich in der Opernaufführung von »Tosca« in Covent Garden mit Vertretern des Agrarausschusses der EU aus Brüssel. »Ich werde diesen Moment, in dem Williams Körper ganz leblos dalag, nie vergessen«, erinnerte sich Diana. Sie hat aber auch das Verhalten von Charles nie vergessen.

Als Vater war Charles kein Vorbild für William, auch wenn dieser später pflichtschuldig vor der Presse sagen musste: »Mein Vater ist für mich das größte Vorbild meines Lebens.«

Na, da hoffen wir doch, dass er in seinem weiteren Leben bessere Vorbilder erleben durfte und darf – als einen Mann, dessen einzige Lebensaufgabe darin besteht, den Tod seiner Mutter zu erwarten: Um endlich König zu werden.

Wann immer Stimmung zwischen Diana und ihren »beiden Männern« aufkam, Charles zerstörte sie. Schauten die drei am Nachmittag Videos von Mr. Bean an, kam er ins Zimmer, drehte den Apparat aus und befahl: »Man schaut nachmittags nicht fern.«

Auch beim Essen gab allein Charles den Ton an: seine Kinder mussten das essen, was er gerade als Vegetarier wollte, und Coca Cola gab's eh nicht, weil das an amerikanische Unsitten erinnere und nur »dick« macht. Auch mit den Gefühlen von William konnte Charles nichts anfangen: Einmal schloss sich Diana nach einem morgendlichen Streit mit Charles in ihr Zimmer ein, weigerte sich, zum Mittagessen nach unten zu kommen. Also ließ Charles nur für sich und seinen Sohn William servieren. Als der ihm sagte, dass er keine Lust habe, am nächsten Tag Highgrove zu verlassen und zurück in sein Internat zu gehen, gab ihm Charles nur einen väterlichen Klaps.

Immerhin setzte sich Charles gegenüber seinem Vater durch, der auch seinen Enkel William in das furchterregende Internat Gordonstown stecken wollte, in dem bereits Charles Höllenqualen litt. Wie zerrüttet das Verhältnis zu seinem Vater Philip zu dieser Zeit war, zeigt eine Fotografie

William und Harry am 6.9.1997 auf dem Weg zur Trauerfeier in der Westminster Abbey: Als Diana starb, verloren sie den einzig »lebenden« Halt.

auf dem Schreibtisch von Charles im Kensington-Palast, mit der Unterschrift: »Ich bin nicht dazu da, in die Fußstapfen meines Vaters zu treten.«

In Eton hatte William ein vergleichsweise angenehmes Leben: Sein Tag begann mit Frühstück um 7.45 Uhr, dann folgte Montag, Mittwoch und Freitag die übliche Messe, der Unterricht begann um 9.00 und dauerte bis 11.20 Uhr, dann folgte eine kurze Pause. Bevor es um 11.45 bis 13 Uhr weiterging. Es gab einen leichten Lunch, bevor Sport angesagt war: Fußball, Leichtathletik, Rudern, Schwimmen, dann folgte die für Eton typische »stille Stunde« zwischen 18.15 und 19.45 Uhr. Hier mussten sich alle Schüler ruhig verhalten, konnten in die Bibliothek gehen, lesen, sich entspannen, bevor es pünktlich um 19.45 Uhr Abendessen gab, gefolgt von einer kurzen Andacht, bei der meist gesungen wurde, bevor William um exakt 21.30 Uhr in seinem Einzelzimmer sein musste.

Ausgang hatte William kaum, aber er durfte das nahe Windsor besuchen – allerdings nur ohne die Schuluniform, da es immer wieder zu bösartigen Attacken zwischen den rivalisierenden Gruppen »town and gown« kam. Und keine Angst: Auch im Schulzimmer saß immer ein stiller Bodyguard in der letzten Reihe, nirgendwo unternimmt William einen Schritt ohne polizeiliche Begleitung.

Der »wahre« Mann an Dianas Seite

Ende der achtziger Jahre konnten weder Diana noch Charles ihre unüberbrückbaren Differenzen vor ihren Kindern verbergen. Dabei »liebten die Kinder ihre Mutter sehr, ihren Vater und ihre Großmutter aber auch«, erzählt Elsa Bowker, eine enge Freundin von Diana. Und Rosa Monckton, Dianas beste Freundin, plaudert später unumwunden aus: »Diana zog besonders William vielleicht zu sehr in ihr Vertrauen. Aber ihr blieb ja keine andere Wahl. Sie wollte, dass William ihr Leben, ihre Geschichte von ihr selbst hört und nicht aus der Presse entstellt erfährt.«

Die Fronten waren schnell gezogen: »Die Jungs können kommen, sie nicht«, gab die Queen den Befehl aus. Auch Diana handelte, sie zog Mark Philipps, den früheren Ehemann von Prinzessin Anne, und Earl of Snowdon, den Ex-

Unbeschwerte Zeiten der Vergangenheit: Diana bemühte sich stets, ihre Söhne William und Harry so normal wie möglich aufwachsen zu lassen.

Mann von Prinzessin Magaret, ins Vertrauen und fragte sie, was sie denn jetzt tun solle: »Kümmere dich in erster Linie um das Geld.« So lautete der Rat.

Was Diana auch widerstrebend tat und sich dem Anwalt Anthony Julius anvertraute.

Überhaupt befreite sich Diana immer mehr von dem moralischen Druck der Windsors. So behauptet später ihr Butler Paul Burrell, dass er heimlich »Männermagazine für Prinz William« kaufen musste. Diana wollte nicht, dass ihre Söhne auch so verklemmt wie ihr Vater werden sollten.

Überhaupt war William »Dianas Mann«: Er hatte die Idee, dass sich seine Mutter doch von ihrer Garderobe trennen und diese zu Gunsten der Aidshilfe versteigern lassen sollte. Allein der Verkauf des Katalogs brachte 2,5 Millionen Dollar, die Versteigerung am 25. Juni 1997 selbst über 1,6 Millionen Dollar. »Und ich bekomme 10 Prozent davon«, witzelte Prinz William.

Camilla – die ungeliebte Stiefmutter

Doch dann kam alles anders. Am 31. August 1997 stirbt Diana in Paris. William und Harry sind über Nacht Halbwaisen, ausgesetzt einem Vater, der sich eigentlich nie wirklich um seine Kinder sorgte.

Als Charles erstmals versucht, Camilla seinen Kindern als neue »Mutter« schmackhaft zu machen, schreit William seinen Vater an – das erste Mal in seinem Leben. William vertraut sich statt seinem Vater seinem Freund William Richards an, der seine Mutter auch früh verloren hat.

Langsam erst begreift Charles, dass Kinder eben auch bedeuten, Verantwortung zu übernehmen. Er rafft sich auf, seinen Sohn Harry mit nach Südafrika zu nehmen und ihm dort die Spice Girls vorzustellen, die gerade auf Tour sind. Geschickt fädelte Charles dann ein, wie seine Söhne Gefallen an Camilla finden sollten: Erst lud er ihre Kinder Tom und Laura nach Birkhall in Schottland ein, um mit seinen beiden Söhnen die Osterferien zu verbringen. Dann brachte er Camilla selbst mit, stellte sie am 12. Juni 1999 William in dessen Räumen im York House vor, einem Teil des St.-James-Palastes. Nach dem Gespräch sagte Camilla nur »I need a drink« und goss sich selbst einen großen Gin

Tonic ein. Einige Wochen später kam Harry dran, wobei beide Söhne längst Camilla kannten und auch schon häufig in Highgrove gesehen haben, da Camilla hier längst als »Hausherrin« die Geschicke bei Einladungen führte.

Die »neue« Familie aber traf sich selten. William fuhr im März dreieinhalb Monate nach Südafrika, dann ging er für ein halbes Jahr nach Chile und Patagonien, wo er Sozialdienst leistete. Erst dann schrieb er sich in der schottischen Universitätsstadt St. Andrew's in den Fächern Geschichte und Politik ein, dort, wo der Royal and Ancient Golf Club beheimatet ist und die berühmten »British Open« jedes Jahr ausgetragen werden. Anders als sein Onkel Andrew zeigt William jedoch wenig Interesse an dieser Sportart.

Prinz William – geschützt für England

Ob Charles überhaupt noch König wird, darüber gehen die Meinungen heute nicht mehr auseinander. »Sie wird ihrem Volk bis zu ihrem letzten Atemzug dienen«, sagt Bischof Michael Mann über die Queen. »Nie wird sie abdanken – das gehört nicht in ihr Pflichtenheft«, meint Lord Longford. Auf den Punkt bringt es der adelige Bestsellerautor Lord Jeffery Archer: »Die Monarchie steht dank Königin Elizabeth II. auf festem Grund. William ist enorm populär, Charles ist zumindest nicht mehr ganz so unbeliebt, wie er war. Charles wird König werden – das ist keine Frage, und wenn er nur für zehn Minuten König sein kann. Dann wird William König werden – es sei denn, die Welt verändert sich von Grund auf.«

Genau das aber könnte geschehen: Charles und William sind längst ins Fadenkreuz aller möglichen Terrorgruppen geraten. Daher sind auch die heute veröffentlichten »Wochenpläne« der Windsors ungenau, wenn nicht völlig falsch, um jegliches Risiko zu vermeiden. So versteht es sich auch, dass Thronfolger William streng abgeschottet seinen Dienst in Sandhurst ableistet, dass er am Ende der Welt, in Patagonien, unbehelligt seine »sozialen Monate« verbringen konnte; auch dass er mit Militärhelikopter zu einem Polospiel geflogen und hinterher sofort wieder abgeholt wird, entspricht den neuen Sicherheitsvorkehrungen.

William ist heute ein hochaufgeschossener, etwas scheu wirkender, aber sehr durchsetzungsbereiter junger Mann. Er ist merklich größer als sein Vater.

Er spricht ohne die »Ahs und Ähs«, ohne durch das Suchen nach richtigen Worten mit seinen Reden zu langweilen. Er hat den schnellen, leicht zynischen britischen Humor, äußert sich akzentuiert und witzig. Und lässt sich heute auch nicht mehr vor irgendwelche PR-Karren seines Vaters und seiner Stiefmutter Camilla zerren – wie bei Williams unsäglicher Werbung für die althergebrachte, blutrünstige »Fuchsjagd«. Kein Wort ist seither mehr zu diesem Thema über Williams Lippen gekommen. Auch ist er klug genug, nicht ständig den britischen Premierministern mit Belehrungen zu kommen, wie dies sein Vater gerne und ausführlich macht – besonders, wenn Charles mal wieder die Tinte nicht halten kann und Endlosbriefe diktiert.

Auch über den Tod seiner Mutter schweigt William, selbst wenn er mit höchstem Interesse die neuen Untersuchungen in London und Paris zur Kenntnis nimmt – und aus diesen erfährt, dass Todesfahrer Henri Paul darin mit gleich vier verschiedenen Angaben über sein Blut aufgeführt wird. Auch wenn er erfährt, dass der oberste Untersuchungsrichter Lord John Stevens offen sagt, dass »nicht alles falsch war, was Mohammed Al-Fayed (der Vater des gestorbenen Dodi) zu diesem Unfall in Paris hinterfragt hat«.

Auch sportlich versteht William das Spiel der Spiele. So verrät er ohne falsche Scham: »Mein Bruder Harry hat auch ein gutes Handicap beim Polo. Der beste Spieler in meiner Familie war allerdings mein Großvater. Er erreichte in seinen besten Zeiten Handicap 5.«

Auch wenn deutsche Automobilhersteller viele Polo-Turniere in England sponsern, am Ende sitzen alle wieder in typisch britischen Autos wie Jaguar, Bentley oder Rolls-Royce – auch wenn diese Marken heute fest in deutscher Hand sind.

Offiziell hat sich wenig am typischen Verhalten der Windsors in der Öffentlichkeit geändert. Sie treten kurz auf, schütteln ein, zwei Hände, aber nur von Menschen, die ihnen, und das ist neu, heute die Bodyguards zuweisen, dann nicken sie in die Menge, fragen laut: »Wie geht es Ihnen?« und »Woher kommen Sie?« und »Was machen Sie beruflich?« – ohne dass die Antwort sie wirklich interessiert.

William – der Windsor der Zukunft

Immer häufiger richtet sich das Augenmerk auf Prinz William und seine Freundin Kate Middleton, die aus einer immens reichen britischen Industrie-Familie stammt. Der Thronfolger lernte sie im schottischen St. Andrews beim Studium der Kunstgeschichte kennen, wo sie sogar in einer »Wohngemeinschaft« lebten. Kate wurde bereits mehrfach von Elizabeth II. zu privaten Nachtessen geladen, auch absolvierte sie ein »Medientraining«, wie es auch Camilla vor ihrer Hochzeit mit Charles über sich ergehen lassen musste.

Die Herzen der Briten hat Kate mit ihrem feinen, aber stilvollen Bewusstsein für Mode gewonnen – wobei sie hier ganz an Williams verstorbene Mutter Diana erinnert. Niemals würde man bei Kate einen G-String aus der Jeans lugen sehen, wie es bei der Freundin von Prinz Harry vorkommen kann.

Wie Diana versucht auch Kate ihren eigenen Stil zu definieren. Was ihr bereits hohes Lob einbrachte: »Kate macht alles richtig, sie sieht sehr natürlich aus und trotzdem makellos«, schwärmt Geordie Greig, Herausgeber des Magazins »Tatler«. Als Kate vor kurzem mit Prinz William einen Boxkampf besuchte, stahl sie allen die Schau: Zum ersten Mal trat sie in der Öffentlichkeit in einem glamourösen Abendkleid auf, bodenlang und mit tiefem Ausschnitt. Die Modewelt war begeistert. »Atemberaubend, sexy und absolut königlich«, kommentierte das Gesellschaftsmagazin »Hello«.

Anders als die Gespielinnen von Prinz Harry, dem es eigentlich nur auf einladende Oberweiten ankommt, hat Kate heute schon eine eigene Mode- und Stilberaterin, die in Londons besten Boutiquen nach Passendem Ausschau hält und ihr Kleidungsstücke zur Anprobe ins Haus bringt. Ungestört von neugierigen Zuschauern oder redseligem Verkaufspersonal, das pikante Details ausplaudern könnte, wählt Kate zu Hause aus. »Sie ist die zeitgenössische Version von Prinzessin Diana«, heißt es in den Magazinen über Kate, der man voraussagt, mit der Zeit sogar noch glamouröser zu werden als Diana.

So setzen wir alle also unsere Hoffnung nicht mehr auf das ältliche Ehepaar Charles und Camilla, sondern auf William – und vielleicht schafft es Kate Middleton wirklich, an seiner Seite zur Prinzessin aufzusteigen. Es wäre auf jeden

Fall ein Gewinn für das britische Königshaus, die Monarchie – und besonders für die geschundenen Nerven, Gefühle und Seelen der Windsors.

Ach, du lieber Harry

Als Ende August 2006 Fotos auftauchten, die einen stockbesoffenen Harry zeigen, wie er an dem prallen Ausschnitt des sieben Jahre älteren TV-»Poker-Girls« Natalie Pinkham wenig königlich Hand anlegt, tobte der Offizier, der kein Gentleman sein will. Warum? Weil es sich um drei Jahre alte Fotos handelte. Die angeblich Natalie beim Umzug geklaut wurden – die aber nur zeigen, dass Harry bereits als 18-Jähriger voll im Saft stand.

Windsor-Mountbatten, genannt »Harry«, der sich standesbewusst als »His Royal Highness« titulieren lässt, steht im Kampf für das Laster und gegen seine Leber seit Jahren seinen Mann. Die Prinzenrolle kennt er zumindest dann, wenn er von Bodyguards gelegentlich vorm Stolpern und Stürzen gehindert wird, da die Beine den schwertrunkenen Rotschopf einfach nicht mehr halten können.

Wobei uns der »Stern« dank einer Spurensuche im Londoner Nachtleben erstmals verraten hat, aus was sich die »alkoholischen Splitterbomben« zusammensetzen, die sich Prinz Harry gern gönnt: Wodka, Rum, Tequila, Gin, Triple Sec und Sour Mix, alles mit einem Eiswürfel in einem großen, mit Cola aufgefüllten Glas serviert. »Island Ice Tea« heißt Harrys »bevorzugter Lockermacher«, verraten die Clubbesitzer des exklusiven Londoner »Bermuda-Dreiecks«: das sind die Privatclubs »Pangaea«, das »China White« und das »Boujis«.

Bisher die Krone in Sachen Fehltritt aufgesetzt hat sich Prinz Harry, der zweite Sohn des unglücklichen Gespanns Charles & Diana, mit einem Auftritt Anfang Januar 2005 bei der Kostümparty mit dem Motto »Kolonialzeit und Eingeborene«. Sein Bruder, Thronfolger William, hatte sich für ein harmloses Wildkatzen-Kostüm entschieden, während Harry in Nazi-Verkleidung mit einer Hakenkreuz-Armbinde erschien. Etwas unpassend, zumal sich zwei Wochen später der Jahrestag der Befreiung des Konzentrationslagers Auschwitz zum 60. Mal jährte, den ein tiefbesorgter Onkel Edward besuchen musste.

Die Weltpresse tobte. Erst auf Druck von Vater Charles ließ sich »The Booth Brother« (der Saufbruder) am nächsten Tag dazu herab, sich offiziell für seine »Dummheit« zu entschuldigen.

Das »Dolce Vita« des Zweitgeborenen

Das ist die Welt der Zweitgeborenen, zu denen Harry auch zählt: die Erstgeborenen müssen sich meist auf anstrengende Karrieren vorbereiten, müssen Throne, Firmenvorsitze oder global agierende Konzerne übernehmen. Haushälterin Wendy Berry, deren Tonbänder mit ihrer Version von »The Housekeeper's Diary« in England nie veröffentlicht werden durften, brachte es auf den kurzen Nenner, als sie berichtete, dass »allen klar war, wer der Thronfolger war und wer immer nur der Bruder des Thronfolgers bleiben würde«.

Für die Zweitgeborenen bleibt »la dolce vita«; für sie besteht die Welt aus St. Tropez, Cala di Volpe, St. Moritz, Sylt, den Hamptons, Punta d'Este, Mustique, St. Barth, Paris, New York oder eben London. Das sind die Epizentren ihres Wirkens, garniert mit B-Schauspielerinnen und Models. Durchsetzt wird die Melange an fleischlichem Angebot von TV-Wetterfeen, Ansagerinnen, Pop-Zwitscher-Girls und schlichten Partygirls wie Paris und Nicky Hilton, Nicole Richie, den »Rolling Stones«-Töchtern Jade Jagger und Theodora Richards, der Rod-Stewart-Tochter Kimberly Stewart, der Latina-Queen Michelle Rodriguez, dem Londoner Party-Profi Sienna Miller, Teenie-Star Tara Reid, Sex-Sternchen und Sängerin Jessica Simpson oder Kokain-Schnupferin Kate Moss.

In der »Champions League« der durch die Welt streunenden Nichtstuer hat sich Harry, der eigentlich Henry heißt, bereits mit 22 Jahren einen Spitzenplatz ergattert, aber das muss ja nicht so bleiben.

Als Vater Charles bei der Geburt von Prinz Henry Charles Albert David am 15. September 1984 sagte: »Ich bin sehr enttäuscht – ich dachte, es wird ein Mädchen«, rief ihm seine Schwiegermutter Frances Shand Kydd nach: »Sie sollten dankbar sein, dass das Kind wenigstens normal ist« – anspielend auf die vielen royalen Kinder, die durch Inzest oder Erbkrankheit meist lebenslange Schäden mit sich herumtragen, was dann als »britische Exzentrik« verkauft wird.

Harry – der Robbie Williams des Adels

Dass Harry wie ein Popstar verehrt wird – das versteht sich in unserer Mediengesellschaft fast von selbst: »Harry – ich liebe dich!«, »Harry – ich will ein Kind von dir«, steht auf Tafeln, die in Kinderschrift hochgehalten werden, wenn

Prinz Harry irgendwo auftaucht. So auch geschehen im Zug des Schlussakts seines persönlichen Dramas mit dem Titel: »Harry in der Militärakademie«, wo ihn seine Großmutter Queen Elizabeth II. besuchte.

Nun kann man sagen, dass Harry nach dem Unfalltod seiner Mutter am 31. August 1997 der Boden unter den Füßen weggerissen wurde. Verständlich. Aber er hat ja als Halbwaise noch einen Vater. Dem allerdings scheint es eher willkommen, dass einer seiner beiden Söhne Eskapaden macht – kann sich Charles doch so immer wieder medial als treusorgender Vater in Szene setzen. Ob Harry sich schon an »harten Drogen« versuchte? Wir wissen nur: Harry war der beste Kumpel von Tom Parker Bowles. Und dieser Tom wurde zum »Kokain-Entzug« ins ferne Kanada geschickt, während Charles seinen Sohn eher widerwillig in die Klinik von Peckham in Süd-London kutschierte. Der Ort, an dem sich auch schon Stilikone Kate Moss zweimal länger aufhielt. Für Harrys Probleme nahm Papa Charles sich gerade mal einen Nachmittag Zeit. Und er glaubte Bill Puddicombe, dem Direktor der Klinik, der nichts anderes sagen durfte als: »Harry versicherte mir, dass er heute einiges gelernt hat.«

Anders als sein Bruder William hat Prinz Harry nichts, aber auch gar nichts zu tun! Und bei William scheint die Lust auf heiße Nächte weniger ausgeprägt zu sein: Der Linkshänder ist ein fanatischer Leser, wie sein Vater ein Grübler, wie seine Mutter aber auch ein Ausbund an Charme.

Und Harry? Der ist das männliche Pendant zu Stéphanie von Monaco. Beide streben danach zu leben, wie sie wollen – und können sich dabei durch ihren Status alles leisten. Beide sind verdammt, immer hinter ihrem Bruder oder ihrer Schwester anzustehen. Die Nummer drei der britischen Thronfolge lernt jetzt das Fahren von acht Tonnen schweren Spähpanzern. Das soll dem damals 21-Jährigen im südenglischen Bovington Camp beigebracht werden. Ein Studium in Oxford oder Cambridge können sich selbst die freundlichsten Hofberichterstatter nicht vorstellen. Und sein Wunsch, aktiv in den Irakkrieg einzugreifen, ließ selbst stoische britische Militärstrategen erschaudern.

Wir werden mit Henry Charles Albert David Mountbatten-Windsor noch viele Freude haben. Und hoffen, dass er als Panzerfahrer den Kopf oben und die Hose geschlossen lässt. Immerhin steht er in der Thronfolge hinter seinem Vater Charles und seinem Bruder William. Und wie alle meinen: »God save the Queen vor diesem Thronfolger.«

Anhang

Quellen

Abbott, Elizabeth: Une Histoire des Maîtresses, Quebec 2004.

Alexandra, Königin von Jugoslawien: Prince Philip, Hamburg 1959.

Arnold, Harry: Charles and Diana, London 1981.

Aronson, Theo: Princess Margaret, London 1997.

Barber, Richard: Earl Spencer, London 1998.

Barker, Malcolm: Living with the Queen, New York 1991.

Barr, Ann: The Official Sloane Ranger Handbook, London 1982.

Barrat, John: The Private Lives of Earl Mountbatten and Prince and Princess Michael of Kent, London 1991.

Barry, Stephen: Royal Secrets, New York 1983.

Beatty, Laura: Lillie Langtry, London 1999.

Benson, Ross: Charles: The Untold Story, London 1993.

Berry, Wendy: The Housekeeper's Diary, New York 1995.

Birmingham, Stephen: Duchess: The Story of Wallis Windsor, New York 1981.

Bloch, Michael: The Secret File of the Duke of Windsor: The Private Papers, Paris 1992.

Blundell, Nigel: Fall of the House of Windsor, London 1992.

Bocca, Geoffrey: Elizabeth and Philip, London 1953.

Bouthroyd, Basil: Philip: An Informal Biography, New York 1971.

Brough, James: Margaret, The Tragic Princess, London 1978.

Brown, Craig: The Book of Royal Lists, London 1982.
Burchill, Julie: Diana, London 1998.
Burrell, Paul: A Royal Duty, New York 2004.
Campbell, Beatrix: Diana Princess of Wales, London 1999.
Campbell, Lady Colin: Diana in Private, London 1992.
Campbell, Lady Colin: The Real Diana, New York 1998.
Cartland, Barbara: Romantic Royal Marriages, London 1981.
Crosland: Great Sexual Scandals, London 2002.
D'Arjuzon, Antoine: Edouard VII., Paris 2004.
Davies, Nicholas: The Princess, London 1997.
Decaux, Alain: Edward VIII. and Mrs. Simpson, Paris 1995.
Dimbeldey, Jonathan: The Prince of Wales, London 1998.
Dittrich, Kurt: Ein Hauch von Purpur, Rendsburg 1977.
Dorall, Stephen: MI6, London 2000.
Ferguson, Sarah: My Story, New York 1996.
Fincher, Jayne: Travels with a Princess, London 1990.
Forster, Margaret: Daphne du Maurier, London 1993.
Gräfin Dönhoff, Tatjana: Camilla, München 2006.
Graeme, Bruce: The Story of Buckingham Palace, London 1928.
Graham, Caroline: Camilla and Charles, London 2005.
Graham, Tim: Diana, HRH the Princess of Wales, London 1988.
Hale, Don: Secrets of the Royal Detective, London 2004.
Heald, Tim: The Duke, Edinburgh 1981.
Hewitt, James: Love and War, London 1999.
Hibbert, Christopher: Edward VII., London 1991.
Higgins, Jack: To Catch a King, New York 1980.
Holden, Anthony: Charles, London 1988.
Holden, Anthony: Charles, Prince of Wales, London 1979.

Hounam, Peter: Who killed Diana?, London 1998.
Hutchins, Chris: Sarah's Story, London 1992.
Jacob, Walter: Charisma, Zürich 1997.
Jagow, Kurt (Herausgeber): Queen Victoria – eigenhändige Briefe und Tagebuchblätter, Berlin 1936.
Judd, Dennis: Prince Philip, London 1981.
Junor, John: Listening for a Midnight Tram, London 1990.
Junor, Penny: Charles and Diana, London 1991.
Junor, Penny: Charles, London 1987.
Junor, Penny: The Firm, London 2005.
Keay, Douglas: Elizabeth II., Royal Pursuit, Royal Wedding, alle London.
Kelley, Kittey: The Royals, New York 1997.
Lacey, Robert: Majesty, Princess, Queen Mother, alle London.
Laird, Dorothy: Queen Elizabeth – The Queen Mother, London 1969.
Lane, Peter: Princess Michael of Kent, London 1986.
Lefcourt, Peter: Di and I, New York 1994.
Levine, Tom: Die Windsors, Frankfurt 2005.
Levine, Tom: Gegenspieler – Lady Diana, Königin Elizabeth, Frankfurt 1999.
Liversidge, Douglas: Prince Charles, London 1975.
Longford, Elizabeth: Elizabeth, The Royal House of Windsor, Oxford Book of Royal Anecdotes, Queen Victoria, The Queen, alle London.
Longford, Elizabeth: Queen Victoria, Stroud 1999.
Maine, Basil: The Kings First Ambassador, London 1935.
Meyer-Stabley, Bertrand: La véritable Duchess de Windsor, Paris 2002.
Moore, Sally: The Definitive Diana, London.
Morgan, Janet: Edwina Mountbatten, London 1991.

Morgan, Piers: The Insider, London 2005.
Morton, Andrew: Diana's Diary, London 1990.
Morton: Andrew: Diana: Her True Story, London 1992.
Mosley, Diana: The Duchess of Windsor, London 1980.
Nayhauss-Cormons, Sabine Gräfin von: Elizabeth II. – Begegnungen mit einer Königin, Köln 2006.
Netzer, Hans-Joachim: Ein deutscher Prinz in England: Albert von Sachsen-Coburg und Gotha, München 1997.
Parker, John: Prince Philip: His Secret Life, New York 1991.
Pasternk, Anna: Princess in Love, New York 1994.
Pearson, John: The Ultimate Family, London 1986.
Pearson, John: The Selling of the Royal Family, London 1986.
People Weekly Extra: The Diana Years, Spring 1996.
Picknett, Lynn (Herausgeber): War of the Windsors, Edinburgh 2002.
Pimlott, Ben: The Queen, New York 1996.
Player, Lesley: My Story: The Duchess of York, Her Father and Me, London 1993.
Poliakoff, Stephen: The Lost Prince, Videokassette, London 2003.
Pontant, Jean-Marie: Enquête sur la mort, Paris 1998.
Regan, Simon: Charles the Clown Prince, New York 1977.
Ress-Jones, Trevor: The Bodyguard's Story, London 2000.
Rivère, Isabelle: Camilla & Charles, Paris 2004.
Rose, Kenneth: King George V., London 1983.
Rounding, Virginia: Les Grandes Horizontales, Paris 2005.
Sakol, Jeannie: The Royals, London 1988.
Servat, Henry-Jean: Les Amours particulières, Paris 2003.
Seward, Ingrid: Sarah: The Life of a Duchess, London 1991.

Seward, Ingrid: William & Harry, London 2003.
Shute, Nerina: The Royal Family and the Spencers, London 1986.
Siegler, Philip: King Edward VII., London 1990.
Souhami, Diana: Mrs. Keppel and her Daughter, London 1997.
Spater, George: A Marriage of True Minds, London 1977.
Spato, Donald: The Decline and Fall of the House of Windsor, New York 1995.
Spato, Donald: Diana, New York 1997.
Strober, Deborah & Gerald: The Monarchy, London 2002.
Suerbaum, Ulrich: Das elisabethanische Zeitalter, Stuttgart 1989.
Theodoracopulos, Taki: Nothing to Declare, New York 1991.
Tomlinson, Richard: Divine Right, New York 1994.
Tomlinson, Richard: The Big Breach, Moskau 2000.
Tyrell, Rebecca: Camilla, London 2004.
Van der Post, Laurens: Das Dunkle Auge Afrikas, Frankfurt 1962.
Das Herz des kleinen Jägers, Zürich 1985.
Wenn Stern auf Stern aus der Milchstraße fällt, Zürich 1995.
Vorstoß ins Innere, Zürich 1984,
Das Gesicht neben dem Feuer, Zürich 1997.
Der Jäger und der Wal, Zürich 2006.
C. G. Jung, der Mensch und seine Geschichte, Zürich 2000.
Van Geirt, Jean-Pierre. Enquête sur une tragédie, Paris 1997.
Vickers, Hugo: Elizabeth, the Queen Mother, London 2005.
Vidal, Gore: Palimpsest: A Memoir, New York 1995.

Villalonga, José-Luis de: Gold Gotha, Zürich 1974.
Wade, Judy: Charles and Diana, New York 1987.
Warwick, Christopher: Princess Margaret, London 2000.
Weintraub, Stanley:. Victoria, New York, 1995.
Weintraub, Stanley: Edward, The Caresser, New York 2001.
Wharfe, Ken: Diana, London 2002.
Whitaker, James: Diana versus Charles, London 1993.
Whitaker, James: Royal Blood Feud, London 1993.
Wilkes, Roger: Scandal, London 2002.
Wilson, A. N.: The Rise and Fall of the House of Windsor, London 1993.
Wilson, Christopher: A Greater Love: Prince Charles' Twenty-Year Affair with Camilla Parker Bowles, London 1994.
Wilson, Christopher: The Windsor Knot, New York 2003.
Woodham-Smith, Cecil: Queen Victoria, London 1886.
Ziegler, Philip: Earl Mountbatten, London 2001,
Crown and People, London 1978,
King Edward VIII., A Life, London 2001.
Elizabeth's Britain, London 1986,
King William IV., London 1989.

Dank

Herzlich bedanken möchte ich mich bei meiner Frau Karola und meinen drei Kindern Steven, Fleur-Cathérine und Noah-Andrea, wobei Steven als Fotograf mit seinem Wissen und Können sehr viel an Bildmaterial beitragen konnte.

Danken möchte ich meiner Agentin Margit Schönberger von »Writer's Club«, ohne die dieses Buch nicht entstanden wäre. Meinen journalistischen Freund Dr. René Zeyer möchte ich dankend erwähnen, auch wenn er mich oft in den »Tower von London« verbannt hat.

Mein besonderer Dank aber gilt den Damen und Herren, die mir über Jahrzehnte hinweg das eine und andere »steckten«, auch mal »Unglaubliches« erzählten, was sich hinterher als absolut richtig herausstellte. Dass manche von ihnen mit den französischen und britischen Geheimdiensten zu tun hatten und haben, möchte ich hier nicht in Abrede stellen.

Grundsätzlich basiert dieses Buch auf Gesprächen, Begegnungen, Interviews, Reportagen und natürlich vielen Hintergrund-Recherchen mit Freunden und Feinden der königlichen Familie, mit Hofberichterstattern, mit »Royalisten«, aber auch eingeschworenen Antimonarchisten. Zudem konnte ich auf meine zwischenzeitlich gewaltig angewachsene »Windsor«-Bibliothek plus Fotoarchiv zurückgreifen, die ich über mehr als ein Vierteljahrhundert hinweg zusammengetragen habe.

Victoria *(1819–1910)*
⚭ Albert von Sachsen-Coburg und Gotha (1819–1861)

Edward VII. *(1841–1910)*
⚭ Alexandra von Dänemark (1844–1925), Tochter von Christian IX. von Dänemark

Georg V. *(1865–1936)*
⚭ Mary von Teck (1867–1953)

2 Brüder: Albert (»Schwuler Eddy«), Alexander; 3 Schwestern: Louise, Victoria, Maud

Edward VIII. *(1894–1972)*
⚭ Wallis Simpson (1896–1986)

George VI. *(1895–1952)*
⚭ »Queen Mum« Elizabeth Bowes-Lyon (1900–2002)

Mary (1897–1965)
⚭ Henry Earl of Harewood (1882–1947)

Henry von Gloucester (1900–1974)
⚭ Alice Douglas Scott (1901–2004)

Elizabeth II. *(1926)*
⚭ Philip, Herzog von Edinburgh (1921)

Margaret (1930–2002) ⚭ Antony Armstrong-Jones (1930)

2 Söhne: George (1923), Gerald (1924)

2 Söhne: William (1941–1972), Richard (1944)

Charles (1948)
⚭ Diana Spencer (1961–1997)
⚭ Camilla Parker Bowles (1947)

Anne (1950)
⚭ Mark Philips,
⚭ Timothy Laurence

Andrew (1960)
⚭ Sarah Ferguson (1959)

Edward (1964)
⚭ Sophie Rhys-Jones (1963)

William von Wales (1982)

Harry (Henry) Battenberg-Windsor (1984)

1 Sohn: Peter
1 Tochter: Zara

2 Töchter: Beatrice, Eugenie

Tochter: Louise

Stammbaum der »Firma Windsor«

Gekürzt auf die Damen und Herren, auf die es ankommt.

Alice
(1843–1878)
⚭ Ludwig IV.
von Hessen
(1837–1892)

3 Brüder: Alfred,
Arthur, Leo;
5 Schwestern:
Vicky, Alice, Helena,
Louise, Bea

Victoria
(1863–1950)
⚭ Marquess
of Milford
(1854–1921)

2 Brüder und
4 Schwestern

George von Kent
(1902–1942)
⚭ Marina von
Griechenland
(1906–1968)

Prinz John,
der »versteckte
Prinz«
(1905–1919?)

Alice
(1885–1969)
⚭ Andreas von
Griechenland
(1882–1944)

2 Brüder: George
und Louis;
Schwester: Louise
⚭ Gustaf VI.
von Schweden

Edward von
Kent (1935)
⚭ Katherine
Worsley
(1942)

Alexandra
(1936)
⚭ Angus
Ogilvy
(1928)

Michael
(1942)
⚭ Marie-
Christine
von Reibnitz
(1945)

Philip, Herzog
von Edinburgh
(1921)
⚭ ***Elizabeth II.***
(1926)

4 Schwestern:
Margarita,
Thedora, Cecile,
Sophie

Stammbaum von Philip Herzog von Edinburgh

Louis, 1. Marquess of Milford Haven (1854–1921)
⚭ Prinzessin Viktoria von Hessen (1863–1953)

- *Alice (1885–1969)* ⚭ ***Andreas von Griechenland*** *(1882–1944)*
  - *Philip Herzog von Edinburgh (1921)* ⚭ ***Elizabeth II.*** *(1926)*
    - *Charles Prinz of Wales (1948)*
    - *Anne, Königliche Prinzessin (1950)*
    - *Andrew Prinz von York (1960)*
    - *Edward Earl of Wessex (1964)*
- *Louise (1889–1965)* ⚭ ***Gustaf VI. Adolf von Schweden*** *(1882–1973)*
- *George, 2. Marquess of Milford Haven ⚭ Gräfin Nada Torby (1896–1963)*
  - *Tatiana Mountbatten (1917–1988)*
  - *David, 3. Marquess of Milford Haven (1919–1970)*
- *Louis Earl Mountbatten (1900–1979) ⚭ Edwina Ashley (1901–1960)*
  - *Patricia, 2. Gräfin Mountbatten (1924)*
  - *Pamela Hicks (1929)*

König Edward VII. *(1841–1910)*

Verheiratet mit Alexandra von Dänemark (1844–1925)

Victor Herzog von Clarence (Der schwule Eddy) (1864–1892)

Georg V. *(1865–1936) ⚭ Mary von Teck (1867–1953)*

Louise (1867–1931) ⚭ Alexander Duff (1849–1912)

Victoria (1868–1935)

Edward VIII. *(1894–1972) ⚭ Wallis Simpson (1896–1986)*

George VI. *(1895–1952) ⚭ »Queen Mum« Elizabeth Bowes-Lyon (1900–2002)*

Mary (1897–1965) ⚭ Henry Earl of Harewood (1882–1947)

Henry (1900–1974) ⚭ Alice Douglas Scott (1901–2004)

Elizabeth II. *(1926) ⚭ Philip, Herzog von Edinburgh (1921)*

Margaret (1930–2002) ⚭ Antony Armstrong-Jones (1930)

Charles (1948) ⚭ Diana Spencer (1961–1997)

Anne (1950) ⚭ Mark Philipps (1948), neu ⚭ Timothy Laurence (1952)

Andrew (1960) ⚭ Sarah Ferguson (1959)

Edward (1964) ⚭ Sophie Rhys-Jones (1963)

Witwer Charles hat zwei Kinder (William und Harry) er heiratete am 9. April 2005 Camilla Parker Bowles.

Stammbaum Camilla Herzogin von Cornwall

Geliebter von Alice Edmonstone (1869–1947)
⚭ George Keppel (1865–1947)

Maud (1869–1938)
⚭ **Haakon VII. von Norwegen** *(1872–1957)*

Violet Keppel (1894–1970), die sich als »Königskind« fühlte

Sonia Keppel (1900–1986), das uneheliche Kind mit **Edward VII.** *⚭ Roland Cubitt (1899–1962)*

George (1902–1942) ⚭ Marina von Griechenland (1906–1968)

John, der »versteckte Prinz« (1905–19). Er lebte länger!

Rosalind Cubitt (1921–1994) ⚭ Mayor Bruce Shand (1917–2006)

Henry Cubitt (1924–1994)

Jeremy Cubitt (1927–1958)

Camilla (1947) ⚭ Andrew Parker Bowles (1939)

Annabel (1949) ⚭ Simon Elliot (1944)

Mark (1951) ⚭ Clio Goldsmith (1955), geschiedene Pirelli

Camilla Parker Bowles lässt sich 1995 scheiden, sie hat zwei Kinder (Tom und Laura), wird am 9. April 2005 Herzogin von Cornwall.

Bildnachweis

Titelbild:
Das offizielle Hochzeitsbild von Charles und Camilla (obere Reihe von links): HRH Prinz Henry (»genannt Harry«) Windsor-Mountbatten; HRH Prinz William von Wales; HRH Prinz Charles von Wales; HRH Camilla, Herzogin von Cornwall, geborene Shand, geschiedene Parker Bowles; Tom Charles Parker Bowles; Laura Parker Bowles.
Vordere Reihe von links: Philip, Herzog von Edinburgh; Königin Elizabeth II.; Brautvater Major Bruce Shand (am 11.06.2006 verstorben).

Archiv Blick: 163, 169
Collection Erotique: 43
Collection Royal Cards: 17, 33, 43, 49, 50, 77, 85, 121, 127, 217
Dokumentation Ringier Bild: 11, 68, 117, 127, 147, 184, 187, 201, 213, 240, 242, 243, 245, 262, 263, 271, 276, 281, 284, 301, 308, 310
Porträt Gallery: S. 57 (li.)
Private Collections: 57 (re.), 67, 93, 104 (Published by Graham), 133 (Sotheby's Nr. 141)

Dank dem Schweizer Ringier-Archiv und dessen Fachkräften.

Die Zahlen beziehen sich auf die entsprechenden Seitenzahlen im Buch.